交往型学校概论

孙彦彬　匡瑾璘　高　强　著

石油工业出版社

图书在版编目（CIP）数据

交往型学校概论／孙彦彬，匡瑾璘，高强著．
北京：石油工业出版社，2009.2
ISBN 978−7−5021−6855−1

Ⅰ．交…
Ⅱ．①孙…②匡…③高…
Ⅲ．学校管理－研究
Ⅳ．G47

中国版本图书馆 CIP 数据核字（2008）第 169675 号

出版发行：石油工业出版社
　　　　　（北京安定门外安华里 2 区 1 号　100011）
　　　　　网　　址：www.petropub.com.cn
　　　　　编辑部：（010）64523574　发行部：（010）64523620
经　　销：全国新华书店
印　　刷：石油工业出版社印刷厂

2009 年 2 月第 1 版　2009 年 2 月第 1 次印刷
787×1092 毫米　开本：1/16　印张：16.75
字数：257 千字

定价：48.00 元
（如出现印装质量问题，我社发行部负责调换）

前　言

教育，究其本质而言是一种主体与主体之间的交往。教育始于交往，交往是教育的存在方式，没有交往，就不存在真正意义上的教育。交往不仅仅存在于课堂，更存在于学校教育的每一处、每一时；交往不仅仅表现在表面上的"你来我往"，更意味着平等对话、合作意义建构；交往不仅仅是一种认识活动过程，更关涉到主体间的双向理解与生成；交往不仅仅是一个教学范畴，它与学校的管理理念、管理方式、体制运行等有着更为密切的关系。因此，如能将交往理念、精神扩展到包括行政决策、教师管理、学生培养、文化建设等各项学校活动之中，构建起交往型学校，那么，对于学校教育与管理来讲将是一次深刻的变革。

交往型学校是对教育本质的深刻把握，是对传统教育范式的深刻反思，是以人为本教育理念的深刻体现，是对教育范式的本质回归。交往型学校具有深厚的哲学基础，如胡塞尔的"交互主体论"、哈贝马斯的"交往行为理论"、雅斯贝尔斯的"交往教育理论"等都为交往型学校的研究奠定了坚实的哲学基础。哲学意义上的交往源于现实世界又高于现实世界，它更强调交往双方的主体性、平等性、合作性，强调主体与主体之间的平等对话，强调交往主体双方的理解、合作、互融等，而这些对学校教育与管理来说有着非常重要的借鉴意义。

交往型学校是对现行教育体制、学校运行体系与机制的深刻反思。现行教育体制、学校运行体系与机制更多地是受传统教育范式的影响，总体上呈现出一种"权力控制型"运行模式：靠权威、刚性的制度、单向的命令等进行管理，成员间缺少平等的交往、对话，教育方式局限于灌输，把学生当做供改造的客体，学校与外部环境处于相对割裂的状态……这些都违背了教育的本质与规律，极易产生不稳定因素，不利于学校教育与管理目标的实现。因此，只有引入新的思维范式，消除学校组织中的专制主义、集权主义倾向，对现行学校组织结构进行改造与重组，才能构建管理者、教师、学生之间真正的交往关系。

交往型学校组织结构是一种扁平化、网状化的结构模式，成员间是一种交往与建构关系，管理者以平等交往主体的角色出现，与师生进行平等的交往与对话，他们之间不再是传统的管理与被管理、领导与被领导的关系；教师是知识的引发者、交流者，学生则是知识的建构者、发现者，摒弃了传统的灌输方式；德育教育在于构建学生的主体性道德人格，关注学生的生活世界，重视学生的自主活动与交往；目标的设定、规范的制定秉承以人为本的理念；沟通体系是全方位、立体化信息沟通网络，信息能够及时传递与反馈，问题能够及时得到预警与疏导，避免信息不对称产生不稳定；交往型学校的另一个特征是内部主体与外部环境间也存在着广泛而深入的交往。

现代社会交往日益拓展、频繁，对于一个组织，尤其是学校这样一个倡导自由、平等、民主，注重知识、情感、信息、思想交流与沟通的组织而言，交往更具有重要的地位与作用。如何构建交往型学校，发挥交往机制在现代学校教育、管理过程中的重要作用是学校教育与管理研究的一个全新课题。对于这一课题，本书进行了研究与探讨，并对交往教育机制、交往管理机制、交往德育机制、交往目标机制、交往规范机制、交往文化机制等学校运行的主要机制进行了系统研究和阐述，构建了一个比较完整的、具有较强可操作性的评价指标体系，并从交往型学校视角对新时期高校稳定进行了思考，构建起了"六位一体"的新时期高校稳定机制，希望本书的研究与探讨能够对学校教育的改革、发展以及新时期高校稳定有所裨益。

目　　录

第一章　交往研究

一个人的发展取决于和他直接或间接进行交往的其他一切人的发展。

——马克思

第一节　交往概述

交往，与人类相伴而生、相伴前行，它是一个关涉到人类生存与发展、社会演变与进步的根本性问题。从古至今，人类的一切活动和行为——个人的衣、食、住、用、行，社会的生产、分配、交换、消费，国家的政治、经济、文化、军事、科技等都直接或间接地与交往有着千丝万缕的内在关联。尽管随着技术理性的日益昌明、科技手段的不断革新、社会变革的逐步推进，人类交往的方式和手段日新月异，效果、效率也明显提高，但是交往作为人类有意识、有目的的实践活动这一属性却始终如一、亘古未变。

一、交往的内涵分析

交往来自于拉丁语的 Communis，最初是指共同的、通常的意思，后来人们把它理解为分享思想与感觉，交流情感、观念、信息等。交往的英文是 Communication，德文对应的单词是 Kommunication 和 Verstandingung，它除了有交往的含义之外，还有信息传播、交流、交换、交通、通讯、联络等多层含义。根据 1968 年版《国际社会科学百科全书》中的定义，"交往"可以指动物的、心灵的、认知的、语言的、宣传的以及大众传播媒介等意义。马克思、恩格斯在《德意志意识形态》中使用的是 verkehr，正如《马克思恩格斯全集》第 3 卷关于"交往"的注释所说，"在'德意志意识形态'中，verkhr 这个术语的含义很广。它包括个人、社会团体、许多国家的物质交往和精神交往。"（《马克思恩格斯全集》第 3 卷，人民出版社，1960 年版，第 697 页）因此，它除了指交往、来往、交际、交通的涵义外，还指贸易、交换、流通等，verkehren 作为不及物动词也有往来、交际的含义。与之相对应的英语单词，如 Commerce，Association，Contact，Communication，Social Intercourse 等，既指人们在商业贸易方面的物质交换活动，又指道路交通、信息沟通，还包括人与人在思想上、感情上的交流与往来。

在汉语中，"交"的本意是指两者相接触，《周易·泰卦象传》云："天地交而万物通也"；（周振甫著：《周易译注》，中华书局，1991年版，第46页）"往"本意是去，《易·系辞下》云："寒往则暑来，暑往则寒来，寒暑相推而岁成焉。"（周振甫著：《周易译注》，中华书局，1991年版，第261页。）从词源上看，天与地相对，寒与暑并列，交往即意味着主体的多元、主体间的平等；而天地相交、寒暑相推，则意指交往双方的互动与持续作用。《现代汉语词典》里对"交往"的解释即"互相来往"。（《现代汉语词典》（修订本），商务印书馆，1997年版，第630页）

"交往"在社会学、心理学、语言学、传播学、哲学等学科中都被广泛运用，是一个多学科、诸领域共同使用的具有较多层次的概念。社会学把交往放到社会、文化与历史背景中，研究它与社会系统、社会体制、社会结构、社会生产、社会生活等方面的关系；心理学认为交往是人与人之间为达到一定认知而进行的心理接触和直接沟通；语言学把交往界定为语言信息的交流；传播学则认为交往是人与人之间借助一定媒介而达到信息的交流与共享；哲学上除了承认交往是人与人之间相互影响、相互作用的一种中介外，更强调交往与人和社会的内在统一性，认为交往本身就是人的生存方式和生活方式。正因为交往是一个多学科、诸领域共同使用的概念，因此，对交往做一个比较确切的、统一的定义是比较困难的。

目前，国外从传播学、心理学等角度对于交往的解释大致有三类：

（1）"信息共享"。这主要是从"交往"的英文表达方式"Communication"的语源出发进行阐释的。如亚历山大·戈德（Gode Alexander）就认为，"Communication 是变独有为共有的过程"。有的学者强调交往对交流思想和相互了解的作用，实际上也含有"共享"之意。例如，约翰·B·霍本认为，"交往即用言语交流思想"。马丁·P·安德森在1959年对"交往"所作的解释是"我们了解别人并进而使自己被别人了解的过程"。著名学者施拉姆也认为，所谓交往，即"是对一组告知性符号采取同一意向"。

（2）"有意图的影响"。这种定义是从强调交往对象的行为变化出发的。心理学家卡尔·霍夫兰（Hofland Karl）、欧文·贾尼斯（Janis Irvin）和哈罗德·凯利（Killey Harold）三人的定义即属此类，他们认为，Communication 是"某个人传递刺激（通常是语言的）以影响另一些人行为的过程"。交际理论家贝尔洛认为，"所谓交往行为都旨在从特定人物（或一群人）引出特定的反应"。杰拉尔德·米勒则更明确地指出，"在大部分情况下，交往者向被交往者传递信息旨在改变后者的行为"。

（3）"产生任何影响或反应"。这种定义使交往的含义变得极为广泛。如沃伦·韦弗（Weaver Warren）认为，交往是"一个心灵影响另一个心灵的全部程序"。西奥多·纽科姆（Newcomb Theodore）则认为，交往"包括交往者向交往对象传递可以辨别的刺激"。S·S·史蒂文斯（Sterens S.S）认为，交往是"一个有机体对于某种刺激的各不相同的反应"。

近年来，从哲学角度对"交往"进行深入研究并提出深刻见解的为数不少，但仍没有形成一个公认的观点。大致说来，有以下五种观点：

（1）"社会互动说"。认为交往就是作为社会主体的人或人群共同体之间物质的和精神的交换过程，是人为了实现其活动、能力、成果的交流、沟通和互补而进行的能动的相互作用，是一种实现了的"社会互动"。"交往活动是人的个体活动加入和转化为社会活动总体的基本形式，同时也是社会活动总体的各个要素在不同个体或集团中分配的基本形式"。（商志晓：《论交往及其演进》，《理论学刊》，1996 年第 2 期，第 25 页）

（2）"交往实践说"。认为交往存在于人类社会内部，是历时的和共时的不同实践主体之间以变革世界和生存环境为目的的相互间的沟通、制约、影响、渗透、改造等实践活动。它不仅包括主体间在生产过程中结成的人与人之间的关系（生产关系），还包括政治、经济、文化、宗教、民族等种种形式的交往活动。所谓交往实践观，"是指由多极主体通过改造相互关联的中介客体而结成主体际关系的物质活动，这种活动归根到底是一种实践活动。"（钱伟量：《交往·实践·交往实践》，《学术界》，1993 年第 4 期，第 11 页）

(3)"主体际关系说"。认为交往既不是实体范畴，也不是属性范畴，而是关系范畴，认为交往就是人与人之间的社会联系，交往建构和体现着人的社会关系，社会就是在人们的交往中形成的。

(4)"语言中介说"。认为狭义的交往是指信息科学或传播学的，广义的交往是指社会学意义上的，即社会交往。这种学说把交往作为一种工具性的理解，即把交往视为人与人之间沟通的一种工具、手段、中介。西方有些哲学家，如哈贝马斯，认为交往和语言是不可分割的，甚至认为交往就等于语言。

(5)"双重关系说"。认为交往是人类在与自然进行物质交换即生产劳动的同时所必须进行的活动，人与自然之间的交换活动是主客体之间的交往，而人类个体之间的交往则是主体间或人际间交往。也就是说，交往关系包括两个方面：一为物质生产的交往，表现为人与自然的关系；一为社会关系生产的交往，表现为人与人的关系，二者有机统一，不可分割。

以上五种观点虽然论述的侧重点各有不同，但它们都把交往看作是一种包括社会主体之间种种关系在内的且不局限于生产关系的普遍的社会关系，把交往看作人类生存与发展的基本方式之一。因此，哲学意义上的交往主要是指个人与个人或个人与群体之间为了实现改造主观世界、变革客观世界的目的，通过媒体中介而进行的主体与主体之间的相互沟通、相互理解、相互渗透、相互影响、相互建构的各种实践活动以及在实践活动中所形成的普遍性的社会关系。

二、交往的特征分析

交往是人与人之间的关系，是人类进行物质生产所必须进行的活动，交往与生产一起构成了社会实践活动中互为前提和不可分割的两个基本方面。交往作为人类实践的基本方式，具有社会实践的一般特征，如客观性、能动性、社会历史性等特征，但同时，交往作为有别于物质生产实践的人类存在方式，又具有以下自身特征。

1. 主体间性

交往区别于人与自然关系的最为显著的特征即是交往具有主体间性。人与自然的关系模式通常为"主—客"关系模式，是一种对象性的认识与被认识、反映与被反映、改造与被改造的过程。在生产活动中，主体和客体的区分是确定的，"主体是人，客体是自然"。（《马克思恩格斯选集》第2卷，人民出版社，1972年版，第88页）而在交往关系模式中，虽然交往双方必须把对方作为客体才能形成一种特定的主客体关系，但它和人与自然之间的那种对象性关系显然具有本质上的区别，它是一种"主—客—主"的关系模式，交往的双方互为主体，都是彼此关系的创造者、建构者，双方在一定的规范、习俗、契约、文化传统的框架内进行对话、交流、沟通、理解等活动。即使在某些情形下，一方好像是交往活动的发起者，具有主动性，但只要一进入交往过程，交往双方就进入互为主体的状态，呈现出一种以主客体关系为中介的双主体之间的关系。主体间性的基本意涵是在交往过程中所实现的人与人之间的统一性关系。

2．媒介性

简而言之，交往是主体与主体之间通过一定的媒介而进行相互影响、相互作用的过程。任何交往都必须有一定的媒介，借助一定的媒介来完成。"媒介指的是在交往过程中运载和传播交往主体信息的载体，它包括实物中介和符号中介两大系列。"（李素霞著：《交往手段革命与交往方式变革》，人民出版社，2005年版，第29页）交往的实物媒介主要指人在生产实践过程中所面对的劳动对象、劳动工具、劳动产品等，人在利用劳动工具改造客观世界的同时，也实现了实践主体之间的沟通与交流；交往的符号中介主要是指人类的语言系统。交往和语言是不可分的，语言是具有意义的符号，是人的思想的物化表现，也是人们彼此之间进行交往的重要媒介，是主体表达自己内心世界的一种形式。"任何交往行为都是以语言为中介的，不管是体态语言、口头语言，还是书面语言"，"在日常生活中，没有脱离语言的交往，也没有不在交往中生成、发展的语言"。（姚纪纲著：《交往的世界——当代交往理论探索》，人民出版社，2002年版，第15页）

3．目的性

交往的目的性是指"交往"是主体与主体之间有意识、有目的的相互影响、相互沟通、相互作用过程。主体与主体之间进行交往是受一定的主观意识支配的，是为了达到一定的目的，如使社会群体的聚合更加密切、互通有无、取长补短、协调彼此行为等。"任何交往活动，最终都会使交往双方获得一定的物质、能量和信息，都可以满足双方各自一定的要求，从而完善人的素质、人的活动方式和活动条件，促进双方的自由全面发展。"（李素霞著：《交往手段革命与交往方式变革》，人民出版社，2005年版，第29页）

4．社会性

社会性是人的本质属性，因此，人与人之间的交往也必然是具有社会性的，交往是构成人类社会的本质规定之一。如果没有交往，也就意味着社会沟通网络的崩溃，作为社会关系总和的人亦将不复存在。交往的根源在于人类社会生活，在于全部社会生活的本质即人类实践活动。由此看来，交往是由实践中"现实的个人"相互联系和互动而成的，他们的行动及结果便构成了一个"主体间"的交往世界，这种交往世界是历史形成的，对每个置身于生活的人而言，交往世界在塑造每个交往主体的同时，也在被不同的交往主体所塑造。

交往不仅是一种关系性范畴，同时也是一种活动性范畴，即对"交往"特征还可以从静态与动态两个角度进行分析。从静态角度看，交往是主体之间形成的种种交往关系状态，包括主体、媒介、背景三个要素。其中，主体指"交往"的双方；媒介指言语、辅助言语、体态语等交往手段，它们是信息交往的载体；背景是交往的主客观条件的总和，包括交往时间、场所、一定的交往规范和交往双方的心境等。主体、媒介、背景三者相互联系、相互制约，缺一不可。从动态的角度看，交往则指主体之间各种形式的交往实践活动，包括相互认知、相互沟通和相互作用三个侧面。认知指"交往"中的社会知觉，包括自我认知、对象认知和关系认知；沟通侧重指主体间的情感、态度、人格、思想的相互交流、相互感应，通过沟通，缩小人际间的心理距离；相互作用指经过相互间的合作与竞争导致双方心理、行为的改变，它侧重指倾听与表达、提问与应答、支配与服从等具体可感的互动行为。认知、沟通与互动三个侧面是相互依存的。其中，认知是基础，沟通是动力，互动行为是人际关系的外在表现。交往的关系性从横向方面反映了人与人之间普遍的社会联系，而活动性则从纵向方面表明了人与人之间的这种社会联系，是在人的社会历史活动中形成的。

三、交往的层次划分

关于交往的层次，不同学者从不同角度、依据不同标准，将其划分为不同的层次或形式。如根据交往领域的不同，划分出经济交往、政治交往、思想文化交往；根据交往在社会发展中所起的作用不同，划分出积极交往和消极交往；根据交往是否需要有中间环节，划分出直接交往和间接交往；根据交往主体的不同，划分出个体之间的交往、群体之间的交往、个体与群体之间的交往；根据交往的范围，划分出国内交往与国际交往等。

根据马克思主义经典作家的相关论述，结合人类交往发展实际，本书认为对"交往"层次划分如图 1-1 所示。

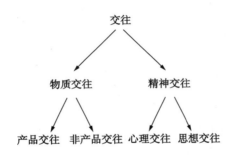

图 1-1　交往层次示意图

物质交往是指人们在生产实践过程中所发生的交往。单个的个人在面对强大的自然界是难以生存和发展的，只有交往，只有互助协作，只有结成统一体，人类才能在自然界中立足。从一定意义上说，物质交往是形成社会生活和一系列社会活动的基本前提。物质交往又可以分为产品交往与非产品交往，非产品交往主要包括技术交往、资金交往等；精神交往包括思想交往和心理交往。思想交往主要指劳动经验和知识的传授与继承、社会意识的传播与交流等；心理交往也是精神交往的一个重要方面，人与人之间心理交往不仅是一种基本的需求，更是增强人的内驱力的重要源泉。

从交往的具体形态看，交往可以分为语言交往、非语言交往；正式的、有组织的交往和非正式的、无组织的交往；传统的、习惯性的交往和现代的、创新性的交往等。如果从"过程"的视角看，交往又可以划分为自我交往、人际交往和社会交往，而如果从"结构"的角度看，交往则可以划分为阶级之间、国家之间、民族之间的交往以及微观上的角色交往等。

总之，交往与人类的生存和发展密切相联，交往是人类的一种存在方式。虽然不同学科对于交往有着不同的理解，但至少有一点可以达成共识——交往是主体与主体之间在一定的规范、习俗、契约、文化等框架下，借助于一定的媒介，通过相互作用、相互影响、相互渗透、相互构建而达成的主体与主体之间的沟通与理解。

第二节　马克思主义交往理论及其对教育的启示意义

马克思从现实的人的交往活动出发，对人类社会物质生产交往关系、交往方式进行深入研究，发现了生产力与生产关系之间矛盾运动这一人类社会发展的总规律，创立了唯物史观。因此，马克思主义交往理论更多地是涉及生产力、生产关系及社会发展规律，但马克思的"人是社会关系的总和"、"一个人的发展取决于和他直接或间接进行交往的其他一切人的发展"、"人的类特性恰恰就是自由自觉的活动"、"人的依赖性"、"物的依赖性"、"个人自由而全面发展"社会发展三阶段划分等交往思想对当代社会发展，尤其是对社会的主体"人"的发展仍具有十分重要的启示意义。而教育，尤其是学校教育承担着培养"人"、塑造"人"、引导"人"的重任，因此，深入研究马克思主义交往理论并探讨其对教育的启示意义是十分必要的。

一、马克思主义交往理论概述

马克思在《关于费尔巴哈的提纲》第六条中指出："人的本质不是单个人所固有的抽象物。在其现实性上，它是一切社会关系的总和。"（《马克思恩格斯选集》第 1 卷，人民出版社，1995 年版，第 56 页）当然，这里所指的"社会关系"内涵是十分丰富的，它不仅仅指人与人之间的交往关系，更指以物质生产实践活动为主而形成的各种关系。人是具体的、生活于现实生活中的人，人的一切行为不可避免地要与周围所有的人发生各种各样的关系，如生产关系、亲属关系、同事关系等。人要存在和发展，必须与他人有着这样或那样的联系，必须与其他人交往，个人也只有不断地进行交往活动，才能使自身置于更深更广的社会关系中，从而更深地打上社会的烙印，人在交往中获得社会属性。人们"意识到必须和周围的人们来往，也就是开始意识到人总是生活在社会中的"。（《马克思恩格斯全集》第 3 卷，人民出版社，1960 年版，第 35 页）

马克思曾经指出："一个人的发展取决于和他直接或间接进行交往的其他一切人的发展……单个人的历史不能脱离他以前或同时代的个人历史，而且是由这种历史决定的。"只有在普遍的交往中，"单个人才能摆脱种种民族局限和地域局限而同整个世界的生产（也同精神的生产）发生联系，才能获得利用全球的这种全面的生产（人们的创造）的能力。"（《马克思恩格斯选集》第 1 卷，人民出版社，1995 年版，第 89 页）这就说明，人的个性发展，由始至终都是处于一定的与个体或群体的交往之中，人的发展不能离开交往，人更不能离群索居。"相互作用是事物的真正终极原因"。（《马克思恩格斯选集》第 3 卷，人民出版社，1995 年版，第 552 页）在马克思看来，人类社会不是一个现成之物，而是人的创造物。"社会——不管其形式如何——是什么呢？是人们交互活动的产物。"（《马克思恩格斯选集》第 4 卷，人民出版社，1995 年版，第 532 页）通过人与人的交往，社会关系在人们的社会交往活动中得到了现实体现，并取得了实在化和具体化的表现形式。"社会不是由人构成，而是表示这些个人彼此发生的那些联系和关系的总和"。（《马克思恩格斯全集》第 46 卷（上），人民出版社，1979 年版，第 220 页）

马克思从人类交往发展角度对社会形态进行了划分，认为人类的交往历程要经历三种不同的形态，即"人的依赖性社会形态"、"物的依赖性社会形态"、"自由而全面发展社会形态"。马克思指出："人的依赖关系（起初完全是自然发生的）是最初的交往形态"。（《马克思恩格斯全集》第 46 卷（上），人民出版社，1979 年版，第 104 页）这种社会形态是以人的依赖关系或个人之间的统治与服从关系为基础的。在这一交往形态中，交往"表现为人的限制即个人受他人限制的规定性"。（《马克思恩格斯全集》第 46 卷（上），人民出版社，1979 年版，第 110 页）马克思把第二种交往形态概括为"以物的依赖性为基础的人的独立性"，并认为"在这种形态下，才形成普遍的社会物质交换，全面的关系，多方面的需求以及全面的能力体系。"(《马克思恩格斯全集》第 46 卷（上），人民出版社，1979 年版，第 104 页）在这一社会形态中，以往由自然环境所形成的地区、民族、国家之间联系的自然障碍被打破，人们超越了前资本主义社会形成的封闭型的交往意识，最终使交往世界化。第三种交往形态是自觉联合起来的个人之间的自由交换，这也是马克思所设想的人类的理想的交往模式。马克思将其概括为"建立在个人全面发展和他们共同的社会生产能力成为他们的社会财富这一基础上的自由个性。"(《马克思恩格斯全集》第 46 卷（上），人民出版社，1979 年版，第 104页）在这种交往形态中，个人"作为自觉的共同体成员使共同体从属于自己"。(《马克思恩格斯全集》第 46 卷（下），人民出版社，1979 年版，第 47 页）这种真正的交往是人对交往关系的自由占有，"劳动转化为自主活动，从过去的被迫交往转化为个人作为真正的个人参与的交往"，(《马克思恩格斯全集》第 3 卷，人民出版社，1979 年版，第 77 页）以往迫于生命需要进行的交往变成人对自己生命本质的全面占有，人们在社会关系的自由占有中获得自身的完整和全面的发展。从某种意义上可以这么说，交往教育就是生存教育、发展教育。它要求教育回归人本身，增强"人的本质力量"，促进个体在获得和改造社会关系的同时也开化自身，具有深刻的哲学、人类学意义。

二、马克思主义交往理论对当代教育的启示意义

1．教育应注重交往

马克思主义交往理论，尤其是他对交往与个人发展的精辟论述启示我们，教育根植于我们的现实生活之中，学生生活在现实的社会中，不论他们是否愿意，社会生活的各个方面，每时每刻都在从各个渠道潜移默化地影响着他们。其中，社会的不良影响和家庭的不良教育，都可能会影响一个人的健康发展。马克思指出，一个人的发展不仅仅取决于他自身的发展，而且取决于直接或间接与他进行交往的其他一切人的发展。人毕竟不是单个的粒子，每个人都处于一定的"交往场域"之中。学校教育必须发挥其塑造人、培养人、引导人的作用，将交往理念内化为教育的主导理念，并在教学和日常管理中不断完善交往机制，促进学生成长和成才。

2．引导学生融入社会

人的本质属性是社会性，人是在社会的价值观念与精神、物质文化成果的影响下走向成熟、实现发展的，因此，人接受教育的过程也就是接受影响、掌握发展工具的过程，是学习、理解、选择、接受人类文化成果，使自己由自然人变为社会人的过程，也是在学习继承的基础上继续有所发现、有所发明、有所创造、有所前进的过程。"人是一切社会关系的总和"，个人不可能离群索居，而且从社会化的角度来看，教育，尤其是学校教育是个人社会化的重要环节。学校本身就是一个"社会"，学生融入社会，实现由自然人向社会人转变本身就是教育的目标所在。

3．重视课堂交往教学

马克思主义交往理论强调人与人的交往实践活动对于人生存与发展的重要影响，并且强调"人的类特性恰恰就是自由自觉的活动。"因此，在教育的方法上，尤其是在课堂教学过程中，教师应该充分尊重学生的"自由"，发挥其"自觉"，担当文化调解人，而不仅仅是传授者或干事的角色，通过"对话"、"交流"与学生实现知识、情感、价值观念等的互动、互融。当然，这种活动必然有共同的话题或学习对象——教材或其他中介，在相互交换信息的基础上使"共同活动"得以持续。所以，"交流"、"交往"、"沟通"，不仅在一定意义上反映了教学的本质特点，也反映了在信息传输手段多样化以后学校教育活动的特点。

4．注重人的自由而全面发展

马克思主义"人的自由而全面发展"包含着人个性的发展、自由自觉的发挥、各方面素质的协调等。现代社会青少年的独立性、自主性大大增强，只有在尊重学生个性，建立平等师生关系的基础上才能赢得学生的信任，增加师生心理相融性，帮助学生解除顾虑，促使学生从旧的习惯势力的束缚中解放出来，逐渐培养起良好的行为习惯，才能为学生的全面发展提供保障。简而言之，从交往和个人自由而全面发展的基本观念出发，将学生视为真正意义上的主体，是教育发展的基础和前提。

马克思主义交往理论从人类交往的宏观出发，把交往与人类社会的发展演进相统一，对社会发展具有积极的意义；同时，马克思主义交往理论以人的自由而全面发展为归宿，强调人的自由自觉行为，重视交往对个人全面发展的重要作用，为现代教育的发展提供了指导，对现代教育的发展具有重要的启示意义。

第三节　雅斯贝尔斯交往理论及其对教育的启示意义

卡尔·雅斯贝尔斯（Karl Jaspers 1883—1969）是当代存在主义哲学家，他积极倡导交往哲学理论，提出用"生存照明"来揭示生存，在其理论框架中，"交往"范畴居于核心地位。雅斯贝尔斯认为交往是人的存在方式，存在是与人共在，也就是交往使人作为人而存在。如果没有交往，人将会失去存在。"我只有在与别人的交往中才能存在着"。（涂成林著：《现象学的使命——从胡塞尔、海德格尔到萨特》，广东出版社，1998 年版，第 91 页）雅斯贝尔斯认为个性可以成为交往的前提，没有个性的人或被一般同化的人所进行的交往不是真正的交往。"不发生交往，我就不能成为自身存在；不保持孤独，我就不能进入交往"。雅斯贝尔斯认为"生存只有在交往中才能现实化"，只有在交往中主体才能被相互唤醒，而主体的个性非但不会在交往中失落，反而会在交往中获得。人不能仅凭其自身而成为人，人只有在互动中才是真实的人，自我存在于或显露于主体之间的互动中。

一、雅斯贝尔斯交往哲学观

在雅斯贝尔斯看来，交往是人面临的基本任务，是哲学研究的核心课题，也正是从交往哲学理论的高度出发，雅斯贝尔斯对教育问题进行了具有原创性的、深入的分析，他把交往不是作为工具，而是作为一种人与人心灵与肉体的交流，作为人的存在方式。探讨雅斯贝尔斯的交往教育哲学思想具有很强的理论意义和实践价值。雅斯贝尔斯的交往教育哲学思想是建立在他的交往哲学理论基础之上的，因此，我们有必要首先对雅斯贝尔斯的交往哲学理论有一个清晰的认识。

1．交往是人的存在方式

人是社会的存在，人注定要在交往中，使自我成为现实的自我。如果失去交往，自我必将丧失自身。在雅斯贝尔斯看来，人具有个人属性和社会属性的双重属性。一方面，人是自我的存在，它具有自己独特的个性和意识，另一方面，人具有社会属性，是社会存在物，人生存就必须与他人、社会进行交往。雅斯贝尔斯认为，个人的独特个性、孤独状况不是在个人自我封闭的状态下自生的，个人的独特个性只有在交往中才能生成和完善，个人的孤独只有在交往中才能够得以消解。"只要有一个人能够成功地实现从未圆满过的交往活动，那么，一切都成了。"（[美]W·考夫曼编著，陈鼓应等译：《存在主义——从陀斯妥也夫斯基到沙特》，商务印书馆，1987 年版，第 173 页）在雅斯贝尔斯看来，存在就是与人共在，交往的可能性是人成为自身的根本问题。

2."生存交往"是人的真正交往

雅斯贝尔斯把"生存交往"看作是真正具有理想意义的交往。在雅斯贝尔斯看来，"生存交往"就是一个"爱的斗争"的过程，"这种交往作为爱，不是不分什么对象的盲目的爱，而是清醒的斗争着的爱；这种交往，作为斗争，是一场斗争中争取自己和别人的斗争"。（梦海：《交往是人类大同之路——论雅斯贝尔斯的交往理论》，《求是学刊》，1998 年，第 5 期）正是通过这个斗争，人们充分认识到："只有他人有意成为他自身我才能成为我自身；除非他自由我才能自由；除非我确信他我才能确信我自己。在交往中我感到我不仅对自己负责还必须对他人负责，似乎他就是我，我就是他；……如果他的行动不建立起他的自我存在，我的行动也不建立起我的自我存在……只有在一起，我们才能达到每个人所要达到的目标。"（Karl Jaspers，Philosophy Vol.2，Trans. E.B Astition Chicago & London，university of Chicago Press 1977，P52—53）雅斯贝尔斯的"生存交往"可以理解为"内在交互主体性"的关系，是主体与主体之间相互真诚、相互依赖、相互信赖、共同发展的过程。

3."普遍交往"是通向"生存"共同体的必由之路

雅斯贝尔斯认为，共同体可以分为"所有的普遍的共同体"和"'生存'共同体"两类。"所有的普遍的共同体"是指那些通过一定的外在纽带把人们联结起来的共同体，如以共同的经验研究对象和知识水准为纽带、以共同的素质为纽带、以共同的肤色、语言为纽带等。这些纽带不是人的内在本质的东西，所以由此联结起来的共同体是外在的共同体。而"'生存'共同体"是无条件保证自我实现的共同体，是符合每个人自由的内在的共同体。这种共同体对于每一个成员来说，已不再是外在于自己的某一个群体、集体，而是主体自己本身；同时，对于这种共同体来说，每一个成员也不再仅仅是出于其中的分子，而就是它的内在存在，这种共同体真正体现了成员与成员、成员与共同体的统一性。雅斯贝尔斯认为，这种"'生存'共同体"的实现必须通过"普遍交往"，因为"普遍交往"不再单纯地以两个人之间的对话为前提，推动交往的手段是"公开的精神之战"。

4."内在交互主体性"是交往的最高型态

雅斯贝尔斯认为，人类的交往从低到高有四种具体型态，而"内在交互主体性"交往，即"存在性交往"是交往的最高型态。

(1)"共体主体性（Communal Subjectivity）"交往型态。在这种交往中，人尚无充分的自我意识和独立思考问题的能力，个人并不是一种独立的个体主体，每个人只是努力地将自己的意识向社会共同体的普遍意识靠近，人与人之间的关系是一种为共体主体服务的手段之间的关系。

(2)"交互客体性（Interobjectivity）"交往型态。在这种交往中，每个人只是把他人、社会作为"物"来利用，以维护自我的主体性，即使存在个人主体为他人、为社会服务的状况，也正如马克思所说的，"每个人为另一个人服务，目的是为自己服务；每一个人都把另一个人当作自己的手段相互利用。"（《马克思恩格斯全集》第46卷（上），人民出版社，1979年版，第196页。）

(3)"外在交互主体性（External Intersubjectivity）"交往型态。在这种交往型态中，个人将他人理解为与自己一样具有自我意识的主体基础上的人与人之间"同志式"的交往关系。交往各方均被视为目的，扬弃了利用他人、改变他人的意图和行为。每个人通过交往促进他人主体性发展的同时，也促进了自我主体性的发展，但在雅斯贝尔斯看来，这种交往关系仍然具有外在于个人自我的意识，它仍然受到一种象征整体精神的理念和普遍性规范的制约、指导，而不是人与人之间真正的内在人格所支配的交往关系，这是因为在个人之上还有一个"精神主体"——整体精神的理念和普遍性规范在驾驭着他们。

(4)"内在交互主体性（Internal Intersubjectivity）"交往型态。这种交往型态又被雅斯贝尔斯称为"存在性交往"，它是一种具有理想意义的交往型态，它将使人的自由得到全面实现，达到个人与他人、个人与社会的真正统一性，"'生存'交往的必然性仅仅是自由"。（Karl Jaspers，

Philosophy，Vol.2，Trans. E. B. Astition Chicago & London，University of Chicago Press，1977，P54）在"存在性交往"中，人与人之间保持着人格的严格平等，他们相互提醒，相互追问，相互为对方的发展创设机会和条件，使每个人都能够超越有限的经验自我，实现自我的充分完善和真正自由。

二、雅斯贝尔斯交往教育理论

雅斯贝尔斯构建了自己的交往哲学理论，在此基础上，雅斯贝尔斯提出了他的交往教育理论。雅斯贝尔斯认为教育是人的灵魂的教育，而非理智知识和认识的堆积，他强调教育要关注人的潜力如何最大限度地调动起来并加以实现。雅斯贝尔斯的交往教育理论包括他从交往角度对教育本质的认识、教育方式的选择、教育目的的认知等几个方面。

1．交往是教育的存在方式

雅斯贝尔斯认为，"所谓教育，不过是人对人的主体间灵肉交流活动（尤其是老一代对年轻一代），包括知识内容的传授，生命内涵的领悟、意志行为的规范，并通过文化传递功能，将文化遗产教给年轻一代，使他们自由地生成，并启迪其自由天性。"（[德] 雅斯贝尔斯著，邹进译：《什么是教育》，北京三联书店，1991 年版，第 3 页）这里的"灵肉交流活动"就是交往。雅斯贝尔斯强调文化的传承并非单向度的方式，而是在交往过程中激发年轻一代的潜能、天性和领悟力，不断促进年轻一代生成其内部灵性与可能性。在雅斯贝尔斯看来，人类文明的发展与进步就是以人与人之间通过语言进行交往的能力为基础的。教育作为一种促进人的发展的特殊社会实践活动，更典型地体现了人类活动的这一特点。

雅斯贝尔斯认为，"谁要是把自己单纯地局限于学习和认知上，即便他的学习能力非常强，那他的灵魂也是匮乏而不健全的。如果人要想从感性生活转入精神生活，那他就必须学习和获知，但就爱智慧和寻找精神之根而言，所有的学习和知识对他来说却是次要的。"（（[德] 雅斯贝尔斯著，邹进译：《什么是教育》，北京三联书店，1991 年版，第 4 页）雅斯贝尔斯认为，高等教育的"交往性"更加突出。"大学有四项任务……第三项是生命的精神交往……"，"如果大学人都小心翼翼地把自己封闭起来而不与他人交流，如果交流变成了仅仅是社会交际，如果实质性的关系因习俗而变得朦胧不清，那么大学的智力生活就会衰落。"（[德]雅斯贝尔斯著，邹进译：《什么是教育》，北京三联书店，1991年版，第149—150页）"大学要有这种交往才能成为一种为真理而生活的方式。"（[德]雅斯贝尔斯著，邹进译：《什么是教育》，北京三联书店，1991年版，第170页）

2．教育交往是真正意义上的生存交往

雅斯贝尔斯把教育的基本类型归纳为三类：一是经院式教育。这种教育以知识为中心，学生死记现成的知识，教师只是知识的解释者和把知识传授给学生的中介。这种教育的最大弊端是，"人们把自己的思想归属于一个可以栖身其中的观念体系，而泯灭自己鲜活的个性。"二是师徒式教育。教师是这种教育的中心，教师是知识和权威的象征，学生只能被动地依从而不需要有个性。这种教育培养出来的是依附他人而缺乏责任心的人。三是苏格拉底式教育。在这种教育方式中，师生处于平等的地位，可以自由地思索，善意地对话和论争。教师不是靠强制性地灌输，而以反讽的形式，使学生认识到自身的不足，进而唤醒其内部潜在的自动力量，这种教育是师生之间"在探索中寻求自我永无止境的过程。"（[德]雅斯贝尔斯著，邹进译：《什么是教育》，北京三联书店，1991年版，第8页）。

雅斯贝尔斯认为师生之间教育交往的主要形式是对话。在对话的交往关系中，教师从不作为知识的占有者和给予者，而是通过对话启导学生的思想，并且让学生自己发现知识，获得智慧。因此，雅斯贝尔斯极其推崇苏格拉底式的教育，认为它"不是知者随便带动无知者，而是使师生共同寻求真理"，是"一种在灵魂深处的激动、不安和压抑的对话"。（[德]雅斯贝尔斯著，邹进译：《什么是教育》，北京三联书店，1991年版，第7页）因此，雅斯贝尔斯指出，"教育则是人与人精神的契合，文化得以传递的活动。而人与人的交往是双方（我与你）的对话和敞亮，这种我与你的关系是人类历史文化的核心。可以说，任何中断这种我与你的对话关系，均使人类萎缩。如果存在的交往成为现实的话，人就能通过教育既理解他人和历史，也理解自己和现实，就不会成为别人意志的工具。"（（[德]雅斯贝尔斯著，邹进译：《什么是教育》，北京三联书店，1991年版，第2—3页）在这种交往过程中，学生不仅仅是增加了

16

知识，更重要的是精神得到了成长。在雅斯贝尔斯看来，苏格拉底式教育才是真正的教育，而这种蕴含其中的教育交往才是真正意义上的生存交往。

3．培养完满而充盈的精神世界是教育的真正目的

在雅斯贝尔斯看来，教育并非简单的文化传递方式或一种授受活动，"教育是极其严肃的伟大事业"，"真正的、好的教育"应能够"促使灵魂的转向"。"教育正是借助于个人的存在将个体带入全体之中。个人进入世界而不是固守着自己的一隅之地，因此，他狭小的存在被万物注入了新的生气。如果人与一个更明朗、更充实的世界合为一体的话，人就能够真正成为他自己。"（刘放桐等编著：《新编现代西方哲学》，人民出版社，2000 年版，第 54 页）教育的根本目的就是"通过培养不断地将新的一代带入人类优秀文化精神之路，让他们在完整的精神中生活、工作和交往。"为此，他痛切地批判了技术时代的物欲横流使得精神沦落成了商品的附庸，认为"现行教育本身越来越缺乏爱心，以至于不是以爱的活动，而是以机械的、冷冰冰的、僵死的方式去从事教育工作……现行教育的运用恰恰阻碍了爱的交流。"（[德]雅斯贝尔斯著，邹进译：《什么是教育》，北京三联书店，1991 年版，第 11 页）雅斯贝尔斯通过对现实教育模式化的批判，提出教育的目的就是要培养自由个性，培养人的完满而充盈的精神世界。

三、雅斯贝尔斯交往教育理论对教育的启示意义

雅斯贝尔斯认为交往是个体自我和独特个性形成与发展的根本途径，是实现个体自由的必要条件。个体只有在与他人交往的过程中才能获得自由，"现实的自由，从来不是仅仅个别人的自由，每一个个别人都只在别人是自由的时候才是自由的"。（刘放桐等编著：《新编现代西方哲学》，人民出版社，2000 年版，第 363 页）他的交往教育哲学思想的核心是倡导交往，更确切地说是倡导一种"精神交往"。雅斯贝尔斯认为，交往是教育的存在方式，教育的目的是培养完满而充盈的自由个性，只有"爱的斗争"才能促使师生之间的平等对话，只有在平等对话中人的精神世界才能够得以完满而充盈。雅斯贝尔斯的交往教育哲学思想对于我们今天的教育具有十分重要的指导意义。

1. 教育的主体："单一主客体"到"多极主体"

雅斯贝尔斯认为，教育不同于生产实践的主客体认识、改造关系，不应该归属于工具理性范式。教育过程应该是教师（们）和学生（们）以共同的客体为中介的交往过程，它生成的是多重主体际关系，包括师生之间的主体际关系，教师间的主体际关系，学生间的主体际关系，以及教师、学生与作为客体的"文本"的创造者（即解释者和文本的作者）之间的隐性主体际关系，即教育应该归属于主体与主体之间的"交往行为范式"。

"交往行为范式"下的教育，教师和学生是一种"主体—主体"的双向交往与理解关系。只有在这种"交往"实践观的指导下，教育者才不会把受教育者当作自己手中的"提线木偶"，而是把他们看作与自己一样有生命、有思想、有情感的人。教育者与受教育者才能够平等自由地交往，才愿意把整个身心投入到交往中。这样，受教育者才能在交往中成长为一种人格丰富的主体，从而实现雅斯贝尔斯所说的"本真的教育"。

2. 教育的方式："灌输"到"对话"

雅斯贝尔斯对于教育过程中的训练与控制是持否定态度的。雅斯贝尔斯认为训练"是一种心灵隔离活动"，照料意味着"生命体将会萎缩、无节制、变得晦暗不明和无知粗俗"，控制"是针对自然与人而言的，其方法是主客体在完全疏离的情况下，将我的意志强加于他人身上"，而真正的教育"是人的灵魂的教育，而非理智知识和认识的堆集"。雅斯贝尔斯进一步指出，"什么地方计划和知识独行武断，对精神价值大张挞伐，那么这些计划和知识就必然会变成自身目的，教育就将变成训练机器人，而人也变成单功能的计算之人，在仅仅维持生命力的状况中可能会萎缩而无法看见超越之境。"（[德]雅斯贝尔斯著，邹进译：《什么是教育》，北京三联书店，1991年版，第156页）

雅斯贝尔斯对教育方式的认识对我们反思今天的教育方式仍然具有较强的启发意义。虽然我们也一直强调要实行启发式教学，多开展课堂讨论，但实际上，上课"满堂灌"的现象仍然不同程度地存在着。长期以来，我们对一个合格教师的要求是"必须自己有一桶水，才能倒给学生一杯水"，在这种思想的背后，学生被无情地当作了"容器"，教师的作用就是"灌输"，整个教育过程成了教师一个人的"独白"，而缺乏真

18

正的"交往"。这是因为传统的教育在运行中采用的是对象性思维，对象性思维方式要求以客体化、对象化的方式研究人，其本质就是以对待"物"的方法来对待人。

雅斯贝尔斯认为，在教学中，师生关系是平等的，彼此之间可以积极开展"毫无保留的激烈讨论"，主张师生之间开展"善意的论战"。他说："老师和学生始终站在同一个平面——两人共同努力去弄清事实真相。"（[德]雅斯贝尔斯著，邹进译：《什么是教育》，北京三联书店，1991年版，第157页）雅斯贝尔斯的观点给了我们深刻的启示：教育必须由教师的单向"灌输"走向师生之间的平等"对话"。在师生交往中，教师的职能不仅仅是传授知识，而是更多地创造师生交往的机会，表现出对学生学习主动性的高度重视和主体意识的尊重，使学生在交往中体验到平等、自由、民主、尊重、信任、同情、理解、宽容，受到激励、鼓舞，激发自由个性。

3. 教育的本质："生产"到"交往"

随着教育的迅速发展，尤其是高等教育大众化的发展，教育被理解为一种生产性的实践活动，教育过程成了一种主体改造客体的技术过程。学校成了"工厂"，课堂成了"车间"，学生成了"原料"和"成品"。为了提高"生产"效率，种种控制学生的技术理所当然地被采用了。雅斯贝尔斯深刻地批判了西方社会对教育本质的误解，"本来学生的学习目的是求取最佳发展，现在却变成了虚荣心，只是为了求得他人的看重和考试的成绩；本来是渐渐进入富有内涵的整体，现在变成了仅仅是学习一些可能有用的事物而已。本来是理想的陶冶，现在却是为了通过考试学一些很快就被遗忘的知识"。（[德]雅斯贝尔斯著，邹进译：《什么是教育》，北京三联书店，1991年版，第45页）这种教育所培养出来的人，"不是他自己，他除了是一排插销中的一根插销以外，除了是有着一般有用性的物体以外，不具有什么真正的个性。"（[德]雅斯贝尔斯著，王德峰译：《时代的精神状况》，上海译文出版社，1997年版，第43页）

正如雅斯贝尔斯所说："教育不是知者随便带动无知者，而是使师生共同寻求真理。这样，师生可以互相帮助，互相促进。"（[德]雅斯贝尔斯著，邹进译：《什么是教育》，北京三联书店，1991年版，第11页）教育是"人为的"和"为人的"社会实践活动，而不是物与物之间的机械互动，更不是对物的占有、利用、改造，它不应成为一种"生产"实践，而应该归属于"人与人"之间的交往行为范式。交往是教育的存在方式，在现行的教育体制下，更需要把交往理念引入教育，更需要把交往理念和机制引入学校的管理、运行，引入学校的学生管理、科研等学校的日常运行之中，因为，学校作为人才培养的摇篮、知识创新的阵地、文明传承的使者，更需要交往理念所内含的民主、自由、平等、合作、互融，也更需要将交往理念外化为运行机制，为学校管理运行、学生成才发展提供机制保障。

第四节　哈贝马斯交往行为理论及其对教育的启示意义

一、哈贝马斯交往行为理论概述

哈贝马斯是 20 世纪下半叶以来西方知识界最具影响力的思想家之一，他毕生致力于交往行为理论的构建。在哈贝马斯看来，交往行为是主体间通过语言的交流，在遵循有效的规范前提下，求得相互理解、共同合作的行为。"我所说的交往行为是由符号协调的互动，它服从的是必须实行的规范，这些规范决定交往双方之行为，而且至少被两个行为主体所理解、承认。"(Habermas：Technik und Wissenschaft als "Ideologie" Frankfurt/Main：Suhrkamp Verlag，1968.P62—63) 哈贝马斯的交往行为理论认为，单独的个体不可能发生或存在人与人之间的交往问题，因为人与人之间的交往关系是在社会或集体中确立起来的。这也就是说，只有处于相互交往状态中的人们才会产生交往。而人与人之间的交往，不过是一种以共同的社会规范为核心的人与人之间的社会关系，其中，共同的社会规范起着行为定向作用。如果交往者不顾及这种共同社会规范的定向作用，从而无视于共同社会规范的要求，他就无法与他人发生关系，无法与他人对话、交流，无法达成相互理解、协调一致的行动。

哈贝马斯曾指出："与有目的—理性行为不同，交往行为是定向于主观遵循与相互期望相联系的有效性规范。在交往行为中，言语的有效性基础是预先设定的，参与者之间所提出的（至少是暗含的）并且相互认可的普遍有效性要求（真实性、正确性、真诚性）使一般负载着行为的交往成为可能。"（[德]哈贝马斯著，张博树译：《交往与社会进化》，重庆出版社，1989年版，第121页）遵循规范只是哈贝马斯交往行为理论的一个方面，哈贝马斯认为，一个人只有通过对话充分论证了自己要求的正当性，说服别人相信他的行为是符合普遍的社会规范的，他与别人的交往才能正常发生，交往双方才能达成协调一致的行为。哈贝马斯这里所指的对话是社会学与文化学意义上的，是一种交往和互动、沟通与合作的文化，是与民主、平等、理解和互融联系在一起并以之为前提的文化。

哈贝马斯的交往行为理论主要有以下特征：

（1）互为主体性。在交往者的眼中，对方与我是一样具备主体性的人，无论哪一方是交往行为的发起者，只要一进入交往这一过程，交往双方就进入了互为主体的状态。

（2）主客中介性。交往行为的中介客体是语言符号系统，人们通过语言符号系统而进行信息的转换与同构，实现双方在思想、情感、观念上的沟通和对于活动本身意义的理解，正是由于这一点，交往双方谁也不能坚持自我中心，谁也不可能主宰交往过程本身，他们彼此被交谈、对话引导着，从而使双方既坚持自己的观点又倾听对方的意见，通过对话达到彼此间的理解。

（3）交往的合规范性。没有规范的交往是不能长久的，也是不合乎理性的。哈贝马斯认为交往主要通过语言进行，交往必须符合规范，只有这样，交往行为的合理性才能达成。

（4）理解导向性。交往行为是以理解为导向的行为，因此，交往行为合理化是主体间性的，交往行为合理化的程度，归根结底是通过相互理解所建立起来的主体间性为衡量标准的，即它要靠在没有压力的情况下获得的理解的主体间性来衡量。主体间性是两个或多个主体的内在相关性，是平等主体间的相互性和统一性。对主体间性的理解主要涉及以下几个方面：

①主体间性意味着双方的共同了解。

②交往双方的彼此承认。

③交往双方人格与机会平等，反对强制和压迫。

④交往双方遵循共同认可的规范。

哈贝马斯构建的交往行为理论认为，交往的目的在于达成交往行为合理性（合理性交往行为）。哈贝马斯的交往行为合理性或合理性交往行为是指"一种通过语言实现的、具有主体间性的、符合一定社会规范的、在对话中完成的、能在交往者之间达成协调一致与相互理解的理性化的行为。"[傅永军：《哈贝马斯交往行为合理化理论述评》，山东大学学报（哲学社会科学版），2003 年第 3 期，第 11 页]"合理性"通常是指表达的合理性，其表征的是作为主体的人与客观世界之间的认识关系，它与知识密切相关。而哈贝马斯认为"合理性很少涉及知识的内容，而主要是涉及具有语言能力和行动能力的主体如何获得和运用知识。"[[德] 哈贝马斯著，张博树译：《交往与社会进化》，重庆出版社，1989 年版，第 22—24 页] 合理性主要不是陈述、表达的合理性，而是行为的合理性。哈贝马斯的交往行为合理性可以从以下几个方面来理解：

（1）交往行为合理性首先是主体的交往行为在道德实践方面的理性化，而不是在工具行为或策略行为领域内的理性化。

（2）交往行为合理性不是依赖技术手段、策略方法等功能理性方式实现的理性化行为，而是依赖于"意向表达的真诚性"和"主体之间行之有效的并以一定的仪式巩固下来的"正确的社会规范而实现的理性化行为。

（3）交往行为合理性是语言性的，它是通过言语来协调行为以建立和改善人际关系，并在这个过程中实现的行为理性化。

（4）交往行为合理化是主体间性的，交往行为合理化的程度，归根结底是通过相互理解所建立起来的主体间性为衡量标准的，即它要靠在没有压力的情况下获得的理解的主体间性来衡量。

（5）交往行为合理性的实现意味着通过对话达到人们之间的相互理解与一致，并且，它致力于最终使自由的交往关系与对话制度化。

哈贝马斯交往行为合理性的达成须具备两个前提：一是交往者遵循共同的规范；二是交往者之间存在以相互理解为目的的对话。人与人之间要建立正常的秩序，社会成员必须遵循共同的社会规范。社会规范是社会关系能够不受干扰与破坏而得以正常维持并发挥社会同一性作用的基本前提。交往行为理论重视"相互作用"，认为任何处于离群索居、不与他人相互交往的孤独个体都不存在交往，更不用说合理性的交往行为。

哈贝马斯把对话看作是形成共识的关键，他强调，在通过对话形成共识的过程中，对话参与者的利益均在考虑之列，参与者提出的各种要求都能够成为商谈的对象。在对话中，除了充分的论证之外，没有任何强迫，因为他的交往行为合理性本身就是建立在自由、民主、平等精神之上的。

二、理解哈贝马斯交往行为理论的关键点

为了更好地理解哈贝马斯的交往行为理论，有必要首先了解哈贝马斯所指出的四种社会行为类型：

（1）目的行为。行为者通过选择一定的有效手段，并以适当的方式运用这种手段而实现某种目的的行为。

（2）规范调节行为。社会集团的成员以遵循共同的价值规范为取向的行为，"规范表达了在一种社会集团中所存在的相互一致的状况"、"遵循规范的中心概念意味着满足一种普遍化的行动要求"，由于这类行为所涉及的是社会集团中各个成员的内部的相互关系，每个社会成员都必须遵守社会集团共同认可的"规范"。

（3）戏剧行为。行为者通过或多或少地表现自己的主观性，而在公众中形成一定的关于本人的观点和印象的行为。这种自我表演"并不是自发的表达活动，而是有意识地在公众面前呈现能够吸引他们的自身生活的经历"。

（4）交往行为。两个以上的行为主体，通过语言符号的协调互动，在遵循规范的前提下，达成相互理解和彼此一致的行为。

哈贝马斯认为，"世界"可以分为三个不同层面或部分，即客观世界、社会世界和主观世界。所谓"客观世界"系指"外在的自然世界"；所谓"社会世界"系指由共同的规范、价值观念等组成的社会规范系统；所谓"主观世界"系指人的自发的经历汇成的世界。在哈贝马斯看来，"行为"表达了行为者至少对一个世界所发生的关系，而以上四种行为的划分正是基于"行为"与"世界"之间的关系（见表1-1）。

在哈贝马斯看来，交往行为之所以具有合理性，不仅因为它关涉三个"世界"，而且更为主要的在于它是一种以"理解为导向的行为"，是"以理解为目的的行为"。在《交往与社会进化》一书中，哈贝马斯指出："理解最狭窄的意义是表示两个主体以同样方式理解一个语言学表

达；而最宽泛的意义则是表示在与彼此认可的规范性背景相关的话语的正确性上，两个主体之间存在某种协调；此外还表示两个交往过程的参与者能对世界上的某种东西达成理解，并且彼此能使自己的意向为对方所理解。"（[德]哈贝马斯著，张博树译：《交往与社会进化》，重庆出版社，1989年版，第3页）

表1-1　行为类型及其与外界关系

行为类型	行为者与主要关联的世界	行为的有效性要求
目的行为	行为者 —→ 客观世界	真实性
规范调节行为	行为者 社会世界 / 客观世界	正当性
戏剧行为	行为者 主观世界 / 客观世界	真实性
交往行为	行为者 —→ 客观世界 社会世界 主观世界	真实性 正当性 真诚性

哈贝马斯不仅仅指出了交往行为合理性的必要性与重要性，而且对于如何实现这种合理性的交往行为也进行了构想。哈贝马斯认为合理性的交往行为应建立在以下基础之上：

（1）规范。哈贝马斯认为，合理性交往行为的达成必须有明晰的共同规范做保障。人与人之间的交往行为如能进行就必须有一套大家所公认的规范标准。如果想在任何一个领域中建立起正常的人与人之间的关系和秩序，就必须承认和遵循社会中存在的共同规范。共同规范体现了主体与主体之间对对方行为的期望，是人们相互理解的重要前提。

（2）对话。交往就必须对话，对话即交往。对话是人们达成统一共识的最有效的办法和最便利的途径。只有在对话中，交往双方的利益才能都被考虑到，双方提出的各种要求都可以成为讨论的对象。在民主、平等、自由、协商的气氛中，每个人的利益都可以得以协调。哈贝马斯认为，对话的这种性质决定了它在建立和谐人际关系中起着重要的作用。

（3）语言。哈贝马斯强调，为了顺利达到协调行为的目的，在进行对话的时候，对话双方必须选择一种能够让对方了解自己的正确的语言来表达自己。这样一来，语言就成了促使"交往合理化"的决定性因素。正是由于这一原因，哈贝马斯力图建立一门"普遍语言学"，以此来分析话语行为，研究语言的交往职能，探讨说者与听者之间的关系。

（4）理解。理解是交往行为理论的目的所在。如果以追求自己取得的成果为目的，对话者的论证就可能是不合理的或者达不到合理的行为目的。交往双方如果以理解为目的进行交往，就意味着相互尊重、相互理解，意味着交往目的的达成。哈贝马斯指出："交往行为主要是一种相互理解。"（[德] 哈贝马斯著，曹卫东译：《交往行为理论》第 1 卷，上海人民出版社，2004 年版，第 108 页）

三、哈贝马斯交往理论对教育的启示意义

哈贝马斯的交往行为理论提供了一些富有启迪的思想，如将人与人之间的交往作为一种相对独立的社会实践活动来研究，尤其是对以语言为媒介的精神交往做了深入的思考，这对于教育这样一个人与人之间精神、思想交往的领域来说，哈贝马斯的交往行为理论更具有重要的指导意义。虽然哈贝马斯的交往行为理论不是直接研究教育的，但哈贝马斯赋予了交往以全新的内涵，给教育带来了一种全新的视野，对交往教育的本体论、认识论、目的论以及师生关系等都提出了新的挑战，对教育研究产生了巨大的影响。

教育本体论把教育看作是一种人的实践活动，而并没有将人对客体物的实践活动和人与人主体之间的交往活动做明确的区分。哈贝马斯指出，交往是主体与主体之间的交互作用，它不同于人与自然之间的实践关系模式，这一点从交往的概念界定得到了充分体现。从交往的观点看，教育是发生在主体与主体之间而非主体对客体的实践活动，学生并不能如同物般成为教师的改造对象；知识、真理是在人与人交往沟通的过程中形成的共识，认识并不仅仅是单个人的事，而本质上存在于人与人之间的交往沟通中；学生学习的过程并不仅仅是个体认识发生发展的过程，而是不断地与教师、与同学、与人类历史不断进行精神交往达成共识的过程。教育理应为这种交往提供"没有内在与外在压力与制约的理想沟通情境"。因此，从交往的视角看教育，教育就成为教师与学生之间、学

生与学生之间、乃至学生与整个人类历史之间不断展开对话交往的过程。

教育始于交往，交往是教育的存在方式和本质，没有交往就不会有真正意义上的教育。教育是师生间特殊的交往，或者说是师生之间交往的特殊形式，广而言之，也是人类交往的一种特殊形式。其特殊性就在于教师的权威性与主导性，以及指向于学生的发展性。在师生关系方面，由于以往的认识论的局限，仍然受到主客二分、单向理解的认知模式影响，把师生关系看成是"主—客"关系，这显然是把学生看作纯粹的客体，等同于物。哈贝马斯的交往行为理论为我们认识教育提供了一个全新的思维，在交往行为理论看来，教师与学生之间的关系应是一种主体与主体之间的"双向理解"的交往关系。教师是具有人性的存在，学生也是具有人性的存在，彼此都具有意义领悟的能力，教育过程是彼此进行意义的交流与沟通、展开对话、不断进行双向理解的交往过程。

哈贝马斯重视人的"主体间性"的存在，并认为它对人而言，具有本体论的意义，人并不仅仅是具有主体性的存在，而且也是具有"主体间性"的存在，而"主体间性"只有在人与人的交往中才能形成。另外，交往本身蕴涵着民主、自由、平等、互融、合作等理念，对于教育，尤其是高等教育而言具有重要的意义。高校作为知识、精神、思想等交往的载体，必然要强调交往理性所蕴涵的理念与精神。

第五节　交往：教育研究的新视野

交往不仅仅表现在表面上的"你来我往"，更意味着平等对话、合作意义建构；交往不仅仅是一种认识活动过程，更关涉到主体间的双向理解与生成，意味着主体与主体平等、对话、沟通、理解，意味着创造和反思，是通过"内在情性和理性"的反思和生成过程，建筑社会整合的平台，引导人们走向真正的善，成为真正有自主道德的人。衣俊卿教授在其《日常交往与非日常交往》一文中指出，交往"是共在的主体之间的相互作用、相互交流、相互沟通、相互理解，这是人的基本的存在方式，它清楚地昭示了人根本区别于动物的社会性"。（衣俊卿：《日常交往与非日常交往》，《哲学研究》，1992（10），第30页）交往是一种生命的需要、生存的需要、生活的需要，而且随着社会的发展，交往的精神意蕴、生命意蕴日渐凸显，交往成为一个有待深入认识的重要范畴。

一、交往的深层意蕴

交往是主体间的活动。费尔巴哈认为，人是人的本质，人的本质就是人的共同属性，就是"类"，即把许多个人纯粹自然地联系起来的共同性，是抽象和静态的一致性，（《欧洲哲学史教程》编写组：《欧洲哲学史教程》，福建人民出版社，1983 年版，第 558 页）人总是处在类人和他自己的历史生成过程之中，人的每次心理活动都必然与历史进程中的类人"打交道"，同时也与他人"打交道"，并实现个人和社会的发展，交往也才充满了意义。

从文化哲学的角度看，人的本质是人的生命存在及其活动，人是文化的动物，交往应该以尊重个体的生命价值为基础。我们可以这样理解：交往是在尊重主体价值的前提下，以符号为中介发生在主体间的直接的相互作用的活动，其目的是达成相互理解。也就是说，交往是主体通过符号中介实现相互作用的过程，其目的是寻求自身不断解放。共在的通过符号中介实现主体之间的相互作用、相互交流、相互沟通与相互理解，是人的基本存在方式。"交往"不仅仅是一个"概念"，更是一个"理念"，它的深层意蕴主要体现在以下几个方面。

（1）双向性。交往是指两个或两个以上的主体之间发生的行为，参与交往的人都以主体的身份出现，呈现出互为主体性、双向性的特征。对于交往的参与者来说，交往是一种双向的交流，交流双方通过不断地双向沟通与交往，在各自经验的基础上，不断地将自己向对方展示，在他人中发现自我，在自我中发现他人，在互动中达到视野融合。

（2）平等性。交往不应成为一个人控制另一个人的手段，交往双方是平等的，不是一种"占有"的关系，或者是一方对另一方的压制、控制、约束，而是一种致力于"共生"、"共存"的平等和谐的关系。

（3）关爱、尊重与信任。关爱、尊重与信任是交往的先决条件与基础，意味着对他人的关心和责任。如果一个人不关爱、尊重与信任他人，那么真正意义上的交往就不可能进行。离开了对他人的信任和尊重，交往就会不可避免地退化成占有式的主客体关系，而非主体与主体之间的关系。

（4）遵循规范。规范是交往的前提和基础，是交往能够顺畅进行的保障。日常的习惯、习俗甚至文化传统包含的社会价值规范及其他规范，以及人们在交往中形成的规范，成为道德交往或社会批判的尺度，同时也影响着人与人之间的交往。

（5）理解与沟通。交往双方致力于彼此在心灵上的理解和沟通，认识他人的思想、情感、态度，在体味中扩展自己的眼界，获得有益的异己世界的知识。交往是在理解和沟通的过程中进行的，或者说，理解和沟通本身就是交往的一种形式。

交往是人与人之间真诚的互动过程。交往是在信任的前提下，在平等的基础上，交谈者彼此向对方敞开，彼此悦纳对方，彼此全身心投入、相互协调、相互激发的自由交流，在他人中发现自我，在自我中发现他人，在交流中超越自身限制，达到视野融合，扩大自己的眼界，形成新精神、新境界。交往更意味着平等，除了言语的对话，交往还包含有平等交往的相互关系或状态的隐喻，是指人与人之间建立和形成的一种平等、真诚、开放、自由、民主的相互交往关系。在这种关系中，对话的双方彼此平等、坦诚地相互接纳、相互依托、平等互信。相互依托强调的是融合、"共栖"、共存，相互融洽地、和谐地、协调地"独立"的存在。

二、交往：教育研究的新视野

从哲学本体论的角度看，交往是作为社会主体的人或人群共同体之间相互作用的最基本的方式或过程，是人们之间实现了的社会互动。在交往实践中，任何单一的主体对客体的改造，都不过是交往实践的一个环节，要受到其他主体的制约。交往作为一种共同体的活动，根本是为了生成主体间性。"我们认为，主体间性是'互识'与'共识'。'互识'是指主体之间相互认识和相互理解；'共识'是指不同主体对同一事物所达成的相互理解，所形成的主体间的共同性和共通性。"[（岳伟、王坤庆：《主体间性：当代主体教育的价值追求》，《华东师范大学学报》（教育科学版），2004年第6期，第4页] 而教育的本质就是主体与主体之间的交往，交往对于教育不仅具有方法论的意义，而且具有本体论的意义，交往为我们研究教育，尤其是研究高等教育提供了崭新的视角。

杜威曾经说过："教育乃是使哲学分歧具体化并受到检验的实验室。"

（[美]杜威著，王承绪译：《民主主义与教育》，人民教育出版社，2001年版，第348页）教育脱胎于哲学母体，与哲学有着天然的"母子"关系。不同的哲学理论指引着人们从不同的角度去思考教育问题，每一位教育家在研究教育问题时，都会有自己的哲学立场。当哲学以交往的理性之光投向教育，当我们从交往理论的视角去研究和解释教育问题时，我们对教育的一切观念、看法以及学校教育的组织和运行机制等都会发生巨大的变化。

从交往的视角看教育，教育是一种与"物的世界"根本不同的"人的世界"，教育研究也必须摒弃传统的"主—客"二分的思维范式，取而代之以"主—主"的交往思维范式，从根本上改变以往单纯从"物的世界"主客体关系的思维范式研究教育的错误作法，实现教育研究范式的转换。交往理性涉及到人与人之间的伦理范畴，而非人与自然之间的工具性价值，因此，教育也应该被看作是"我—你"的世界，而并非是工具性的"我—它"世界。总之，教育活动是人类社会实践活动的一个特殊领域，它在本质上是人与人之间的特殊交往实践过程，它不是一种人对物的认识和改造过程，而是一种以人与人之间的相互作用、相互沟通、相互理解为核心的交流与对话过程。

正如上面所指出的那样，交往对于教育具有本体论的意义，教育的本质是交往。对教育本质的正确认识有助于我们在教育过程中遵循教育规律，掌握教育方法，促进教育目的的实现。例如，当前在教育过程中教师基本是采取说教式、灌输式的方法，不是把学生当作同自己一样的主体，而是当作供自己改造的客体，教育的过程变成了主体改造客体的实践过程，而非主体与主体之间的交往过程。结果，学生的主体性缺失，教育不再是唤醒人性，而是泯灭人性。

把交往引入教育研究领域，可以为教育研究提供一个崭新的视角，推动教育研究的发展，因为"它暗含了对民主、平等的人际关系以及对其他个体开放的包容心态的倡导，暗含了对人的主体性的弘扬，对个体独特性、差异性的崇尚与尊重。"（张天宝著：《走向交往实践的主体性教育》，教育科学出版社，2005年版，第54页）交往蕴涵着自由、民主、平等、互融等理念，这些理念对于学校这样一个注重知识、精神、思想、情感交往的组织而言，具有重要的意义，教育应该成为一种师生共享知识、精神、智慧和意义的过程。

就管理体制而言，现行的学校管理体制是基于科层制之上的体制，领导者权威和刚性制度对于学校的有序运行发挥着基础性的作用，自上而下的命令压抑了人的积极性，造成管理过程中的上下级信息不对称，管理者缺少做出正确决策所需的必要信息，而基层信息很难反映到决策层和管理层，信息不对称容易造成组织运行的不稳定。管理归根结底是处理人与人之间的关系，尤其对于学校而言，无论是对教师的管理，还是对学生的管理，都不可能单纯依靠硬性的命令、规范、制度就能够实现。学校的管理和运行必须实现工具性价值与目的性价值的有机统一，关注人的需要和价值。就此而言，学校管理融入交往理性，对学校管理与运行、学校目标的实现、学校文化建设等都具有重要意义。

交往是科学与人文两个文化之间以及人与社会之间最有力的媒介，交往不仅仅是个体之间信息的交流，而且必须打上由人及其活动所构成并创造着的历史的、文化的和社会的烙印。"人的活动，以及人的心理具有社会性，人的心理是历史的产物，社会的人的感觉不同于非社会的人的感觉。"（[苏]彼德罗夫斯基主编：《普通心理学》，人民教育出版社，1981年版，第37页）人总是处在类人和他自己的历史生成过程之中，人的每次心理活动都必然与历史进程中的类人"打交道"，同时也与他人"打交道"，并实现个人和社会的发展，交往也才充满了意义。因此，从这个角度讲，交往对于学生具有至关重要的社会化功能。

现代社会，交往变得更加普遍和频繁，交往的方式和手段也更加地多样化，但是交往作为主体与主体之间在对话中完成的、具有主体间性、符合一定社会规范、能在交往者之间达成协调一致与相互理解的理性化行为却越来越受到人们的重视。交往蕴涵着自由、民主、平等、真诚、敞亮、交互共生以及心理交感、意义沟通（意义的多向理解与生成）等理念，这些理念对于学校这样一个特殊的社会组织而言具有重要意义。本书正是在对交往进行深入理论挖掘的基础上提出构建交往型学校，把"交往"所蕴含的平等、对话、沟通、互融、理解、合作等理念拓展到学校组织之中，构建起多极主体之间充满人道精神的组织范式，使之内化为学校的理念、充盈于学校的运行机制，这些对于学校组织的稳定与发展是十分必要的。

第二章　教育的交往本质观

所谓教育，不过是人对人的主体间灵肉交流活动（尤其是老一代对年轻一代），包括知识内容的传授、生命内涵的领悟、意志行为的规范，并通过文化传递功能，将文化遗产教给年轻一代，使他们自由地生成，并启迪其自由天性。

——雅斯贝尔斯

第一节　教育研究*

本节内容参考湖南师范学院教育学原理相关内容，在此表示感谢。

一、教育的概念

什么是教育？这个乍看起来似乎非常简单的问题其实却很难回答。关于教育的定义，中外的教育家、思想家和一些学者可谓是仁者见仁，智者见智，众说纷纭。

我国汉代许慎编著的《说文解字》是这样解释教育的：教者上所施，下所效，育者养子使作善也。意思是说教育长辈要以身作则，使后辈知道做人的道理，这才是真正的教育。春秋时期大教育家孔子则认为：大学之道，在明明德，在亲民，在止于至善。现代中国大教育家蔡元培先生则认为：教育是帮助被教育的人给他能发展自己的能力，完成他的人格，于人类文化上能尽一份子的责任，不是把被教育的人造成一种特别器具。在什么是教育这个问题上，国外也有很多大学者提出了精辟的论述。

马克思、恩格斯曾经指出，教育是促进个人的独创的自由发展。康德则认为，教育是由个体自我设计、自我选择、自我构建、自我评价的过程，是自我能力的发展，它体现着社会意志和教育者与受教育者平等

31

自由地、审慎严肃地共同探究的机理，不是指令，不是替代，更不是让茧中的幼蝶曲意迎合或违心屈从。蒙台梭利认为教育就是激发生命，充实生命，协助孩子们用自己的力量生存下去，并帮助他们发展这种精神。教育家雅斯贝尔斯把教育理解为：教育是人的灵魂的教育，而非理性知识的堆积。国际 21 世纪教育委员会向联合国教科文组织提交的教育研究报告中说，教育是保证人人享有他们为充分发挥自己的才能和尽可能牢牢掌握自己的命运而需要的思想、判断、感情和想象方面的自由。

目前在学术界获得较普遍认同的定义是，教育是培养人的一种社会活动，它同社会的发展、人的发展有着密切的联系。广义的教育，是指有目的地增进人的知识、技能，影响人的思想品德和人的体质的一切活动。狭义的教育，即学校教育，就是根据一定社会的要求和个体的身心发展规律，在教育者的积极主导和被教育者的主动参与下，教育者有目的、有计划、有组织地对受教育者的身心施加全面系统影响的社会活动过程。

下面是几种对于教育的定义：

（1）"教育是培养人的一种社会现象，是传递生产经验和生活经验的必要手段。"（《中国大百科全书——教育卷》，中国大百科全书出版社，1985 年版，第 1 页）

（2）"教育是传递社会生活经验并培养人的社会活动。"（顾明远主编：《教育大辞典》第 1 卷，上海教育出版社，1992 年版，第 3 页）

（3）"教育是有意识地以影响人的身心发展为直接目的的社会活动。"（叶澜著：《教育概论》，人民教育出版社，1991 年版，第 4 页）

从上面几种教育定义来看，第一种是把"培养人"主要落实到"传递生产经验和生活经验"上；第二种是把"传递社会生活经验"与"培养人"并列；第三种是把"有意识地以影响人的身心发展为直接目的。"显然，"人本"的色彩是依次渐高，"人"在教育中的地位也逐渐凸显。

二、教育的构成要素

与一般性的社会实践活动相比，教育作为一种特殊的社会实践活动有其自身的特征。教育是人与人之间的活动，因此在主体方面由教育者与受教育者两个主体构成；教育者与受教育者的互动是知识、心灵、情感等的交流与融合，也就是说，教育的过程是通过一定的教育手段实现教育内容的传递与互动的过程。图 2-1 为教育构成要素示意图。

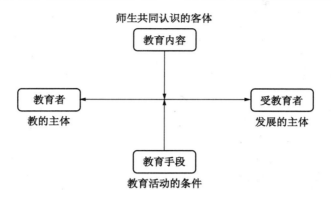

图 2-1　教育构成要素示意图

1. 教育者

在教育活动中存在着教与学两种活动，更确切地说，是教与学两种活动构成教育。虽然参与到教育活动之中的所有人都有教与学的责任或义务，但各自的职责重点不同，一部分人主要以教为职责，一部分人主要以学为职责。

教育者是指直接对求教者的素质发展起影响作用的人，包括学校的教师、管理人员、兼职教师、家庭教师、家长。其中学校教师是教育者的主体和代表。教育过程不同于对人的身心发展发生影响的其他过程，它是教育者有目的的活动过程，所以，离开了教育者及其有目的、有意识的活动，也就谈不上什么教育。教育者是教育实践活动中的人的因素，而且是一个基本要素。

教育者不仅是教育实践活动的一个基本要素，而且是教育实践活动的主体，他把受教育者作为教的对象，以教育影响为手段，把引导和促进受教育者身心的发展变化作为活动目的，力求使自己教的对象的身心发生合乎自己社会的变化。因此说，教育者作为教育活动中人的因素，是教育实践活动的主体，更确切地说是教的主体。教育者的主体性有以下多方面的表现：

（1）教育者是教育活动的设计者、实施者和组织者，对整个教育活动起领导作用。

（2）教育者是学生学习活动的指导者、帮助者和评价矫正者，对整个学习活动起着矫正方向、调整内容、激发动力、教给方法的作用。

（3）教育者的教育反映着社会的需求和人格，控制着整个教育过程的推进和教育内容的设定，因而教育者教的质量在很大程度上制约着学生的发展质量。

（4）教育者的教育活动内容影响着学生学习活动的内容，控制着学生活动的时间和效果，因而在教育活动中居主导地位。

2．受教育者

广义的教育中，所有为提高自身素质而处于学习状态的人都是受教育者；在狭义的教育中，受教育者特指教师教的对象——学生。随着世界范围内终身教育和全民教育的实行，教育对象的范围已经扩展到一个人从生命形成（胎教）到死亡的整个一生和全社会不分种族、性别、宗教、民族和阶级的所有人。其中学校里的学生是受教育者的主体和代表。

受教育者是教育的对象。在教育过程中，受教育者首先作为教育的对象存在于教育活动的要素之中。受教育者是教育的对象，这是因为：

（1）在教育过程中，受教育者首先是一个求知的个体。他们从无知到有知，从知之不多到知之较多，需要教师的传授和扩展。在教师的引导下，他们可以逐渐认识客观自然和人类自己，可以逐渐使他们的认识由个体的认识水平过渡到人类总体的认识水平。

（2）受教育者也是一个不成熟的个体。在教师的教育下，受教育者逐渐获得品德的完善和行为的养成，逐渐由个体的生物人向本质上的社会人转变。

（3）受教育者也是一个缺乏技能的个体。只有在教师的培养训练下，受教育者才能逐渐掌握各种生产和生活的技能，实现由消费的个体向生产的社会成员转变。

受教育者也是学习的主体。马克思说，主体是人，客体是自然。受教育者作为人类中的一个特殊群体，他们当然具有主体的性质。换言之，在教育过程中，他们也是作为一个活生生的个体，作为一个有血、有肉、有感情的人存在的。

受教育者的主体地位集中体现在：受教育者作为一个独立的个体的人，他们有自己的主动性、选择性、需要性和意志性，他们可以依靠自己的独立思考主导自己的行为；受教育者在学习人类优秀文化遗产的同时，除了继承、吸取以外，还有重组、创新、开拓的能力；受教育者在学习过程中，不但受智力因素的制约，也受非智力因素的影响。这两种因素都制约着受教育者教育活动的进行速度、效益和质量。

3．教育内容

教育内容是教育活动中传授给学生的知识技能、思想观点、行为习惯等的总和。它包括对学生进行德、智、体、美、劳等各育的内容。教育内容是构成教育过程的一个基本要素，它是由教育目的决定的，体现着人才培养的素质结构的要求，反映着文化科学技术发展的状况。从其涉及的范围来看，教育内容包括人类社会各个领域活动的知识、技能、价值观念、行为规范等；从其价值来说，它具有发展人的智慧、品德、体力、审美能力等各方面的作用；从其表现形态来说，有物质的、符号的、精神的、行为的等。因此，我们可以把教育内容看作是学校中显性课程与潜在课程的统一体。

教育内容是联系施教者和求教者的中介。教育活动的基本矛盾是一定社会所提出的教育要求同求教者身心发展现有水平的差距，它是教育活动得以存在进行的内在基础。人类文明的延续一般是以两种方式进行的：一种是以一定的物质载体的形式记录下来，如图书、音像、光盘等；另一种则是以人脑的形式记录下来。而后一种是人类文明继承和发扬的一种能动的形式，其特点在于不仅能保存人类长期积累起来的文明成果，而且能在原有文明成果的基础上创新、发展。教育内容作为一种特殊的中介形式把施教者和求教者联系起来，通过教育内容难度自然延伸，使求教者由不知到知，由知之较少到知之较多，由继承到发展，由个体认识水平到人类认识水平，最终把人类的过去和未来联系起来，达到教育的目的。

最佳的教育内容是工具性与价值性的统一。教育内容作为联系施教者和求教者的中介，能否消除教育过程的基本矛盾，关键在于教育内容本身选编的科学性。而制约教育内容选编科学性的因素主要有两方面：第一，一定社会前进的要求。作为国家来说，这种前进的要求主要通过教育目的的形式表达出来，这种要求包括素质的全面性和内容的先进性与逻辑性；第二，个体身心的发展规律。个体的身心发展规律既有共性又有个性。因此，施教者要根据求教者的实际安排教育内容进程，选择教育内容的难度，增减教育内容的份量，发掘教育内容的价值，最终达到目的性与对象性的统一。

由于其具体的教育任务和培养目标的不同，教育内容在深度、广度及具体门类上有所差异。从总体上看，教育内容是由以下各方面构成的统一整体。

（1）系统的文化科学知识、技能和技巧。知识是人们对客观事物的现象及其规律性的认识。技能是经过训练而形成的顺利完成某种活动的动作方式。技能经过长期的练习，达到定型化、自动化的程度便成了技巧。

（2）辩证唯物主义世界观和共产主义道德品质。根据《中国教育改革和发展纲要》和《中华人民共和国教育法》的规定，我国目前学校德育的内容包括国家在受教育者中进行爱国主义、集体主义、社会主义的教育，进行理想、道德、纪律、法制、国防和民族团结的教育。

（3）体育的知识、技能和技巧。具体包括：田径运动、体操、球类运动、游戏、军事体育活动、武术、游泳、爬山及利用其他自然条件进行的各种锻炼。

（4）审美观点和审美能力培养。包括文学艺术的美、大自然的美和社会生活的美。美育是全面发展教育的重要组成部分。

（5）劳动的知识、技能和技巧。具体包括：工业生产劳动和手工艺生产劳动的知识和技术；农业生产劳动的知识和技术；服务性劳动、公益劳动的知识和技术；管理生产的知识和技术。

教育内容内在地包括教育目标。因为教育目标是教育活动所要达到的预期结果，也是衡量教育活动效果的标准，是教育内容传授的出发点和归宿。教育活动既然是人类的一种有意识的活动，那么在活动之前便都有着明确的活动目标，这是人的活动与动物活动的一个本质区别。在教育内容中，目标与内容的一体化表现为：目标主导下的内容选择、内容安排、内容设计、内容传授、内容实现的结果等。

4. 教育手段

教育手段是指教育者将教育内容作用于受教育者所借助的各种形式与条件的总和，它包括物质手段、精神手段等。

物质手段主要是进行教育时所需要的一切物质条件，可分为教育的活动场所与设施、教育媒体及教育辅助手段三大类。

教育的活动场所与设施在学校中主要指校舍、教室、操场、实验室、校办工厂、农场等的数量与内部的设备装置。

教育媒体是教育活动中两类主体（教育者与受教育者）之间传递信息的工具。由此可见，教育媒体是教育内容的载体，也是教育中其他信息的载体。然而，同样的教育内容，可使用不同的媒体。随着媒体的不同，教育的组织形式、方法、效果等都会发生变化。

教育媒体具有多种形式，从最简单的实物、口头语言到图片、书面印刷物、录音磁带、录像带、电影、电视、计算机程序等。它们的形式是随着人类科学技术的发展，教育活动的日趋普及化、个别化而越来越丰富多彩和综合化。

精神手段包括教育方法、教育途径。教育方法包括教育者的教法和受教育者的学法两个方面。就教育者的教法而言有语言的方法、直观的方法与实践的方法；就受教育者的学法而言有发现式和接受式两大类。

从以上我们对教育活动构成要素及其作用的分析中可以看到，教育者、受教育者、教育内容、教育手段四要素是展开教育活动必不可少的，并且在活动中相互作用，相互联系，相互影响。在教育活动中，当四者都具备的情况下，主体因素是教育活动成效大小的决定因素。而要充分发挥主体的作用，关键是要处理好主客体的内部关系。对教育者来说，他要研究认识三个客体，学生、教育内容和教育手段。教育者的任务是将既定的教育内容通过一定的手段传授给学生。对受教育者来说，他认识的客体是一个：教育内容。他的任务是在教师的指导下通过一定的手段学习和掌握既定的内容，也就是将外在的客体转化为内在主体的东西。

三、教育的基本特征

1. 教育是人类社会特有的一种社会现象

人类的教育活动与动物相比，最大的差别在其社会性上。人的教育需要不是直接产生于生物本能，而是产生于社会延续与发展的需要。教育一开始就是一种为了社会的活动。动物不能把同类的不同特征汇集起来，它们不能为同类的共同利益和方便做出任何贡献。人通过语言和其他的自己创造的物质形式（如工具、产品），把个体的经验保存和积累起来，成为类经验。人类教育传递的正是人类社会共同体积累的类经验，不只是个体的直接经验。这些经验不是本能的产物，而是人类智慧的结晶。正因为如此，有史以来的二千多年中，人类自身的活动和社会产生了如此巨大的变化，这是高等动物中任何一种都无法比拟的。

由此可见，教育是人类社会特有的活动。正像社会性是人与其他动物的本质区别，因此需要用人这个词把人与动物区别开来一样，社会性也是人的教育活动与动物所谓教育活动的本质区别，因此，也需要用教育这个词把人的培育活动与动物的亲子本能的活动区别开来。

马克思主义教育学之所以认为教育是一种社会现象，其立论依据是动物界不存在教育，教育也非源于人的生物本性。阐明这一点是确定教育是人的社会活动而不是动物的生存活动的关键。教育活动的效果是要对人的知识和技能产生正面的促进作用。学生参加了教育活动，知识和技能就会提高。尽管提高的程度和提高的速度可能各有不同，有的学生会提高得快一点，认识得深一点，另一些接受相同教育的学生，则可能提高得慢一点，认识得肤浅一点。但只要受过教育，学生的知识或技能就会正增长，不会负增长。但是，我们换一个角度来看，人类社会的大量活动都存在着这种按一定意图影响人的作用。政治活动、生产活动、艺术活动、体育活动、商业活动等，都是些按着自己的特殊意图去影响他人的活动。这些活动也都会对人的知识、技能的增长和思想品德的形成造成影响，但我们似乎不应把这类活动称为教育活动。因此，这样的概念知识揭示了教育本质的一个方面。

2．教育是人类社会特有的传递经验的形式

动物在其种系发展和后天生活中也有信息的传递，它们的信息和经验是以一种极为有限的信息方式而不是以教育和学习的方式传递的。在高等动物中，除本能外，当然也有熟练和智力活动的存在。人却不同，人有传递信息的工具——语言，人脑中多种多样的神经元多达100至150亿个。人脑组织的复杂性，表明了人有学习的可能性，即人有巨大的可塑性。此外，人的新生婴儿从外表看来非常孱弱，一无所知，如果离开了他人的帮助（且需要帮助的时间较长），就无法独自成活。瑞士的动物学家波特曼把这种现象称为人的生理性早产。他提出人必须在出生后一岁，才能达到真正的哺乳类动物降生时就有的发育状态。如此，要使人一出生时就具有哺乳类动物一降生时就有的生存能力、发育状态，那么人类的妊娠期应比现实延长大约一年。在人长期的种系发展过程中形成的经验和智力，也在遗传素质中有所表现。但是对于人类来说，遗传不是经验获得和智力发展的主要形式，人对经验和智力的获得主要是通过后天的教育和学习的形式进行的。人所以能做到这一点，是因为人类有意识。人能把自己的需要报告给自己，意识到经验的不足和欠缺。人类又有语言和文字，借助语言和文字的信息载体功能，不仅可使人类的经验存在于个体系统之中，也可以存在于个体意识之外，脱离每个个体而独立存在；不仅可使人类获悉感官所及范围之内的经验，而且可超越时间限制和空间地域的阻隔，从过去到现在，从宏观到微观，全社会、全人类的所有财富都可以为人类所掌握，人类传递经验的这一特点也证明了教育是一种社会现象。

3．教育是人类特有的一种有意识的活动

生产劳动是人类的活动中最基本的实践活动，恩格斯说"劳动创造了人本身"，由于劳动，人类改造了自然，同时也改变了人自身，解放了双手，发展了大脑，产生了语言，学会了制造和使用工具，最终脱离了动物界，形成了人类特有的社会。就在这个过程中，使教育的产生具有了可能性和必要性。马克思主义哲学和科学心理学的研究证明，动物只拥有生命物质最基本的反映形式——刺激感应性和动物的心理，只有人类才具有意识。教育从它产生之时起，就是一种人类所特有的有意识、有目的的社会活动。因为，教育不是产生于本能需要，而是产生于人所意识到的社会需要，且在教育过程中所进行的一切活动，都不是先天性的本能活动，而是由后天所获得的、在社会生活中所产生的、有意识的活动。尤其是学校教育诞生后，其目的性则更为鲜明。因此，不论是激起教育的需要，还是支配整个教育活动的，都不是来自于生物的本能，而是意识，是人类所特有的意识，教育是人类所特有的有目的、有意识的社会活动。

4．教育是有意识的以影响人的身心发展为目标的社会活动

人类的社会活动方方面面，有从事物质产品生产的工业、农业、建筑、冶金、医药、水产、林业等，有进行精神产品生产的文学、艺术、科学、宗教等。教育活动是有意识的以人为直接对象的社会活动，它不同于其他以物质产品或精神产品的生产为直接对象的社会生产活动。同时，教育与其他有意识的以人为直接对象的活动还有区别，教育是以对人的身心发展产生影响为直接目标的。这样，就把教育活动和以保护人的身心健康、抵御疾病对人的身心危害的医疗活动，以及以满足人的各种需要为目标的社会服务活动区别开来了。

四、学校教育及其特征

学校教育是一种制度化的教育，在现代教育体系中，学校教育形态是教育的主体形态。教育学理论中所揭示的教育规律大都是以学校教育为核心的。所以，这里重点不再以学校所进行的教育为主要研究对象，而是着重对学校这一教育形式进行研究。

学校教育是指通过专门的教育机构对受教育者所进行的一种有目的、有计划、有组织、有系统地传授知识、技能，培养思想品德，发展智力和体力的教育活动。

学校教育作为教育的一种特殊形式，是由专门的机构——学校和专职人员——教师来实施的。从教育发展的历史来看，它产生在社会教育、家庭教育之后，是教育发展的高级形态。尽管在其发展过程中由于不同社会，不同国家经济、政治、文化等的多种影响，出现过兴衰变换，然而它却始终同社会教育、家庭教育并行发展着，并且其规模之大，速度之快，结构之复杂，体系之严整，都是社会教育、家庭教育所无法比拟的。这是因为学校教育在培养一定社会所需要的人方面，对于促进社会生产力的发展，维护和稳固一定社会的政治经济制度等方面所起的作用，以及在满足人们自身发展的需要方面，较之其他教育形态有更高的效率。

学校教育自产生时起，就区别于社会教育和家庭教育，具有独自的特点。其特点概括起来主要有如下几个方面。

1．职能的专门性

学校教育职能是专门培养人，学校是专门教育人的场所。学校教育同社会教育、家庭教育相比，其不同之处首要的便是学校教育的专门性。学校教育的专门性特点主要表现在任务的专一。学校惟一的使命是培养人，其他任务都是围绕着培养人来实现的。学校教育有专门教育者——

教师，他们都是经过严格选拔并经过专门训练培养出来的。这样的教育者不仅学识广博、品德高尚，并且懂得教育规律，掌握有效的教育方法。学校教育还有专门的教育教学设备，拥有专门进行教育的手段。这一切都充分保证了学校教育的有效性。

2．组织的严密性

教育的特点在于对人影响的有目的性、有组织性和有计划性。学校教育正是体现了教育的特点。学校教育的目的性和计划性集中体现在严密组织性上。学校教育是制度化的教育。学校教育具有严密的组织结构和制度。从宏观上说，学校有各级各类、多种多样的体系结构；从微观上说，学校内又有专设的领导岗位和教育教学组织，有专司思想、政治、教学工作、总务后勤、文体活动等的专门组织、机构，还有一系列严密的教育教学制度，如此等等，是社会教育和家庭教育形态所不具备的。

3．作用的全面性

学校教育对人的发展作用是全面的。社会教育和家庭教育对人的成长影响多少都带有一定的偶然性，影响的范围也往往只侧重在某些方面。而学校教育是全面培养人的活动，它不仅要关心教育对象的知识和智力的增长，也要关心学生的思想品德形成，还要照顾受教育者的身体健康成长。培养、塑造全面完整的社会人，是学校教育的特有职责，而这一职责也只有学校教育才能承担起来。

4．内容的系统性

为了满足培养造就全面完整社会人的需要，学校教育内容特别注重内在的连续性和系统性。社会教育和家庭教育在教育内容上一般具有片断性。即使是有计划性的社会教育，也往往是阶段性的，就其知识总体来说也具有片断性。学校教育既注重知识体系，又要符合认识规律，所以，教育是一个系统的、完整的活动过程。教育内容的完整性和系统性是学校教育的一个重要特点。

5．手段的有效性

学校具有从事教育完备的教育设施和专门的教学设备，如声像影视等直观教具，实验实习基地等等，都是学校教育的有效手段。这些都是保证教学顺利进行的不可缺少的物质条件，也是社会教育和家庭教育所无法全面提供的。

6. 形式的稳定性

学校教育形态比较稳定。它有稳定的教育场所、稳定的教育者、稳定的教育对象、稳定的教育内容和稳定的教育秩序等。学校教育的这种稳定性，更有利于个人的发展。当然，稳定是相对的，它也要有相应的改革变化。稳定不是僵化，如果把相对稳定看作是墨守成规、僵死不变，那就必然要走向反面。

总之，学校教育具有其他教育形态所不具备的独特特点，而且正是这些特点保证了学校教育的高度有效性，使它在各种教育形态中占据主导地位。本书所指的教育也是对学校教育而言的。

第二节　教育的交往本质观

交往是人类活动的最基本形式，亦是人的最基本的精神需要之一。交往不是静态的社会关系的总和，而是动态地表现出来的主体之间的相互作用。交往是共在的主体之间的相互作用、相互交流、相互沟通、相互理解，这是人基本的存在方式。人正是在交往中、在与他人的互动中存在着，并通过交往构建生存所需要的知识、技能、经验等，形成积极的人生观和主动的生存方式，发展人之为人的一切方面，获得人的本质。

以哈贝马斯为代表的交往理论是当代中西方哲学中的一道亮丽的风景线，其深层旨趣在于拯救人的生存危机。交往理论对人生存方式的关注是通过对人的重新理解体现出来的，它强调主体之间的沟通与理解，这不仅凝聚着对个体完整性的探求，也蕴涵着对整个人类的深切关怀与呵护。交往理论给我们的启发不仅仅是让我们要关注交往，其更为本质的东西是让我们转变思维方式，即由一种物化思维、对象性思维转变为交往思维、主体间性思维。只有变革思维，真正意义上的交往才能发生，也只有实现真正的交往才能使这种交往的理念与精神得以深化拓展，才能真正使教育获得其本真意义。

一、交往与教育关系综述

交往对于教育而言，是一个古老而又常新的话题。说它古老，是因为自教育诞生之日起，就离不开教育主体之间的相互作用，这一点古今中外都可以找到有力的佐证。中国古代的教育理论，从"三人行，必有我师焉"到"独学而无友，则孤陋而寡闻"，从"不愤不启、不悱不发"到"扣则鸣、不扣则不鸣"等都蕴含着交往之于教育的重要意义；在西方，则同样有哲人苏格拉底（Socrates，公元前469—前399）的"产婆术"理论与之相辉映。说它新颖，是因为随着社会的急剧变化和科技的迅猛发展，在当代教育教学实践中，教育主体之间交往形态的空间、范围、内容、要求等方面均已发生了质的跃迁。下面我们就学者们有关交往与教育的研究观点做一综述，以期能够更为深刻地理解教育的本质。

雅斯贝尔斯：教育是人与人精神相契合，文化得以传递的活动。人与人的交往是双方（我与你）的对话和敞亮，这种我与你的关系是人类历史文化的核心……如果存在的交往成为现实的话，人就能通过教育既理解他人和历史，也理解自己和现实，就不会成为别人意志的工具。（[德]雅斯贝尔斯著，邹进译：《什么是教育》，北京三联书店，1991年版，第2—3页）

皮亚杰：整个认识关系的建立——既不是外物的简单摹本，也不是主体内部预先存在结构的独立显现，而是包括主体与外部世界在连续不断的相互作用中逐渐建立起来的一个结构的集合。（[瑞士]皮亚杰：《皮亚杰的理论》，《西方心理学家文选》，人民教育出版社，1983年版，第423页）

杜威：社会生活不仅和沟通完全相同，而且一切沟通（因而也就是一切真正的社会生活）都具有教育性。（[美]杜威著，王承绪译：《民主主义与教育》，人民教育出版社，2001年版，第21页）

叶澜：如果从形态的角度看，我们认为教育起源于人类的交往活动。（叶澜著：《教育概论》，人民教育出版社，1996年版，第40页）

肖川：交往的根本意义不在于获得某种认识论意义的"主体间性"，而在于展示、发现和发展自我，在交往中获得个人的完整性和全面发展，交往是一切有效教学的必需的要素。（肖川著：《教育的视界》，岳麓书社出版社，2003年版）

朱佩荣、季亚琴科：教学——这是交往，或这是在有知识和经验的人与获得这些知识和经验的人之间的交往的特殊场合，这指的就是教学的本质（教学——这是以特殊的方式有组织的交往，或教学是交往的特

殊变体）。（朱佩荣编译：《季亚琴科论教学的本质》，《外国教育资料》，1993年第6期）

肖世民：教育过程中良好的人际关系的建立和人际交往活动的开展，是以提高和发展人的科学文化素养、高尚的道德情操和丰富人的精神境界为根本特征和基本内容，是形成、巩固和发挥集体教育功能的基本途径。教育过程中理想的教育人际环境的形成和人际交往活动的开展，更有利于学生人格的健康发展。教育过程中人际交往结构的类型及性质特点和相互间的和谐状态，直接影响着教育结构功能的发挥及性质特点的改变，体现着社会人际交往关系的伦理观念和价值取向。（肖世民：《教育过程中人际交往结构初探》，《唐督学刊》，1996年第1期，第83页）

项贤明：现代教育中交往的丧失是当代人类一系列发展困境的深层原因之一。第一，现代教育中交往的丧失直接造成道德教育的贫困化，在道德教育中简单套用知识教学的模式，是现代教育的一大缺陷，只有综合的人际交往，才可能形成对人的道德发展的全面影响。第二，现代教育中交往的丧失，还是现代人存在方式原子化的一个深层原因。第三，丧失交往的现代教育还是现代人生存方式断裂的重要原因之一。而解决的办法是突破学校教育框架向社会回归，从而把个人通过交往自觉建构自身的社会关系活动纳入人的教育范畴。……把交往纳入教育的范畴，是当代人类走出自身发展困境的一个突破口，教育理念重新走向社会回归，可以看作教育对近年来理论界关于"以人为中心的社会发展"的探讨的一种响应，同时，也是教育本身发展的内在逻辑的必然要求。（项贤明：《关于交往与教育的哲学思考》，《上海教育科研》，1996年第4期，第10—14页）

刘铁芳：人在交流[这里的"交流"（Communication）即"交往"]中成就自己的本质。交流不仅是教育的手段，也是教育的目的。教育应增进学生的广泛交流，教育要有效地促进学生走向交流，必须充分认识并处理好以下关系：教育与交流的关系，过程与目标的关系，权威与自由的关系，过去、现在与未来的关系，教育与生活的关系等。（刘铁芳：《试论教育中的交流及阻隔》，《现代教育研究》，1996年第1期）

徐继存：学生间交往是教学的重要资源之一，过去我们常常忽视了这一点。如何通过师生间交往促进学生间交往，进而促进学生的学习与发展，应该成为我们教学交往研究的重要内容。教学交往研究就是探索主体间交往生成的机制和条件，改造不合理的教学交往。因而，教学交往研究乃是对教学交往事实与教学交往价值研究的辩证统一过程。[徐继存：《论教学交往研究及其价值导向》，《西北师范大学学报》（社会科学版），1999 年第 6 期，第 15—19 页]

辛继湘：教学过程是一种交流过程，一种价值赋予、形成和创造的过程，而不仅仅是一种技术性的活动，不仅具有丰富的理论价值，而且具有深刻的实际意义。（辛继湘：《论交往教育模式与学生主体性发展》，《湖南师范大学社会科学学报》，1999 年第 6 期，第 100—104 页）

冯建军：交往的教育过程观，使学生的交往关系成为学生的全部生活，教育的世界就是学生的世界。只有这样，教育才是完整的教育；只有这样，教育才不是人对物的训练和塑造，而是人对人的教育。（冯建军：《论交往教育过程观》，《教育研究》，2000 年第 2 期，第 35—41 页）

张广君：只有真正发生了师与生的交往，教与学的交会、互动和统一，才是真正的教学。现实中大量存在的假教学的现象，乃是教学认识的一个陷阱。（张广君：《本体论视野中的教学与交往》，《教育研究》，2000 年第 8 期，第 54—59 页）

兰玉萍、王有升：人类应进入一个交往理性的时代。教育在其中承担着特殊的使命。（兰玉萍、王有升：《论交往的教育学意义》，《上海教育科研》，2001 年第 2 期，第 13—17 页）

靳玉乐、尹弘飚：尽管这一看法至今仍有争议，但其中不乏合理性，因为原始社会中人与人的交往也包含了交往所必须的基本要素：交往主体、交往媒介、交往内容，当交往双方相对特殊化，交往就会演化为教育，教学从本质上讲是一种特殊的社会交往。（靳玉乐、尹弘飚：《教学本质特殊交往说论析》，《教育理论与实践》，2001 年第 10 期，第 36—41 页）

二、教育的交往本质观

本质是事物质的规定性，是此物区别于彼物的主要标志。事物的本质是唯一的，其他属性都是本质的派生。从事物存在的质和别的属性的关系来看，本质是事物的根本属性，它最集中、最突出地体现了事物的质，它是此物区别于彼物的决定性因素，它具有类的普遍性（适用于同类的一切事物），是事物的类特征，是事物矛盾的普遍性反映，是组成事物基本要素的内在联系；而从本质和现象的关系来看，本质作为事物存在的根据，不是直接的、外显的，而是通过现象表现出来的。本质必须是事物诸属性中最一般的属性，是一类事物共同具有的属性，它能够从根本上将此物与彼物区别开来，成为此物之所以为此物的根据；同时，本质必须是对象诸规定中最基本的规定，居于决定其他属性的地位，能充当理论体系的逻辑起点，能合理地说明其他的规定。因此，我们在这里讨论的本质是指事物的根本性质，是组成事物基本要素的内在联系。事物的本质是由它本身所固有的特殊矛盾所决定的。一事物的根本性质，对于该事物来说，就是它本身的特殊本质；对于它事物来说，就是它们之间的本质区别。本质和必然性、规律性是同等程度的范畴，但比较起来，本质的含义要更宽泛一些，它是事物内部所包含的一系列必然性、规律性的综合。

人是世界上最复杂的存在，正是这一点决定了教育的复杂性。以传统哲学为指导的工具主义教育存在着人的缺失，这并不意味着它缺乏对人的理解，而是它对人理解的偏颇，它把人简单地理解为像物一样可以计算、测量、分析，可以控制、利用、改造的实体。人在本质上是一种关系性的存在物，他不能脱离周围的人与世界而存在；人是一种总体性的存在，他自身具有不可分割的完整性；人是未完成的存在物，他是不断生成的存在物。教育的对象是人，它不可避免地具有人所具有的一切特征。

正如雅斯贝尔斯所说："教育首先是一个精神成长过程，然后才成为科学获知过程的一部分。"（[德]雅斯贝尔斯著，邹进译：《什么是教育》，北京三联书店，1991年版，第126页）而人的精神只有在人与人之间平等交往即对话的过程中才能健康地生发出来，师生关系本身具有对个体精神的陶冶性和培育性。也就是说，"教育是人与人之间心灵的交流活动，是人与人精神的契合，是人与人之间通过交往而进行的对话和敞亮，包括知识内容的传授、生命内涵的领悟、意志行为的规范，并通过教育的文化传递功能，将文化遗产传递给下一代。教育作为"不再是直接改造'物'，而是改造'人'，是重塑主体的实践"，是人类交往实践的重要组成部分。因此，从交往的角度看，教育是共在主体之间的相互作用和相互沟通，在诉诸对话、实现理解的过程中达到精神世界的共享。当然，这里涉及到一个重要的概念就是对话，因为教育是在对话中展开的，对话是教育产生、进行和展开的底板，在此对话底板上，主体之间是人格与人格的相遇，渴望理解、关心、重视，渴望价值的实现，相互向对方敞开，并彼此接纳，内化着交往成果，改变自己原有的认知结构、道德水平、情感意识，从而都能获得各自对于世界和人生的理解，在人格上走向新的成熟阶段，获得新的发展，达到人的开化。

教育（包括高等教育在内的一切形式的教育），究其本质，应该是主体与主体之间的一种交往。虽然教育也涉及人对事物的行为，如教育者、受教育者与教育资料发生的认识、利用、改造的关系（哈贝马斯称之为"工具行为"），但人与资料之间所发生的行为只是教育的一个环节，而不是完整的教育过程，更不是教育的目的。从交往的结构来看，"主体—客体—主体"的结构才是一个完整的交往，"主体—客体"只是交往的一个环节。"通向认知具有生机灵性的人的路只有一条：经由和谐相融而非理智所能提供的任何知识，我捧出自身，我融入他人，由此我找到自己，发现自己。"（[德]雅斯贝尔斯著，邹进译：《什么是教育》，北京三联书店，1991年版，第12页）现代教育理论认为，教育并不是主体改造客体的活动，而是主体之间的相互作用，教师和学生以教育资料为客体，都是教育过程中的主体，即教育过程是师生共同参与的交往活动。

教育的本质是交往，教育交往本质观所指的交往更侧重的是教育过程中双方在相互尊重、信任、平等的基础上，以语言等符号为媒介，以对话为主要形式而进行的精神上的双向交流、沟通与理解。这里的对话主要包括三种类型：一是理解型对话，即"人与文本的对话"，包括教师与文本的对话，学生与文本的对话；二是言语型对话，即"人与人的对话"，包括学生与教师的对话，学生与学生的对话；三是自我对话，这是一种反思性对话，是个体对自身内在经验和外在世界的反思。这三种对话密切联系，相互渗透，构成一个多维对话网。在对话中，知识不再是僵化的、确定性的、供人接受的存在，而是不确定的、引导人进行反思性思维的力量。人们通过知识的运用进行创造性的思维，增进人的自由。对话的双方分别带着个体的经验、批判的眼光和主观情感展开理解与沟通，以超越文本知识，达到视野融合，进而获得思想、情感、价值等方面尽可能全面的发展。对话中不仅有知识的获得，更有对知识的超越；不仅有思维的流动，更有意义的生成；不仅有继承的喜悦，更有创新的激情。

在教育交往本质观看来，教育是"人"与"人"的交往活动，这主要表现为教育交往本质观是以学生发展为目的的。学生不仅是人，而且是独特的人、整体的人，学生的生命中蕴藏着极大的发展势力和潜力。教育交往本质观要求我们首先必须尊重生命、敬畏生命，把学生看成是一个自我生命的实现者。教育的目的就在于唤醒生命、激扬生命、引导学生去展示生命的力量。在教育交往本质观的视阈中，教育必须要承认学生理解的个体性、历史性、独特性，必须尊重学生独特的存在与发展方式及其进程，使每个学生得到最大可能的充分发展。教育交往本质观认为教育过程中教师与学生之间是主体与主体之间的关系，这不仅体现在教育过程中双方地位的平等、互相尊重、互相体认、彼此敞亮，而且体现在交往主体之间的相互作用、相互交流、相互对话。教育交往本质观反对教师对学生进行控制、操纵，认为师生应该在相互平等、自由、鼓励、体认中进行交往对话，又在对话中体现出彼此之间的平等、自由、鼓励、体认关系。

从交往的内容来看，教育属于精神交往而非物质交往。哈贝马斯认为，人类的生活世界由客观世界、社会世界和主观内在世界三个部分组成：客观世界是由自然事实和事件构成的实体世界；社会世界是在客观世界基础上建立起来的一个新世界，是各种各样的社会事实或事件所构成的整体，包括人与人的关系组成的社会网络，如规范组织机构等，社会世界的核心是社会规范；主观内在世界是个人的内心世界，包括个人的内心情感体验等。因此，完整的交往行为也要涉及这三种世界，并产生三种关系：第一，认识主体与事实世界的关系；第二，处于互动中的实践主体和其他主体的关系；第三，主体与其自身的内在本质、自身的主体性、他者的主体性的关系。教育交往行为与客观世界、社会世界与主观内在世界都有关联，但由于教育交往的媒介是语言，所以教育交往行为与这三个世界之间的关系不是直接的，而是具有间接性与反思性的教育。在教育的交往本质观看来，教育交往作为教育主体的一种基本存在和发展方式，主要是一个教育主体之间以言语和非言语符号系统为中介的精神世界上的相互作用、相互影响、相互沟通和相互理解的过程，是教育主体与教育主体之间的灵肉交流活动，它包括知识的传授、能力的培养、情感和人格的陶冶、生活内涵的领悟和生命质量的提升等，并通过文化传递功能，将人类社会所创造的精神财富转化为个体的生命精神能量，使他们成为具有自由个性的个人生活主体和社会生活主体。教育在本质上是一种以人的精神世界为对象的特殊的精神性交往实践，指向的是人的精神生活领域，其直接目的是培养人的完满的精神世界和独立人格。

教育主要是以语言为中介的，教育过程的语言中介性，决定了它是一种以言行事的行为，即当教育者在向受教育者说一句话时，他不仅仅是在表达言辞里面的意义，同时也是在用言辞里面的意义去影响受教育者的行为，从而达到人与人之间在行为上的协调。以言行事可能是当下发生的行为，但更多的时候，以言行事的力量在以后的行为中体现出来。在教育过程中，个体在与他人交往的同时，也与自己结成了一种自我反身交往关系，监控、协调和促进自己人格的不断生成与发展，认识到自己作为一个主体的权利、责任和义务，并在积极参与历史、创造历史的社会实践活动中，实现自己独特的生命价值。可见，教育就是教育主体之间的一种交往行为，它是以语言符号为媒介而进行知识、情感、态度、观念的交流与对话，以形成相互理解与非强迫性共识的行为。

三、教育交往本质观对教育的启示

教育是一种建构性的交往，是一种以文化，特别是以知识为中介在现实中展开的建构性的交往。从直观的角度看，任何教育活动都表现为各种不同形式的交往。从某种意义上说，教学过程中的师生关系就是一种文化和知识形态的交往，或者说，是一种以文化和知识为中介的交往。教师的教学活动、学生的学习活动、学校中的各项管理活动等，都属于交往的范畴。而教育活动的各种组织形式，以及各种不同层次的教育制度，都是教育活动中交往形式的制度化形态。在教育活动的各种交往中，一方面，人们带着各种不同的倾向和要求进入交往；另一方面，整个社会的教育制度本身，包括各种教育模式也通过这种交往不断调整和改变着参加交往的人们的需求倾向。通过这种相互调整的过程，教育活动的各种规范不断形成和完善。这些教育的规范一方面受整个文化的制约，另一方面又成为行动者调整教育活动的方法和标准。

以"交往理论"建构新的教育理论的深层旨趣在于使教育世界重新飘扬起人的旗帜，让教育重新焕发出生命的活力。把教育理解为主体间的交往行为只是实现人的回归的一个前提，把交往行为、交往精神真正体现在教育实践中才可以说是真正的教育变革。教育的交往本质观对于我们正确认识教育具有以下重要的启示意义。

1．思维方式：从工具理性到交往理性

传统的"占有式"、"独白式"教育的思维方式是一种"主—客"二分的工具理性思维方式，它把教育的过程看作是工具性的行为；教育的交往本质观在思维方式上是以交往理性为思维方式的，它认为教育是主体与主体之间的交往行为。工具性行为与交往性行为是两种不同的教育实践，在这两种行为范式下的教育共同体人员具有不同的教育信念及对待教育对象的方法。因此，要想把交往行为及交往理念、精神真正体现在教育生活中，实现教育的真正变革，必须对工具理性思维进行真正启蒙与彻底的革新，没有思想的真正启蒙与彻底的革新，所谓的教育变革只会流于形式；没有思想的真正启蒙与彻底的革新，教育行为就不可能发生根本性的变革，工具理性的对象化、物化思维只能把教育对象塑造成为客体性的"物"，而非具有主体性的"人"。因此，把教育从工具性行为转变为交往行为，不是仅仅在教育实践中增加一些交往活动，而在于教育实践人员的思想启蒙和观念的革新。目前，对交往的深层思考还局限在教育理论界，而教育实践者，特别是广大的一线教职员工，是具体交往行为的参与者，他们的思维方式决定着交往的成败，因此，更重要的是要改变教育实践人员的教育教学观念，改变他们每天都在进行着的习以为常的教育教学行为。

对于教育实践者的思维方式的转变，关键是使他们从主客二分的对象性思维中解放出来，用交往理性思维来理解教育对象。对象性思维是一种物化思维，用这种思维看世界，世界就是一个可以由人加以主宰、控制、征服、利用、占有、算计的对象，人与世界的关系由在世界之中变为了在世界之外，用这种思维来看他人，他人就成了我可以改造利用的客体。然而，人是其所是，又不是其所是地存在着，他具有向世界、向历史无限开放的可能性；人是生成的，具有非特定化与未完成性。这就要求我们要用人的方式来理解人，而交往理性恰恰给予了我们以人的方式认识人、理解人的理论视角。

2. 言说语境：客观世界、社会世界、主观世界有机统一

教育的很多危机往往可以从语言那里找到某种征兆，教育的危机很可能是言语的危机。教育生活中真正交往的缺失，也可追问到语言那里，语言有效性的缺失是交往容易发生断裂的原因之一。教育交往行为是通过语言与客观世界、社会世界和主观内在世界间接地发生关联。交往所指涉的三种世界对言语都有不同的要求，因此无论是知识对话还是情感沟通所使用的言语都必须符合这三个世界的要求。

哈贝马斯认为，任何处于交往活动中的人，在施行言语行为时，必须满足若干普遍的有效性要求，并假定它们可以被验证，这样才可以实现以言行事的目的。这些有效性的要求包括：第一，言语的可领会性，即言说者必须选择一个可领会的表达，以便说者和听者能够相互理解；第二，言语的真实性，言说者必须提供真实的内容，以便听者能分享说者的知识；第三，言语的真诚性，言说者必须真诚地表达他的意向，以便听者能相信说者的话语，即听者能信任他；第四，言语的正当性，即言说者必须选择一种本身是正当的话语，以便听者能够接受，并使言说者和听者能在公认的规范背景的话语中达到认同。

教育交往行为是一种以言行事的行为，教育交往的言说只有符合这四个有效条件，才能使交往行为顺利地实现。可领会性是一般条件，无论教育者向受教育者讲述什么，他都必须先令受教育者明白他说话的意思，不具有可领会性的言说无法在言说者之间建立起知识传授与情感沟通的桥梁，因此教育言语的可领会性是交往的最一般的条件，如要求教师授课必须讲普通话，就是言语可领会性要求的体现之一。言语的真实性、真诚性与正当性这三个有效条件分别指涉三个世界，真实性指涉客观世界，正当性指涉社会世界，而真诚性指涉主观内在世界。教育言语必须同时满足另外三个有效性要求，当一个人接受一个论断的真实性，但同时怀疑言语者的真诚性或怀疑其表达的正当性时，一致性协议是不可能达成的，同时，交往行为也不可能发生。同样的情况也适合真诚性与正当性的要求。

3．教育方式：从灌输到对话

背离了交往的教育是一种独白式教育，而独白式教育的核心症结表现为对听者的漠视。"仔细分析一下校内或校外任何层次的师生关系，我们就会发现，这种关系的基本特征就是讲解……教育正承受着讲解这一弊病的损害。"（[巴西]保罗·弗莱雷著，顾建新等译：《被压迫教育学》，华东师范大学出版社，2001年版，第24页）尽管我们并不认为讲解必然导致"灌输"，但是在"知识中心论"课程价值观的导引之下，在应试教育的压迫之下，现行的讲解式教育又的确难以摆脱"灌输"的窠臼。而教育中灌输的泛滥必然导致"价值引导"与"自主建构"的缺席。在这种情况之下，学生的主体性遭到忽视与遮蔽将不可避免。教育中的"独白"实际上是一种专制，是一种没有民主的权威，在很大程度上是虚假的权威。独白式教育体现了教师的权力，却忘记了教育过程中的最为重要的民主。

教育中的"对话"，是指教育者与受教育者以语言等符号为中介而进行的精神上的交流、理解和沟通，它不只是言语的应答，按照雅斯贝尔斯的说法，"对话是真理的敞亮和思想本身的实现"，是一种"在各种价值相等、意义平等的意识之间相互作用的特殊形式"。它强调的是双方的"敞开"与"接纳"，是一种在相互倾听、接受和共享中实现"视界融合"、精神互通，共同去创造意义的活动。这意味着教师和学生作为对话的双方，不仅有语言层面上的你问我答，而且有视界上的相遇、思想上的碰撞、情感上的共鸣和经验上的共识。在对话式教育中，教师从"传道、授业、解惑"的狭隘的角色意识中超越出来，由教育过程中的独奏者转变成学生探索研究的伴奏者，教师的职责也将"越来越少地传递知识而越来越多地激励思考；除了他的正式职能以外，他将越来越成为一位顾问，一位交换意见的参加者，一位帮助发现矛盾论点而不是拿出现成真理的人。"（联合国教科文组织国际教育发展委员会：《学会生存》，教育科学出版社，1996年版，第107页）

对话教育是交往与对话的时代精神和生成性哲学思维方式在教育领域中的回应。从作为教育方法、手段、背景的对话到作为教育思维范式及师生生存方式的对话，对话内涵的拓展和深化预示着教育理念和实践方式的变革。而从存在论的角度看，人与人之间的"我—你"对话关系构成了人的本质。对话具有双方在存在论意义上共同参与并影响对方存在的性质，对话的过程即是主体与主体之间在经验共享中的相互造就的过程。

　　教育有着多种多样的表现形式。从原始教育到当代教育，从家庭教育到学校教育，从观察模仿到言传身教，千百年来，教育活动的内容、形式、方法不断地更替、发展，其外部表现可谓变化多样。但如果我们能够透过这些变化多样的外部现象，从纷繁复杂的矛盾中找到潜藏在现象中同一的、普遍的、稳定的东西，便是找到了教育的本质，找到了决定着教育活动与其他社会活动根本区别的特殊规定性。虽然我们至今对教育是什么的认识还没有统一起来，但不同形式的教育，不同目标的教学实验，都帮助我们进一步加深了对教育本质的认识。在人类从古至今纷繁复杂的各类教育现象中同一的、普遍的、稳定的，且又是与其他的社会活动根本区别的，就是教育的本质。从这个意义上来说，教育是有意识地以影响人的身心发展为目标的社会活动，它不同于其他以物质产品或精神产品的生产为直接对象的社会生产活动。教育是"人为的"和"为人的"社会实践活动，是使教育者与受教育者作为完整的人而发生的相互作用行为，而不是物与物之间的机械作用，也不应该成为主体对客体的占有、利用、改造，从本质上讲，教育不属于工具行为范式，而应归入主体与主体之间的交往行为范式。

第三章　交往型学校概述

一个人坐在树下与一群人讨论他对事物的理解，

他并不明白他是个教师，他们也不明白自己是学生。

学生们在思想交流中做出反应，明白这个人的出现有多好。

他们请求让他们的孩子也来听这个人讲话。

很快空间形成了，这就是最初的学校……

——路易·康

第一节　交往型学校背景预设

一、现行学校组织运行逻辑

长期以来，学校管理和运行模式是基于工具理性、机械思维范式的基础上来设计和运行的。在这种思维范式指引下，学校被看成是制造"工具"的"工厂"，是按照固定模式来运行的。学校思维重心放在对事件起预示作用的因果关系上，管理方法是把工作任务分割成若干易于观察和衡量的部分，然后设计一定的程序，按照程序做出计划，最后按部就班地将计划付诸实施。这种学校组织结构其思维方式侧重于线性思维，管理方式是等级意识和被动服从与控制，管理强调标准、程序，重视外在控制，被动执行；人际交往偏于主观理解、工具性解释，缺少真诚关怀和换位思考。基于工具理性、机械思维范式的现行学校管理模式特征可以概括为以下三个方面：（孟繁华，周举坤：《试论学习型学校》，《教育研究》，2004年第12期，第52页）

（1）管理主体方面。决策者高度集权；在组织结构上遵循金字塔的等级制度，官僚化、科层制特征明显；目标取向上以短期效率和效益为根本目的，学校追求表面化、数字上的效益，注重组织而轻视个体，较少考虑组织成员的发展及组织的社会责任。

（2）方法系统方面。在决策上首先对问题进行分解，然后采用完全程序性、线性、一元性、逻辑性和确定性等方法进行思考；制定发展战略的方法是计划；信息的采集来自组织内部；指导控制的手段是运用权威；在生态意义上的演化是线性增长式的。

（3）管理对象方面。管理对象是被动的，或者说是控制型的。这种动力结构不论管理对象是"经济人"，还是"社会人"，都是以自上而下的控制序列为前提，其差异仅表现为控制方式不同，其工作表现为服从、僵化和各行其是。

与其他系统、组织相比，学校有其自身特征，其管理、运行、目标、规范、文化等也相应具有自身特征与规律。学校是一个精神交往、思想沟通、知识交流的特殊载体，它更加注重自由、民主、平等、互融、理解、合作的交往理念，在学校管理、运行中也应该更加注重发挥交往机制的作用。然而，现行的学校管理、教学、科研等活动更多地是受传统管理理念、教育理念、运行体制等的束缚，仍然是靠权威、靠等级、靠硬性命令、靠刚性制度来维持组织运行；学校培养学生的方式习惯于"灌输、说教"，培养目标也逐渐趋向于"工具理性"，把学生培养成具有统一标准的"工具"，而不去关心学生的个性发展和学生的内心世界。总体而言，现行学校运行逻辑是"权力控制型"，而不是符合学校组织特征与教育组织规律的"交往型"。

在现行的权力控制型学校模式之中，管理者与教师之间、教师与学生之间、管理者与学生之间（各级部门、单位、组织之间）是一种单向的、线型的控制模式，这种单向的、线型的控制模式主要依靠刚性的制度、层级制的权威来控制，成员之间很少有建立在遵循规范和平等对话基础上的交往，而且内部成员与外界环境之间处于一种隔离状态，内部成员不是主动地适应外部环境，而是被动地承受着外部环境的影响和压力，即使与外界环境之间存在交往，也不是建立在遵循规范与对话基础上的积极交往，而更多的是对外界环境的消极回应。这种单向的、线型的控制模式由于缺少交往，造成内部成员间、内部成员与外界环境间的"信息不对称"，容易诱发矛盾，而且一旦矛盾出现，由于控制型模式的单向、线型特征，信息不能得到及时反馈与传递，信息沟通与交往不能顺利进行，矛盾不能得到及时缓解，最终会影响到学校的稳定与发展。图 3-1 为权力控制型学校示意图。

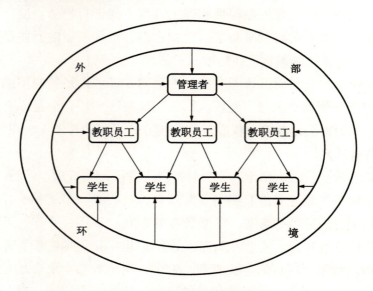

图 3-1　权力控制型学校示意图

二、权力控制型学校特征

权力控制型学校的组织范式是"工具理性"。在哈贝马斯看来，工具理性"把问题本身的合理性变成了解决问题的程序、手段和方法的合理性，把一件事在内容上是否正确的判断变成了对一种解决方法是否正确的判断。"（[德] 哈贝马斯著，曹卫东译：《交往行为理论》（第一卷），重庆出版社，2004 年版，第 272 页）权力控制型学校把学校的一切活动纳入到官僚机构管理的范围，把诸多复杂的现象简化为可以用规则来处理的"典型案例"，抹杀了个性的自由和个体间的差异。在"权力控制型"组织范式中，组织内部管理者与教师之间、教师与学生之间、学生与学生之间的交往不再是精神性的交往活动，而变成了工具化的物质生产活动，这种物质生产活动是用科学的管理方式来组织，用数字化的数据来衡量，以功利化的功用效益为目标，其具体特征主要有以下几个方面。

1. 官本位、工具理性组织理念

由于受我国封建宗法制等级观念和工具理性的影响，现行学校的组织理念普遍都是官本位的、功利主义的。官本位是我国几千年来的传统，"学而优则仕"至今仍是我国知识分子的价值取向，这种观念深深浸透到教育领域，在高校这种官本位观念的表现更加深刻：第一，从宏观上看，学校分级完全是套用国家行政机关的组织模式，以行政级别来划分，而不是以学术水平、科研成果和社会影响等要素来划分；第二，从大学内部管理体制看，《中华人民共和国高等教育法》规定：大学内部管理体制实行党委领导下的校长负责制，按照"谁赋权，对谁负责"的政治原理，学校核心领导层在决策时就会首先考虑让上级官员满意；第三，大学内部组织机构的设置完全遵循等级制度原则，每一部门都受到高一级部门的控制和监督，"大学中所有的部门和人员都按照权力的框架编排在不同等级中"（张晖，许琳：《浅析大学管理科层化倾向的弊端》，《社会》，2004 年第 7 期，第 40 页）；第四，对人才的引进和利用，也往往以"官"作为重要的标尺。许多院校为了表示对博士、有贡献的科研人员、教师的重视，往往冠以许多政治头衔，如人大代表、政协委员、处长、副处长等。

著名教育学者杨东平在论及大学管理的官本位时说到："为什么行政系统这么庞大，因为官本位所致！管理学校就是依靠发越来越多的文件，开越来越多的会议，进行越来越多的考核达标，官场化行政化在大学泛滥"。（林楚方，孙亚菲：《北大激进变革》，《南方周末》，2003 年，第 1013 期）2006 年 7 月 25 日的《南通日报》一篇名为《高校"官本位"现象何时休》的文章指出："一直以来，我国高等院校存在明显的行政化倾向，造成了很多弊端。""官本位"现象渗透在不少高校的各个层面，教学、科研、利益分配乃至职称的认定，几乎都由行政管理人员主导把持。行政管理者掌握着高等院校的人、财、物等资源，学科建设资金、研究经费、教学收入分配等都向行政人员倾斜。高校教学科研一线的教师虽然学历层次比行政人员高，但在学术资源占用和物质待遇方面却普遍不如他们，从而产生心理上的不平衡，导致行政管理运行不畅。

在权力控制型学校中"官本位"思维范式指引下的管理模式，教育工作者可能会变成行政权威的附庸，教师对教书育人和搞科研失去兴趣和动力，把教育成绩作为叩开仕途的敲门砖，甚至干脆另谋职业。在某些高校，一些学有所成的专家、学者和教授纷纷经受不住利益的诱惑，转而谋求高校中的行政类职务，造成专业技术人才资源的大量浪费。这些都促使我们不得不对现行的权力控制型学校进行深度反思。教师作为教育生产力最活跃的因素，在学校中应有明确的地位，值得注意的是，近年来高校改革，几乎都是以官本位为依据，首先拿教师这一群体开刀。而"改革"的结果，客观上使官本位得到进一步强化。显然，这种"改革"不但不能开发教师中潜藏的生产力，反而严重地束缚了教师的创造力，把教师的潜能引导到对官本位的追求上，"重教"实际上成了一句空话。

由于受工具理性的影响，教育被简单地看作推动社会发展的工具，学校被当做培养工具的组织，学生被当做工具来培养。权力控制型学校理念之一就是把学校教育当做社会化的工具和个人社会化的必经阶段，只重视教育的外在价值，把教育看做是使用"工具"——培养"工具"——输出"工具"的现代化工厂，却看不到教育本身所蕴涵的内在价值，看不到学校教育在提升人性、促进主体人格形成与发展方面的重要作用。工具理性在学校组织中的另一个反映就是功利主义。当然，我们不能否认适当的功利主义对于推动学校发展的重要作用，但问题就在于功利主义也必须要有一个"度"的限制，突破了一定的"度"，功利主义对学校长远发展将会产生不利的影响。传统的权力控制型学校的官本位管理理念就决定了其带有不可避免的强烈功利主义色彩——学校活动被动地适应社会政治、经济、文化的发展，中小学教育盲目地以升学率为最高目标，分快慢班、选尖子开小灶，以那些能考上名牌大学、重点大学的学生为中心，而全然不顾及那些学生成绩较差的学生；大学不是根据学校自身实际情况确定发展目标，而是盲目跟风，设置许多所谓的"时髦专业"，培养大量市场走俏的人才，而不顾及学校的长远发展等。

2．科层制组织结构

德国著名社会学家、法学家马克斯·韦伯首先提出了组织的科层制组织结构，它指的是"一种权力依职能和职位进行分工和分层，以规则为管理主体的组织体系和管理方式，也就是说，它既是一种组织结构，又是一种管理方式。"（孙远东：《组织管理方式的历史生成与现代重构——论知识经济时代下组织管理方式的创新》，《管理现代化》，1998年第4期，第32页）其核心理念是根据组织目标进行劳动分工并实现专业化，实行等级原则，建立合法权威，建立理性、系统和科学的制度，建立完整的直线制和职能制相结合而以直线制为主的组织系统。科层制主要有以下几个特征：

（1）专门化。在科层组织中，任务的划分是根据工作性质、目的、类型等因素进行划分，组织中每个人都有着明确的职责范围，都有自己明确的任务，并根据组织需要完成工作任务。

（2）科层化。在科层制组织中，每个人在组织中的职位是一定的，整个组织就是按照职位排列起来的线性等级结构，上下级之间的职权关系严格按照等级划定。

（3）技术化。在科层制组织中，组织成员取得报酬主要是靠自己的专业所长、技术能力。组织按成员的技术资格授予其某个职位，并根据成员的工作成绩与资历条件决定其晋升与加薪与否，从而促进个人为工作尽心尽职，保证组织效率的提高。

（4）制度化。在科层制组织中，组织的运行、组织成员之间的协调、组织目标的实现等都依靠制度来实现，组织中每位成员都了解自己所必须履行的岗位职责及组织运作的规范。

在韦伯看来，科层制能够为组织带来高效率，因为科层制权力的层级结构制度可以确保决策制度的可靠性，组织按照层级制的原则，能够保证对组织成员的控制，使组织活动具有非人格化的特征，而且任何行政法令、决定、条例都有书面形式的规定和记录，详细而具体，具有很强的可操作性，从而保证了组织行为的稳定性。因此，韦伯将官僚集权的行政组织体系看成是最为理想的组织形态，并预言人类在以后的发展中将普遍采用这种组织结构。

学校作为一个现代性组织，必然会追求效率、效益、功利。现行学校组织基本都是建立在"科层制"基础之上的——学校的各种职务和地位是按照职权的等级原则组织起来的，每一个职位都会有严格的职权与职责规定，个人在其中的等级取决于他的职位，他的职位就赋予了他法定的权威。在学校科层制组织序列中，等级结构也是比较明显的：书记—副书记—部门书记—部门副书记；校长—副校长—院系主任—教研室主任—教师—学生。总之，在学校科层组织理论看来，学校就是"由一个持证书的教师在一所被鉴定为合格的学校里，向一个经过注册的学生教授标准化课程"的过程。([美]马克·汉森著，冯大鸣译：《教育管理与组织行为》，上海教育出版社，1993年版，第47页）麦凯运用修正了的霍尔组织调查表对学校进行测量发现，每种官僚体制维度都不同程度上在学校中有所表现。在官僚管理体制之下，学校的科层化倾向较为明显。校长领导、控制教师，教师领导、控制学生，校长与教师、教师与学生之间都带有强烈的支配——服从色彩，这使得他们之间平等的交往机制难以建立起来。同时，受官僚管理体制的限制，人们倾向于墨守成规，不思进取，使得学校难以适应环境的变化。而学生作为学校教育的消费者，其消费需求是多种多样的，并且这些需求会随时间、社会环境的变化而变化。当学校不能满足这些变化了的需求时，学生将会对学校及教师产生不满情绪，引发师生之间的对立与冲突。

权力控制型学校科层制组织结构的一个明显弊端是容易造成教师与行政管理人员之间存在较多的矛盾冲突。科层制假设组织中的每一位上级都比他的下级具有较多的专业知识和能力，而问题的关键是这种假设是否也适用于学校这样一个具有自身特性的组织？学校是典型的二元权力结构组织，既存在着行政权力，也存在着学术权力，即使最普通的教师，在他的工作范围内也具有比行政人员更多的能力、经验和专业知识。教师作为专业人员，往往以自己所具备的职业学术来规范和管理自己，他们的行为选择或决定多以在长期受教育过程中获得的专业知识为基础，而层级节制则要求教师的一切行为接受来自权威体系的控制。仅以教师的行为是否符合学校现存的各项法规条例的要求来评价教师行为的优劣，必然导致教师的"学术权力"与学校科层制的"行政权力"之间产生矛盾。

而就教育的目标而言，学校有别于旨在追求利润的工商企业系统。学校是文化和学生个性发展的制度化机构，学校要造就的是独立的、鲜明的、多元化的个性，而以科层制为组织结构的学校势必将失去其文化实体的特性，丧失其伦理价值的追求，成为生产统一的标准化人的工厂。在科层制组织理论看来，学校系统内的分工从大的方面可以分为小学、中学、大学，每个学校内部又分为各种科目的科教室、各种性质的管理职能部门以及不同层次的学生班级，科层制组织结构强调利用严格的规章制度来加以管理。严格的规章制度虽然可以使学校内的各项工作有法可依、有章可循，提高学校工作效率，但过于严格甚至苛刻的规章制度则挫伤师生员工的积极性、创造性，使学校失去应有的生机与活力。

　　正如上面所指出的，大学是二元权力结构组织，除行政权力外，还存在着学术权力。学术权力的存在，改变了组织中的科层等级关系。社会学家帕森斯认为，在具有技术专长的人群中不存在那种严格的地位和权威等级关系，而是一种地位大致平等的同僚关系。米切尔认为，大学组织中代替等级权威的是一种学术团体。在这种团体中，权力由教师、管理人员、学生和校友共享，所以，大学的组织基础应该是权力共同体而不是权力等级制。

3．制度管理极端化

　　学校作为一个社会组织，必须具有符合组织特征的规范和管理制度。规章制度的明显作用在于，将学校组织内每一职位的业务范围、工作程序、行为标准以及学校系统内各部门、各单位的职责、部门与部门之间、单位与单位之间的关系以规章的形式明确下来，使学校内的各项工作有法可依，有章可循，建立起持续、协调、稳定的学校工作秩序，提高学校教育及管理工作的效率。由于学校规章制度是针对职位而不是针对任何个人制定的，所以它实际上隐含着一种平等、公平的观念，对维持学校稳定与发展有着不可替代的作用。

　　然而，如果这些规章或制度过于死板或被运用至极端化，忽视管理对象作为具有灵活性和创造性的人的特点，则会适得其反，严格的规章制度管理是权力控制型学校的又一重要特点。"在严格的规章制度控制下，学校教职员工有时可能会忘记法规条例只是达成学校教育目标的手段，把遵守规则当做自己工作的最终目的，因而导致学校工作中的僵化和形式主义……当教职员工不愿冒违犯规则的风险或不敢承担违犯规则的责任时，虽然明知照章办事只能导致学校教育目标受损，也只能听之任之。"（张新平：《对学校科层制的批判与反思》，《教育探索》，2003 年第 8 期，第 30 页）而另一方面，虽然规章制度是针对职位而不是针对任何个人制定的，它隐含着一种平等、公平的观念，但如果把规范和制度运用极端化，必然以严密监督、严格控制、重奖重罚为具体手段，是一种对人的否定与不信任，容易激化学校内部管理者与被管理者之间的矛盾，造成学校组织内部的高度疏离。

　　极端化规章制度管理的弊端还在于它对教职员工工作积极性与创造

性的影响。法律是道德的最底线，由于法规条例通常只规定最低行为标准，所以有些员工虽然知道只要做到什么程度就能确保安全，但是对这一范围之外的工作漠不关心，"最低"变成了"最高"，表面上遵守学校内部的各项规章制度，实际上则是以这种方式消极怠工。学校教育、管理单靠制度与法规是不够的，必须发挥教职员工的主动性、积极性、创造性。如果教职员工长期处于法规条例的强制之下，逐渐习惯于"依法行事"，则会抑制教职员工的创造性，而教职员工创造性的泯灭对于学校发展来说影响是最为严重的。过于苛刻的制度管理会导致"制度理性"代替人的理性，在强大的制度理性的压制下，学术自由赖以生存的土壤在大学校园内也可能日渐消失，对学生个性发展也将产生一定程度的影响，极端化的制度管理完全有可能把学生培养成规章制度的奴隶。

4．信息单向流动

权力控制型学校依靠的是自上而下的刚性制度管理和权威控制，学校内各级部门、单位、组织之间是一种单向的、线性的控制模式，这种单向、线性控制模式的信息是自上而下的单向流动，不能形成一个有机统一的信息循环体系。受等级权威的影响，成员之间不能进行平等的交流与对话，信息是靠命令进行单向传达，下一级的信息很少能反映到上一级，上级对下级的信息掌握不足、不完全，当下级出现问题时不能做出具有针对性的决策，尤其是当学校组织内部机构设置不合理，各单位、各部门的职责或单位之间、部门之间的关系不清晰时，层级越多，信息沟通速度越慢。权力控制型学校信息的上通下达存在不平衡的问题，师生员工较少有参与组织决策的机会，既影响学校决策质量，又很容易导致师生员工产生挫折感。

如果将"信息"扩展到教育教学领域，我们会更进一步发现权力控制型学校的问题所在。在权力控制型学校中，教师是教育过程的主导，是课堂的控制者，作为权威灌输知识，把自己的观点强加给学生，提出要求，做出评价；学生被动接受灌输，没有怀疑，没有思考，没有思想，成为教师权威的服从者。在这种信息、知识、思想的单向流动与灌输方式下，教师远离学生的认知、情感世界，把学生当成物，将自己的意志强加于他们，知识的掌握成了教育教学的惟一目的，教育活动成为占有知识的活动。教师是知识的权威，学生是知识的需要者和接受者，教育关系成了知识授受关系，师生都将自己的内心世界封闭，交往匮乏，情感、精神沟通缺失，非理性精神相遇的缺乏导致现实教育中的师生关系成为片面的知识授受关系，而不再是"人"与"人"之间的平等交往关系，教育成为了一种"人"与"物"之间的生产关系。

5．科学管理，人才"标准化"

科学管理最早是由美国管理学家弗雷德里克·温斯洛·泰罗（Frederik Winslow TayLor）首先提出的。泰罗提出科学管理是为了解决生产中存在的人力、物力等资源浪费、生产率低下的问题。泰罗的口号是"效率"，他强调"彻底的实际效用"。在泰罗的科学管理原理中，"生产率"是一个核心概念；个体仅仅是整个生产系统中的一个要素。泰罗的基本假设是：人是受经济利益驱动的；是一种可供操纵的生产工具。因此，若要提高生产率，就必须用科学的原理来管理，即要分析工人的"特殊能力和限制条件，以便使每个工人都处于自己最高效率和最大生产能力的状态。"泰罗认为，"在过去，人是第一位的；而在未来制度是第一位的"。(TayLor. F. W. The principles of scientific management. New York：Harper & Row.1911.P7）组织成功的关键就在于建立一套必要的明确的指令和纪律。泰罗认为，必须精确到每一项工作的每一个要素，找到每一个要素的科学操作方法；精确挑选适合工作的人，并对其进行必要的培训，使其熟练掌握工作的每一个步骤。简而言之，泰罗的科学管理就是研究怎样发挥生产要素的最大效能。

毫无疑问，泰罗的科学管理在物质生产领域是合理的，它能够使人尽其才、物尽其用，保证效率最大化。但将泰罗的科学管理理论应用于学校组织管理与运行之中则不尽合理。许多研究者直接将泰罗制运用到学校管理中，甚至有人将学校描绘成原料加工的工厂。"在某种意义上，我们的学校就是工厂。原始产品（儿童）被造就成成品以满足各种需要。20世纪的文明对产品制造的规格提出了要求，根据规格的规定来塑造学生是学校的职责。"([美]E·P·克伯利，公立学校之管理（Public School Administration）；波士顿：霍顿·米弗林，1916.P325）美国管理学家博比特也认为，学校在很大程度上不应该被看作是教育机构，而应当看做是工厂——学生是等待加工和处理的原件，教师是工人，管理者是厂长、经理，教室是车间，学校的目的就是按照某个标准生产社会所需要的"标准件"。

学校担负着教学育人的职能，大学职能则包括教学育人、科学研究和服务社会等三项基本功能，培养人才是学校的主要目标之一。近年来，随着学校规模的急剧扩张，学校越来越成为"教育车间"、"文凭工厂"，不管学生的自身兴趣、爱好、教育背景怎样，只要学生进入同一所学校，学校就会为这些学生提供同样的教育培训服务，虽然"进厂"时学生各有个性、特征，但经过学校"教育工厂"的流水线生产，一批批统一规格的"人才"批量生产出来，学生的个体差异被忽视，其个体化发展也无从谈起。

6．德育中"人"的缺失

权力控制型学校的德育模式是传统的"说教式"、"灌输式"德育。灌输德育作为一种教育者有目的、有计划、有组织地向受教育者灌注一定的思想观念、政治准则和道德规范，并使之转化为受教育者个体思想品德的德育理念，其指导思想是一种"工具理性"的思维范式，认为教育者与受教育者之间是主客体关系，把德育仅仅看做是对学生施加外部影响的机械活动，把学生当做用来加工、框定的材料，德育的过程就是传授剥离了人性内涵的、空洞的道德规范和观念。这种工具理性排斥着价值理性，而这种理性的认识也在排斥着感性的体验，外在动机掩盖了内在需要，德育远离了作为意义和价值之源泉的生活世界，失去了主体性价值。灌输德育以一种纯客观或纯政治的立场来看待和推行德育，灌输德育所植根的政治文化土壤使德育理论高度政治化和统一化，德育变成了外在于学生的真实生活的客观真理，而忽视了德育教育塑造人品、解放人性的本质性存在。德育教育中最为重要的因素——"人"不是凸显，而是"缺失"了。

灌输德育是一种"单向度"灌输，处于灌输德育中的学生变成了"单向度的人"。教师的权威身份使教师占据着灌输德育的"制高点"和"话语权"，而学生则是教师塑造和教化的客体，处于劣势和从属的地位，变成了被动的接受器，不允许有任何的思考、怀疑和选择。学生独立人格的丧失、个人言语自主权利的被剥夺使师生双方的交往处于一种"有来而无往"的困境，变成一种知性的、物化的德育。另一方面，灌输德育还具有浓厚政治色彩和技术特征，这种被政治化、技术化的德育不仅起不到引导学生树立正确的世界观、人生观和价值观的作用，而且德育化人的功能越来越受到校园人乃至社会的质疑。在学生看来，德育就是进行思想政治教育，就是喊口号、贴标签，德育越来越引起人们的"不信任"，德育的存在与功能甚至遭到怀疑。

7. 校园文化整合功能弱化

一般而言，校园文化是由学校管理者和广大师生员工在教学、科研、生产、生活等各个领域的相互作用中所创造出来的一切物质和精神产品以及创造过程，其中组织成员所共同信守的价值理念、文化精神等是校园文化的核心，它是一学校区别于其他学校的内在规定性因素。校园文化代表组织成员的一种共同认识，它能够引导和塑造组织成员的行为。

一直以来，学校组织由于师道尊严的传统根深蒂固，加上教师在年龄、知识及经验等方面处于有利的地位，因而形成了权威型的校园文化。在这种校园文化中，管理者与教职员工、教师与学生之间实质上是一种管理与被管理、统治与被统治的关系。其中，管理者相对于教师和学生处于领导者的地位，教师相对于学生处于领导者的地位，具有无上的权威，可以对被管理者颐指气使、耳提面命。而被管理者处于从属的地位，只能服从管理者，很难对管理者的权威提出挑战。因此，交往就蜕变成了一种由管理者指向被管理者的单向度的行为，校园文化的反思性、凝聚性功能弱化甚至丧失。

从历史的视角看，权力控制型学校组织模式有其理论依据及实践需要，由于它适应了当时的社会历史环境，因此，对于教育的发展做出了重大的贡献。但是随着时代的进步和教育理论的不断发展，权力控制型学校的弊端也逐渐暴露出来，它已不能适应现代教育的发展，权力控制型学校组织模式必须进行革新，代之以适合教育发展规律和学校教育组织特征的"交往型学校"。

第二节 交往型学校概述

一、交往型学校内涵分析

教育，究其本质而言是一种主体与主体之间的交往。教育始于交往，交往是教育的存在方式，没有交往，就不存在真正意义上的教育。交往不仅仅存在于课堂，更存在于学校教育的每一处、每一时；交往不仅仅表现在表面上的"你来我往"，更意味着平等对话、合作意义建构；交往不仅仅是一种认识活动过程，更关涉到主体间的双向理解与生成；交往不仅仅是一个教学范畴，它与学校的管理理念、管理方式、体制运行等有着更为密切的关系。从学校管理与运行的角度来探讨交往，比单纯从课堂教学角度研究交往更为重要。如能将交往理念与精神扩展到包括行政决策、教师管理、学生培养、文化建设等各项学校运行活动之中，构建交往型学校，对于学校教育来讲将是一次深刻的变革。

交往型学校是建立在规范被普遍遵循与对话的基础之上，以学校组织成员间角色互依、自由、平等、民主等为基本前提，内部成员主体与主体之间以及主体与外界环境之间为达成双向理解、建构、合作、互融而进行知识、情感、信息等交往的组织。交往型学校所指涉的规范应当是正当、合理、合法的规范，而其对话则是交往主体双方在相互尊重、信任、平等的基础上，以语言等符号为媒介而进行的精神上的双向交流、沟通与理解。

交往型学校成员之间是一种交往与建构的关系。管理者以平等交往主体的角色出现，与师生进行平等地交往与对话，他们之间不再是传统的管理与被管理、领导与被领导的关系；教师是知识的引发者、交流者，学生则是知识的建构者、发现者，摒弃了传统的灌输方式；德育教育在于构建学生的主体性道德人格，关注学生的生活世界，重视学生的自主活动与交往；信息沟通体系是全方位、立体化的信息沟通网络，信息能够及时地进行传递与反馈，问题能够及时得到预警与疏导……交往型学校内部主体与外部环境间也存在着广泛而深入的双向交往，组织能够对外界环境的变化做出积极而能动的回应。

在常规的学校组织研究过程中，人们往往把着眼点放在管理者、教职员工、学生等学校成员自身的属性上，认为管理者应该怎样，不应该怎样，教职员工、学生应该如何，不应该如何，即只注重学校内部成员本身独有的变量，借用社会学的概念，我们把它称之为"属性变量"，其相应的分析单位是相对独立的"点"。然而，单独的"点"是不能构成组织的，"点"之间必须有联系才能够构成组织，换句话说，与其说组织是由人构成的，不如说组织是由关系构成的。孤立的、抽象的一个人是没有任何权力的，权力是在与他人的交往、互动过程中产生的。更确切地说，权力就是他者的依赖性。"行动者不是像在社会情境之外的原子一般行事或决策的。同样，也不是对于偶然身处某一社会阶层中而对其所规定的教条言听计从。相反，他们有目的、有意识的行为往往是嵌入于真实存在并不断发展变化的社会关系系统中。"（Mark Granovetter, "Economic Action and Social Structure：Embeddedness", American Journal of Sociology, Vol. 91, Nov. 1985）当然，这样说并不是否认"人"的本体性作用。交往型学校把研究视角从单纯的"点"转移到"交往"，不仅仅分析管理者、教职员工、学生这些孤立的"点"，更把他们置于学校这样一个"网络"之中，从而更深入地研究学校内部结构。实际上，交往不仅仅影响到组织成员的个体行为，而且更影响着组织系统的整体行为。

　　一定的学校管理、运行模式是与一定的学校发展水平相适应的。交往型学校是学校发展处于较高阶段时的一种学校管理与运行模式，它不仅仅是一个管理上的改革，更是一次观念的转变，是学校发展到较高阶段的标志。交往型学校是"非权力控制型"的，它加强了职能部门的横向联系，具有较大的机动性和适应性；正确处理了集权和分权的关系，使两者得到有机和谐地统一；有利于发挥广大教师和学生的作用，调动组织成员的主动性和积极性；对外界的环境变化具有较强的适应能力。交往型学校是一种共同参与的组织结构，为信息在学校内部及内外部之间顺畅流动提供了保障。图 3-2 为交往型学校示意图。

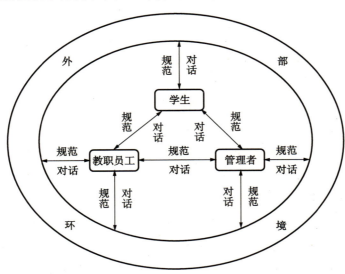

图 3-2　交往型学校示意图

二、交往型学校组织范式研究

1. 范式及学校组织范式

"范式"（Paradigm）是美国科学哲学家、科学历史主义者托马斯·库恩最早提出来的一个新概念，但库恩却并没有给"范式"一个明确的解释。在库恩那里，"范式"有时指科学家们所共有的"传统"，有时指"神话"，有时则为"共同理论框架"，有时还指科学成就、工具等。"一方面，范式代表某一特定共同体成员所共有的信念、价值、技术等所构成的整体；另一方面，它表示这个整体中的一种元素，被作为模型或范例使用的具体的谜题解答，能够替代明显的规则，以作为常规科学其他谜题解答之基础"。（转引自：江怡主编：《走向新世纪的西方哲学》，中国社会科学出版社，1998年版，第379页）

库恩提出了科学革命结构理论，把有无范式，即从事同一个特殊领域研究的学者所持有的共同信念、传统、理论和方法或某一"科学共同体"在某一专业或学科中所普遍接受的共同的"规范"、"假说"或"规则"作为一门学科成为科学的成熟标志。他认为，历史上每个科学研究领域在形成一门真正学科的过程中，都会经历一个从前科学到科学的过渡，而每一门学科发展为科学的"成熟标志"就是"范式"的形成，"有了一种范式，……这是任何一个科学部门达到成熟的标志"。根据库恩所描述的学科发展过程，在新的研究范式确立其主导地位之前（称为"前科学时期"），该学科通常会经历一段不稳定发展的时期，此时各种研究方法、理论框架和学派相互竞争，这种无序状态往往呼吁具有凝聚力的新的概念、范畴和理论框架；当形成或出现相对统一的研究范式后，该学科的发展就会进入"常规科学时期"，此时"科学共同体"对共同范式深信不疑，同时共同的研究范式也会促进形成共同的学术传统、学术风格、基本观点和基本研究方法，当然也限制了共同的研究范围，随着新情况、新问题的出现，如果共同的研究范式限制了该学科共同体的进一步认识和研究活动，就会形成该学科的"反常和危机时期"，这种现象发展到一定程度，就会要求新的研究范式，导致"科学革命时期"，当新的相对统一的研究范式成熟后，该学科又会进入"新的常规科学时期"。

英国学者玛格丽特·玛斯特曼对库恩的范式观做了系统的考察，他从《科学革命的结构》中列举了库恩使用的 21 种不同含义的范式，并将其概括为三种类型或三个方面：一是作为一种信念、一种形而上学思辨，它是哲学范式或元范式；二是作为一种科学习惯、一种学术传统、一个具体的科学成就，它是社会学范式；三是作为一种依靠本身成功示范的工具、一个解决疑难的方法、一个用来类比的图像，它是人工范式或构造范式。目前，范式这一概念已经超出了库恩的原意，或已经被赋予多种含义。一般而言，范式表示某一学科共同体（即该学科的专家学者所组成的集团）所共有的信念、传统、价值标准、基本理论、研究方法，包括世界观、认识论、方法论、价值观、道德观、理论背景和理论框架等。通俗地讲，范式就是指研究、讨论问题的共同规范和指导思想。

范式是我们理解学校组织范式的基础，对于学校组织范式的理解应秉承范式的基本内涵。学校组织范式可以理解为学校组织成员所共同拥有的理念、价值观、行为方式以及在此基础上形成、发展起来的学校组织理念、组织制度、组织结构等。学校组织范式是一个学校处于某一发展阶段的标志，是一个学校内在的、深刻的文化、精神，以及外显为学校的组织制度、组织结构等，它具有相对深刻性、稳定性的特征。

现代科学的诞生和发展为我们提供了新的方法论的实践基础。人们逐渐认识到单纯地从工具理性、对象性的思维方式中获得方法论并不完整，而应该从丰富的社会文化中所凝聚的核心价值里汲取不同于工具理性、机械思维的方法论，用科学认识与价值认识相结合的方法论来认识教育问题。正如崔相录在《二十世纪西方教育哲学》中指出的那样，"任何一种教育思想都不仅取决于特定社会的历史背景，而且也取决于某一（或某些）哲学观念。"（崔相录著：《二十世纪西方教育哲学》，黑龙江教育出版社，1989 年版，第 142 页）在管理主体与管理客体关系上，存在两方面问题：一方面是主体对客体的认识是否正确，这是真理问题，是事实因素的提取问题，需要用科学的方法解决；另一方面是客体对主体是否有益，这是价值性问题，用科学的方法从根本上是不能解决的。教育既关涉到主客体之间的认识问题，更涉及到客体与主体之间的价值问题，因此，对教育问题的认识不能够仅仅用科学认识或价值认识的某一方面，科学认识和价值认识这两条轨迹的融合才是我们认识教育所应秉承的理想思维范式。

2．交往理性：交往型学校组织范式

交往合理性是哈贝马斯交往行为理论的核心概念，哈贝马斯所理解的交往行为是主体间通过语言的交流，求得相互理解、共同合作的行为，它按照必须遵循的有效规范来进行。交往合理性就是要寻找交往行为的合理根据，而在哈贝马斯看来，这种合理性根据不能到物的世界去寻找，只能到人的世界来发现。因此，交往合理性的根据就是交往主体之间相互同意、普遍赞同而且自觉遵守的规范，这就是哈贝马斯反复论证的交往行为必须遵循的三个有效性要求：判断、陈述的真实性，遵循规范的正当性和表达自我的真诚性。真实性，即"言说者必须有提供一个真实陈述的意向，以便听者能分享说者的知识"；正当性，即"言说者必须选择一种本身是正确的话语，以便听者能够接受，从而使言说者和听者能在以公认的规范为背景的话语中达到认同"；真诚性，即"言说者必须真诚地表达他的意向，以便听者能相信说者的话语"。（[德] 哈贝马斯著，张博树译：《交往与社会进化》，重庆出版社，1989 年版，第 2—3 页）

哈贝马斯认为，主体间要顺利展开对话，必须满足两个条件：一是必须承认和遵守共同的社会规范；二是确立良好的对话环境。哈贝马斯所说的"规范"，是指对行为者或行为具有合法效力的制度、规则、规定或准则，或者说，有效力的可普遍化的规范。在哈贝马斯看来，"规范"是对于一定社会成员具有普遍约束力的社会存在物，如果一种"规范"不具有约束力，那就意味着，或者是这种规范正在为人们所抛弃，退出对社会生活的影响范围；或者它根本就不是一种规范。规范是主体间建立在理性基础上的讨论和商谈，允许一切参与者发表不同意见，旨在照顾到一切参与者的有关利益，同时也是为了保证规范的普遍有效性。要实现交往行为的合理化，除了承认和遵守共同的社会规范外，还需要确立良好的对话交往环境。哈贝马斯指出，交往实践中的理性要求是思维着、行动着、言说着的主体在日常生活和科学活动中的根本态度与最终立足点，只有按照交往理性要求，一个社会或语言共同体的成员才能达到对客观事物的共同理解，进而协调他们的行动，在以客观世界为对象的生产活动中取得成功。也只有这样，才能建立起大家认同一致的伦理道德规范，保持和谐的人际关系。

哈贝马斯从行为者与三个世界的关系的角度分析了两种行为：目

的—手段行为和交往行为。所谓目的—手段行为，在哈贝马斯看来，是指人对自然的关系中产生的行为，强调人通过对自然界的认识和改造而从自然界索取生存之资。在这个层面上，人主要表现为支配技术规则，或者说受技术规则的支配，而这些技术规则是建立在对自然规律的认识基础上的，人确立一个目的或目标，这个目的或目标是在人的行为中起决定作用的因素，人通过选择、利用以及用有效的方法来实现它，因此，它是工具性的、手段性的、策略性的。虽然它本身是未经反思的，但是仅就这个层面上讲，它也具有合理性，其合理性实现的最大程度便是科学技术的充分发展和生产力的极大提高以及随之而来的技术控制。

人类行为的第二个层次是交往行为。交往关系是哈贝马斯所寻求的理想的相互关系，在交往关系中，不存在主动与被动之分，不存在约束与被约束的问题，而是两个或两个以上的主体之间的平等交流、解释、对话，相互理解、求同与合作。在人与世界的关系问题上，哈贝马斯认为，在交往行为中，人与世界的关系是一种反思性的关系。在这种反思性的关系中，人们不直接与客观世界、社会世界或主观世界中的事物发生关系，而是根据对于包括上述三个世界的整个世界的理解为前提，根据理解的原则、可以商讨的原则，对事物做出相对的表达。因此，哈贝马斯强调，交往行为的合理性应处理好三个层面的关系：一是认识主体与事件或事实世界的关系，即主体与客观世界的关系；二是实践主体与处于互动关系中其他主体的关系，即主体与社会世界的关系；三是成熟的主体与其自身的内在本质、与其自身的主体性和他人主体性的关系，即主体与主观世界之间的关系。

哈贝马斯认为，交往是主体之间的相互关系而不是主体与客体之间的单向关系，交往行为是一种主体之间通过符号协调的相互作用，它以语言为媒介，通过对话，达到人与人之间的相互理解和一致。交往行为理论所彰显的交往对于人的解放、人的发展、人的社会性、人的自我意识形成的作用，是从交往理论关于人的主体间性本质中演绎出来的。在交往实践中，任何单一的主体对客体的改造，都不过是交往实践的一个环节，要受到其他主体的制约。这同时说明，任何的"主体—客体"的改造关系，都负载着、实现着"主体—主体"的交往关系，这种关系以对共同客体的改造为中介活动，只有在这种活动中，作为参与者的主体，不仅在改造客体的活动中表现出主体性，而且要与另一主体相互制约、相互设定，成为交往关系中的主体，具有主体间性。

交往合理性的核心是主体之间的关系，它处理的是主体之间达成一致、相互理解的可能性条件。意识哲学理性的核心是"主体—客体"的关系，只关注主体如何选择最有效的手段达到对客体的认识与控制，只涉及单一主体，因此是独白式的理性概念。如果说独白式理性概念是"主体性的"，那么交往理性则是"互主体性的"。由于交往合理性其有效性是以主体间性为中心的反思、对话达成的共识为基础的，这就使它打破了意识哲学逻各斯中心主义理性观的困境，克服了主客二分的单向思维方式导致的人对自然的奴役和束缚及由此导致的对他人的奴役和自我的异化，摆脱了"超验之我"和"经验之我"的对立，使主体被置于一种平等对话、理解的背景之中，使人与人之间的关系成为一种协商关系、伙伴关系、平等关系，而不是对手之间的竞争关系，从而避免了理性走向工具理性的必然命运。而且，由于这种交往理性是普遍共识，所以具有普遍有效性，从中可以发展出人类共同遵循的普遍规范、平等秩序。

交往理性除了蕴涵有主体与主体之间的主体间性之外，还有以下几方面的规定性：

（1）平等性。平等性是蕴涵于交往之内的。交往的平等性即蕴涵着交往双方之间的自主性，自主性是主体与主体得以有效交往的前提。如果交往双方不平等，双方中的任何一方处于被动或受动的地位，交往都会因缺乏必要的动力或意义而中断。在交往活动中，人的平等性是通过对中介客体的连接而进入社会化普遍交往网络之中的，它受"主体—主体"关系的影响。因此，交往中的平等性是既保持个人的"独立性"、"个体性"，又能在交往关系中形成"共性"，构成"共同主体"。

（2）交互性。马克思曾经指出："人在其现实性上是一切社会关系的总和"，人类的存在并非以一个独立的个人做基础，而是以"双向理解"的交往做起点。交往本身蕴涵着主体的双向性、平等性，一方不依赖于任何一方，不受任何一方的控制，即主体与主体相互承认、相互沟通、相互影响。交往不同于人与自然之间的关系，在对象性活动中，虽然外部自然界对人具有优先地位，人对自然界具有依赖性和受动性，并且外部自然界还以"规律"的形式反作用于人的活动，但是，人同外部自然界的关系永远是反映和被反映、改造和被改造的关系，即"主体是人，客体是自然"。而在交往活动中，交往的主体和客体都是人或人群结合体，每个交往主体都在交往中有意识地或无意识地向对方施加影响，交往双方都作为主体并将对方作为客体来对其积极主动地发挥着作用，同时又作为客体而接受对方的作用，有对有应、有问有答、有来有往，形成交往双方之间双向的交流过程。对于单个的人来说，他的存在是主体性的问题，而对于人与人之间来说，存在的则是交互主体性问题，即主体间性问题。从交往的内容来看，交往双方的情感、观点、认识、思想、意见和知识，都在交往中相互传递着。正是由于这种全方位的交往使得交往双方都在这种相互作用、相互影响、相互认可、相互理解的关系中不断重构自己已有的知识、经验、情感、观点、看法和认识。

（3）规范性。遵循规范是交往理性得以达成的前提之一，交往活动总是在诸异质主体遵循一定的交往规范的前提下进行。交往活动本身造就的是体现在一定习俗、纪律、道德和法律等制度化的规范化体系中的交往规范系统约束着主体的交往活动。这种交往规范系统就构成了交往理性的重要内容，从而使交往理性具有很强的规范性。作为交往理性重要内容的规范，对于一定历史条件下的个人来说是既定的、不得不服从的。交往活动的自主性、平等性和交互性等功能特点，只有在遵循一定的交往规范的前提下才能发挥出来。交往活动的规范性前提保证了交往理性建构过程的有序性，交往理性的有序性是使交往理性超出片面性达到客观性的必要前提。交往理性之规范性归根结底是来自于交往活动的规范性；而交往理性之规范一旦建构和形成，又反过来规范着人们的交往活动，成为交往活动的诸异质主体必须遵循的具有约束性的交往规范。

（4）发展性。交往的本源意义即是互通有无，即通过主体之间的相互作用、相互影响实现主体各自的目标与愿望，因此，交往也具有发展性。交往的主体在交往过程中不断地对旧有的认识进行内化、重构，不断地寻找新的出发点、突破点，建构超越以往的旧有的交往内容。交往的发展性一方面体现为交往一方的发展会促进、带动另一方的发展；另一方面还表现为当一种交往关系逐步丧失其合理性时，原有的交往关系将被破坏，新的交往关系得以形成。这样，交往关系作为社会大系统当中的一个子系统，就能不断地自我调节、自我完善，在与其他社会子系统的相互作用的运动中获得和增强自主的能力。

交往理性是交往型学校的组织范式，它摒弃了机械决定论的研究方法，承认事物的不确定性、非线性和复杂性，体现出了学校管理内在发展的历史逻辑要求。崇尚科学方法是西方理性管理模式演变发展的主旋律，与西方理性文化形成鲜明对比的东方非理性文化认为人与大自然是"天人合一"，重视自我修养和内心世界的平衡，强调人与人之间关系融合与稳定。与西方理性文化追求"真"相对应，东方文化追求"善"，强调情感、潜意识和感觉，追求以人为目的的价值关系、行为准则。这一切构成了东方非理性管理模式的文化基础。20 世纪 80 年代兴起的以日美管理方法比较为方向的研究体现了这一融合，作为 21 世纪学校管理理论发展主题的科学管理与人本管理的深化融合则涵括了这一发展趋势。学校管理的交往理性范式，强调将科学的思维范式与人本化的思维范式相结合，同时充分考虑到学校管理的经济价值、社会政治价值、科学价值、审美价值等。

与交往型学校组织、管理的交往理性范式相反，权力控制型学校组织和管理范式是一种传统的基于马克斯·韦伯的科层制基础上的工具理性思维方式，以"主体—客体"的思维方式看待"主体—主体"之间关系，是一种物化的思维方式。工具理性思维范式强调学校管理者的绝对权威和刚性制度的制约作用，学校组织的运行、各项任务的完成、组织成员之间关系的协调等是建立在硬性制度基础之上的，成员之间是一种"业务"的交往，而非以理解、互融为目的的主体与主体之间的交往，教师把学生当作"原材料"进行统一的加工、管理，学生成为被教师改造的客体；管理者往往只关注组织目标，而忽视群体目标和个体目标；信息流动是单向性的、非对称的……"权力控制型"学校与"交往型"学校组织范式特征比较见表 3-1。

从管理学的视角来看，自从泰罗的科学管理以来，绝大多数的组织（政府、学校、企业等各种类型的组织）遵循的都是一种工具理性的思维范式，主要表现为组织的科层制、官僚制、功利性、程式化等方面。采取科层制管理模式的学校管理者认为，学校效能提升的关键在于对学校内部各个要素实施有效控制。从某种角度讲，学校包括六大要素：人、财、物、信息、空间和时间。其实，这六大要素的提升只是学校效能提升的必要条件，要从整体上提升学校效能，仅从这些要素上考虑问题是不够的。在学校六大要素中，人作为对其他要素的支配者在学校发展中起到至关重要的作用，只有使学校中人与人之间以及人与其他要素之间构建一种合理的关系才能实现学校效能的提升。而这种合理关系的建立需要不同于工具理性的交往理性作为组织范式，构建一种有效的交往机制，通过这种有效的交往机制让每种要素发挥其最大功效，从而真正提升学校的整体效能。

表 3-1 权力控制型学校范式与交往型学校范式特征比较

内　容	权力控制型范式特征	交往型范式特征
决策者	高度集权	适度放权
组织结构	刚性、硬性	柔性、弹性
目　标	个体目标	组织目标与个体目标相统一
方法系统	线性、量化	整合、非线性
信　息	单向、自上而下	双向、信息网
指导和控制	权威、命令	共同愿景
发展图式	线性增长	非线性增长
决策对象	被动	主动
工作角色	命令者与被命令者	平等交往主体

交往理性强调在交往中不存在控制与被控制、约束与被约束的问题，主体与主体之间是平等的、民主的，他们以彼此之间的理解、合作为归宿。教育是一种人为的和为人的实践活动，这种实践活动的目的不仅仅在于培养"有用"的人才，更重要的还在于教育担负着传承人类文明、化解人类危机、弘扬人性价值的重任。教育不同于其他实践活动就在于它主要是精神、心灵之间的交流与沟通，它更强调教育参与主体双方之间的平等、民主、对话和理解，而这些都是蕴含在交往之中，或者说正是"交往理性"的应有之意。因此，将交往理性范式引入教育，引入学校组织之中，构建交往型学校是十分必要的。

三、交往型学校组织结构特征

在哈贝马斯看来，交往行为是人类最基本的行为，人行为的目的，不是仅仅为了满足主体的自身利益，它还应当考虑处于交往中的其他行为者的利益，也就是要兼顾参与交往的行为各方的共同利益。交往理性的核心就是交往主体之间相互沟通、相互交往，最终形成共识，达成理解。因此，在学校组织中，组织结构的设计也必将体现为主体之间有效交往创造条件的特点。在交往理性视域中，交往型学校组织结构应具备以下特征。

1．刚性小、弹性大，是一种高度有机结构

交往型学校组织内部各部门、各单位之间、组织与外界环境之间的协调不是靠各种刚性制度、规章，而是依靠各部门人员建立在交往理念上的互相协作。权力控制型学校是严格的科层制结构，组织中的协调主要靠命令、各种制度及工作标准，依靠预先设定的条框来加以约束，权力集中，等级严明，上级发布命令，下级服从指挥；而在交往型学校中，协作是建立在有关人员对协作完成任务的意义的共识之上，而不是简单的硬性命令，管理强调弹性，创新，重视自主管理与和谐发展，学校内部成员之间的理性协作有助于组织成员在自愿、愉悦的氛围中有效地完成任务，而区别于传统权力控制型学校组织中成员的"异化交往"；基于交往理性范式的学校组织充分体现了学校作为一个注重精神性交往的组织其组织结构的高度有机性和协调性。交往型学校与外界环境的协作则有助于组织持续地适应复杂多变、动荡不安的外部环境，并能够根据外部环境的变化做出相应的调整，保证学校组织的协调运行。

2．职业科层与矩阵结构有机结合

职业科层强调的是工作分工、强调专业化，而矩阵结构则侧重的是工作的合作、联合，前者纵向分工，后者横向联合，交往型学校组织结构是两者有机结合的组织结构范型。交往型学校在行政管理层面建立一套科层化组织制度，设置一系列行政职务，明确职权范围，合理分工分权，保证学校的目标一致，政令畅通，统一协调；另一方面，交往型学校强调学校组织自身的特殊性，强调教学、科研、学习等不同于物质性的生产活动。例如，在学科设置上，从纵向的角度划分成不同的院、系、研究领域，再从横向的角度设置各种综合学科、交叉课题研究小组、教学矩阵、科研矩阵等，然后将纵向的学科划分与横向的课题综合研究紧密而有机地结合。学科的分类设置有助于学科的分化和学生专业技术能力的培养；而各种教学、科研矩阵、综合科目的设置则有利于培养学生的综合能力、适应能力，并通过综合、交叉学科知识的学习拓宽其知识面。又如，在科研方面，职业科层结构有助于对学科知识的深层次研究，造就专而尖的专业型人才，而矩阵结构则可以加强各学科之间的协作攻关、交叉与渗透。

在直线结构情况下，一条信息的传递至少要经过两级才能到达，很容易造成失真。广大师生员工缺乏与学校管理者在同一个层面上思考问题的机制，无法同舟共济，难以参与学校的管理。交往型学校组织结构强调加强各职能部门的横向联系，具有较大的机动性和适应性；正确处理了集权和分权的关系，使两者得到较好的统一；有利于调动师生员工的积极性和主动性。在矩阵结构中，工作过程是以解决问题和成员参与为核心的，矩阵结构是一种共同参与的组织结构，它为共享的知识在学校里快捷通畅地流动提供了组织保障。交往型学校注重职业科层与矩阵结构的有机结合，将二者有机协调于学校组织运行之中，与单纯的科层制或矩阵结构相比，具有更大的优越性，能够在最大程度上保障学校目标的顺利实现。

3．交往型学校是一个适合于创新战略实施的结构

"组织发展战略一般分为保护型战略和前瞻型战略"。（吴志功著：《现代大学组织结构设计》，北京师范大学出版社，1998年版，第100页）保护型战略以高效率、低成本为取胜目标，而前瞻型战略则以创新、开拓新领域为宗旨的。一般来说，战略的实施与组织结构有着密切的关系，不同的组织战略需要不同的组织结构来保障实施。保护型战略需要标准化程度高、行为正规化、讲究效率的组织结构；而前瞻型战略则需要采用灵活性高、适应性强、有利于信息沟通、有助于创新的组织结构。交往型学校组织结构的高度灵活性、高度有机化的特点是适合于创新战略实施的组织结构。

4．交往型学校是正式组织与非正式组织有机统一的组织

正式组织强调组织中人员之间的关系以理性准则为指导，强调效率、精确性、纪律性；而非正式组织以人性准则为指导，强调人际关系、共同兴趣和爱好。交往型学校的交往理性范式充分认识到了正式组织和非正式组织的作用，将两者有机结合。如在学术研究上，既强调正式的各类科研机构的作用，同时强调发挥非正式的科学研究小组的功能。这样，一方面发挥了正式组织中学术领导的作用，另一方面又克服了其论资排辈、相对封闭的不足，为广大教师，尤其是中青年教师创设了一种自由宽松的、自治民主的科研环境；又如，在学生管理过程中，既重视院系、班级、寝室等正式组织形式，同时也注重各种非正式组织、团体，发挥它们在学校稳定与发展过程中的重要作用。

5．交往型学校强调参与决策制与个人负责制相结合

交往型学校强调师生民主参与和个人负责制相结合，这是与交往型学校组织结构的职业科层与矩阵结构相结合一脉相承的。组织决策由集体做出，而执行由个人负责（包括学校高层、中层及基层组织）。参与决策集思广益，确保决策的正确性和科学性，且有助于调动各阶层人士的积极性和主人翁责任感；而个人负责（书记—副书记—部门书记；校长—院长—系主任—教研室主任—教师）又有助于明确职责，提高效率。交往型学校汲取了参与决策制在决策方面的优点和个人负责制在决策执行方面的长处，采用两者有机结合的形式，这两个系统协同运作，共同实现对学校的管理。这种参与决策制与个人负责制相结合的结构在组织文化方面表现出较强的人文特点和较少的机械性，师生员工与学校管理人员之间的关系体现了平等，各种规范和制度对人们的行为更多的是起引导而非传统的限制与约束。

6．交往型学校是一种学习型组织

交往型学校的特点体现了它是一种学习型组织。学习型组织是"更适合人性的组织模式"，"在其中，人们胸怀大志、心手相连，相互反省求真，脚踏实地，勇于挑战极限及过去的成功模式，不为眼前近利所诱，以令成员振奋的远大共同愿景，以及与整体动态搭配的政策与行动，充分发挥生命的潜能，创造超乎寻常的成果"，"追求心灵的成长与自我实现，并与周围的世界产生一体感"。（[美]彼得·圣吉著，郭进隆译：《第五项修炼——学习型组织的艺术与实务》，上海三联书店，1994年版）学习型组织强调共同愿景、引导型领导、创造性团队以及开放性组织等，这些都与交往型学校存在着内在的统一性，是交往型学校构建必备的要素。

四、交往型学校交往关系分析

组织内部的交往关系是交往型学校关注的核心。交往型学校的交往关系按照不同的标准可以分为不同的类型，本书主要从以下两个层面对交往型学校的交往关系进行分析。

1．角色角度

（1）管理者与教师之间的交往。管理者与教师都是学校内部的学生教育工作者，同属于一个群体，因此，在工作目标和方向上更具有趋同性，都是为了本校的稳定、为了本校学生的未来、为了本校教育事业的持续发展。在"控制型"模式的高校中，管理者与教师的关系主要停留在管理与被管理、控制与被控制这一关系层面上，管理者对教师主要通过层级制的权威来管理与控制，管理者与教师之间没有真正意义上的交往。而交往型学校则要求学校管理者与教师不仅是管理者和被管理者的关系，更应该是相互沟通与交流的交往者。哈贝马斯曾说过"纯粹的主体间性是由我和你（我们和你们），我和他（我们和他们）之间的对称关系决定的。对话角色的无限可互换性，要求这些角色操演时在任何一方都不可能拥有特权，只有在言说和辩论、开启与遮蔽的分布中有一种完全的对称时，纯粹的主体间性才会存在。"（Lemert，C.，（ed），Social Theory，Boulder：Westview，1993，P416）

管理者作为上级教育行政部门、人员和学校教师之间的桥梁和纽带，对学校稳定发挥着重要的作用，同时管理者也是教师教育教学工作中所需条件的支持者，学校管理者与教师之间的交往主要表现在管理者主动为教师提供物质和心理支持上。管理者不能高高在上，盛气凌人，应树立服务意识，平等待人，积极与教师进行平等地交流与沟通，了解教师在教育教学中、生活中的实际困难，为其提供帮助与建议，这样不仅为教师解决了困难，而且稳定了学校的师资队伍，对学校稳定和长远发展具有十分重要的意义。交往是相互的，教师在与管理者交往的同时，也应该支持管理者的工作，对领导要有适度、合理的期望值，对领导在工作中出现的缺点和失误，要真心实意地帮助，发挥自身优势（如与学生接触密切、了解学生的思想动态、知识专业性强），为管理者的决策提供有力的建议和积极的帮助，共同处理学校的内外部问题，共同致力于学校的规划，共同维护学校的稳定和长远发展。

（2）教师与学生之间的交往。学校的良性运行与协调发展，必须在师生之间建立一种平等的交往关系。师生交往是教师与学生的主体间灵魂交流活动，包括知识内容的传授、生命内涵的领悟、意志行为的规范，并通过文化传递功能，将文化遗产传递给学生，使他们自由地生成，并启迪其自由天性。师生交往由于其交往主体的特殊性，而不同于一般交往。在哈贝马斯看来，交往是人与人之间在没有内外制约的情况下进行双向理解、讨论达成共识的过程。真正意义上的师生交往，同样应符合哈贝马斯所说交往的基本条件。

在教师与学生的交往中，教师的角色应该从"教"转变成为"交"。教师不能再以信息的传播者、讲授者或组织良好的知识体系的呈现者为主，而应该以"交往者"的身份与学生进行自由、平等地交往。教师在教学过程中，应该以促进学生建构主体结构为基本目的，以建立师生互动、生生互动的学习机制为主要策略，以营造民主、和谐的情感氛围为基本的教学环境，在平等交往过程中使学生受到启发、获得知识。教师以一个交往者的身份出现在学生面前，师生之间的关系转变为相互平等、相互尊重、相互合作的伙伴关系。在教学过程中，师生共同面对知识，实现双向互动。师生间主体间性的实现，使学生不仅仅学到了知识，更体会到理解别人和让自己被别人理解，促进了学生与教师之间的沟通与交流。在交往型学校中，师生交往不仅表现在学生学习过程中和教师教授过程中发生的作用和形式上，而且也包括师生情感、人格在内的精神整体发生互动的过程。德国文化教育学家斯普朗葛认为，"教育绝非单纯的文化传递，教育之为教育，正在于它是一个人格心灵的'唤醒'，这是教育的核心所在。"（邹进著：《现代德国文化教育学》，山西教育出版社，1992年版，第73页）可见，师生之间的交往不在于单纯的文化传递，关键在于师生交往中的视界相融、精神相遇、情感共鸣。因此，教师不仅要关心学生的知识水平，更要从思想上、心理上与学生进行交往，不仅要使学生具有丰富的知识，更要培养学生健全的人格。

总之，交往是一个不断去除自我中心达到彼此理解与交融的过程。

教师在教育过程中，一方面要引导学生进行深层的理解与沟通，另一方面也要对学生交往的方式方法进行指导。交往主要通过对话而达成，这就要求参与对话者一方面要善于表达自己，另一方面又要能够真正理解对方，理解与共识的达成意味着彼此间隔阂的消除，有利于师生之间关系的和谐，从而有利于学校的良性运行与协调发展。

（3）学生与学生之间的交往。学生是学校的主体，他们之间的交往直接关系到学校的稳定与发展（马加爵案就是很好的一个例证）。学生之间的交往是学生彼此之间在日常中发生的，包括学习中的交往与生活中的交往。学习中的交往是学生共同追求真理的过程，包括讨论、辩论与合作；生活中的交往包括朋友之间的交往与群体中的交往。无论是学习中的交往还是生活中的交往，都需要学生遵循共同的规范，只有共同规范得到遵循，学校的秩序才能够得以维护，学校教学、科研、生活等方面工作才能够顺利开展。

学生之间，尤其是新时期大学生之间交往的包容需要、支配需要和情感需要都在增强，对交往的包容需要、支配需要和情感需要表现的尤为强烈。他们力图通过交往去认识世界，获得友谊，满足包容需要、支配需要和情感需要。大学生之间的交往具有自身特点，如主要限于精神交往、平等性交往、非功利性交往等。

交往愿望强烈并不意味着学生之间的交往不存在障碍与困难，尤其是在新时期生活方式、交往方式、社会价值观以及思想观念的变化对学生之间的交往冲击是非常大的。大学生犯罪率升高、诚信度下降、暴力倾向加强等都是大学生之间交往的不利因素，这些不利因素也对学校稳定和发展造成了一定程度的影响。大学生交往中存在的一些弱点与误区，如自闭、自卑、冷漠、猜疑、自傲、嫉妒等不良心理，都不利于合理性交往行为的实现。哈贝马斯认为一个交往过程的成功，交往者的话语必须满足以下三个条件：

①对参与者来说，就它所提供的某种事实而言，它必须被认为是真实的。

②就它表达出言说者意向的某些内容而言，它必须被认为是真诚的。

③就它与社会认可的期望相一致，即它是否与实际存在的社会规范相符合而言，它必须被认为是正确的。

哈贝马斯的"言语三条件"通俗地讲就是要求交往者在交往过程中要遵循规律与规范，彼此真诚。学生之间在交往时应遵循一定的交往规范，努力做到交往言语的真实性、真诚性、正确性，达成合理性的交往行为。学生间要达成合理性的交往，在交往中应该注意以下几点：

①交往必须遵循一定的规范，这是保证交往正常进行的前提。

②交往是双向的，没有交流就没有了解，应注重彼此间的交流与沟通。

③交往应坚持尊重的原则。给他人以自由，尊重他人，自己才能获得尊重。要把双方放在平等的位置上，既不能觉得低人一头，也不能高高在上。在交往中要对自己有信心，对别人要有诚心，平等互利的交往，才可能持久。

④交往是有选择性的。交往的双向性，决定了交往的互动性和选择性，并不是所有的人都适合你，要选择能够产生共鸣的人作为交往对象，一厢情愿会造成两败俱伤。

⑤对交往的期望值不要太高。不要希望每个人都能成为你的知心朋友。有层次的交往可以避免因感情投入过多而回报较少造成的心理失落感。

⑥学会交往的技巧。要加强交往的实际锻炼，学会技巧，合理性的交往行为才能顺利实现。

2．主体角度

组织中的人际交往是交往理性关注的核心。从主体性的角度来看，交往理性蕴涵的就是多极主体之间的平等交往。在学校组织中，多极主体包括学生主体、教师主体、管理者主体、个人主体、群体主体等。哈贝马斯的交往行为理论认为，交往是两个或两个以上的主体之间的关系。两个以上的主体主要包括群体主体、社会主体和类主体。交往不论其内容和类型如何，在形式上一般都可以分为个体之间的相互交往、群体之间的相互交往、个体与群体之间的相互交往以及群体或个体与整个社会之间的交往等多种。

（1）个体与个体之间的交往。在学校组织中，个体与个体之间的交往可以分为学生个体之间的交往、教师个体之间的交往、管理者个体之间的交往、师生个体之间的交往、管理者与教师个体之间的交往、管理者与学生个体之间的交往等多种形式。从总体上说，个体交往可以分为两种："人格型交往"和"事务型交往"。人格型交往结成的是人格意义上的人际关系，在这种交往中，各个个体都作为完整的人进行着心灵的交流，完全是一种"对称的交往形式"，他们是人格上平等的主体。事务型交往是指为了完成一定的事务而不得不进行的交往，在这种交往活动中，存在着主体不对称的问题，管理者、教师作为信息和知识的事先占有者，在交往中发挥主导作用，引导和激发教师、学生主体性的发展。但这也并不意味着学校组织间事务型的交往是一种对象性的活动，因为人的主体地位虽然与人的主体性发展水平有联系，但两者不是一回事，一个个体的主体地位并不是由他的主体性发展水平决定的，个体之间的事务型交往中的主体地位和主体性发展水平不平衡，但也并不矛盾，相反，正是因为水平较低的主体的水平不够，才需要发挥领导者、教师的主导作用，同时，也只有相互都处于主体地位，交往才有可能。

（2）群体之间的交往。学校组织中的群体交往对于形成组织的凝聚力、形成组织的集体观念具有重大的意义。学校组织中的群体有正式群体与非正式群体，学生群体、教职工群体、管理者群体等诸多群体。这些群体之间的交往不仅意味着群体之间的相互认同、交流、理解，也暗含着组织内部的个体之间的充分、自由、普遍的交往。群体之间的交往，特别是学生群体之间的交往对于学生健康情感的培养、自我个性的形成、团队精神的锻炼等都具有非常重要的意义。

（3）个群之间的交往。个体之间的交往和群体之间的交往存在着交叉的关系，因为个体都会隶属于一定的群体之中，而群体之间的交往又是通过群体中的个体间的交往来进行的。就现实的组织中交往而言，更多的是表现为个体与群体之间的交往。在学校组织中，个群之间的交往可划分为领导者、教师、学生与各自群体之间的交往和相对应群体之间的交往。马克思认为，集体不是虚幻于个体之上的，它本身就是人们交往的产物。只有个体与个体之间的充分交往，才能形成一个集体；也只有在这样的群体中，个体主体性也才能获得全面的发展。学校内部个群之间交往最为典型的即为教育教学过程中教师个体与学生群体之间的交往，这主要涉及到交往教育的基本问题，这部分内容我们将在第四章进行详细阐述。

五、交往型学校"场域"视角分析

"场域"作为一个重要的社会学范畴，一般认为是由法国社会学家布迪厄首先提出并广泛使用的。在布迪厄看来，"场域"是一个关系性概念，"从分析的角度来看，一个场域可以被定义为在各种位置之间存在的客观关系的一个网络（Network），或一个构型（Configuration）。"（［法］布迪厄，［美］华康德著，李猛、李康译：《实践与反思——反思社会学导引》，中央编译出版社，1998年版，第133—134页）布迪厄认为社会世界是由大量具有相对自主性的小世界构成的，这些小世界就是具有自身逻辑和必然性的客观关系的空间，构成社会的不同"场域"。人的每一个行动均被行动所发生的"场域"所影响，而"场域"并非单指物理环境而言，也包括他人的行为以及与此相连的许多因素，其中，不同资本类型决定着场域的特性。"场域"内的成员之间是互动的，每位成员都会受到其他成员的影响，通过个人、组织和社会系统之间的开放和相互影响，达到增强个人和社会的功能。

场域范畴对于观察、理解和深入分析教育活动与教育现象具有非常重要的本体论意义和方法论意义，目前国内学术界尤其是教育理论界有越来越多的人在自觉不自觉地运用场域理论对教育进行分析和研究。"场域"与"教育"结合而生成的"教育场域"（Educational field）范畴是对教育做场域解读的尝试，也是教育研究在理论范畴建构和方法论拓展上的一种积极探索。"教育场域指在教育者、受教育者及其他教育参与者相互之间所形成的一种以知识（Knowledge）的生产、传承、传播和消费为依托，以人的发展、形成和提升为旨归的客观关系网络。"（刘生全：《论教育场域》，《北京大学教育评论》，2006年1月第1期，第83页）"教育场域"把学校定义为发展和提升人的客观关系网络，这一点与交往型学校是内在相通的，"教育场域"理论也为理解交往型学校提供了又一个理论视角。

布迪厄认为"场域"是一个关系性范畴，他指出，"根据场域概念进行思考就是从关系的角度进行思考。"（［法］布迪厄，［美］华康德著，李猛、李康译：《实践与反思——反思社会学导引》，中央编译出版社，1998年版，第133页）与"场域"范畴一致，"教育场域"也是一个关系性范畴。"教育场域"范畴本身具有客观现实基础，教育者、受教育者、管理者这些实体性教育要素并非以互不相干的零散状态存在，而是在彼此间结成的客观关系网络中得以互相确证；教育场域内客观存在的不仅仅是上述实体性要素，更有由这些实体之间生成的关系性要素。"教育活动的各个要素及它们之间的联系，基本上都是通过知识而实现的。显然，教师是通过知识的组织和讲授而与学生互动的；而学生也是通过对知识的学习而实现与教师及其他教育者的交往的；教育管理者的活动也是通过对知识的组织、控制和评价等形式来实现的……我们甚至可以认为，教育活动、教育制度与其他社会活动、社会制度之间的关系，从根本上看，也都是通过知识而完成的。"（谢维和著：《教育活动的社会学分析——一种教育社会学的研究》，教育科学出版社，2000 年版，第73—74 页）由此可以看出，教育场域的资本是文化资本，它不同于以经济资本为媒介的经济场域、以权力资本为媒介的政治场域、以情爱为媒介的家庭场域，从而使教育场域成为一种文化场域和意义场域。

"教育场域"以价值、理念、风俗、惯例等形态出现，表现为组织的管理宗旨、凝聚效应、人事氛围与目标导向等。交往型学校突出了学校作为一个不同于经济场域、政治场域、家庭场域的"场域"特征。我们把"交往型学校"的"场域"称之为"交往场域"，它主要有以下几个特征：

（1）"交往场域"作为组织成员在组织交往过程中形成的价值观、组织理念、环境认知等的总和，对组织成员具有重要的凝聚和导向作用。它促使组织成员在心理、价值理念、思想意识、行为取向等方面与组织整体的心理、整体的价值观念、整体的思想、整体的行为进行整合，从而使师生员工对学校组织产生一种归宿感，学校也就成为成员利益的共同体，即促进个体与组织的有效交往。

（2）"交往场域"中的价值取向作为组织成员共有的价值理念，为组织成员提供了共同语言，并规定了主体之间应当存在的各种关系，从而有效促进学校组织中个体与个体之间的交往。

（3）"交往场域"作为交往继承的结果与当代交往的整合，构成了一个学校组织的重要理念，也是一个学校区别于另一个学校的标志。

（4）"交往场域"能够及时地适应外界环境的变化，能够与外界组织进行双向的信息交流，应付学校组织和其他外界环境的挑战，促进学校组织与外界环境有效交往。

"场域"正像磁场一样，我们看不到它，但却能够切实感受到它的作用，这种作用在组织（学校）推进一些违背组织基本原则和价值观念的计划方案时表现的更为强烈。"交往型学校"的"交往场域"为组织成员所共享，并作为一种价值观、指导理念、思维方式潜移默化地作用于每一个成员。

六、交往型学校"对话"研究

交往型学校组织中的交往具有交互性，这就要求对话不仅仅是言语的交谈，更意味着双方共同在场，相互吸引，共同参加。对话不应是一方主动，另一方失去自我意识和独立判断的能力，成为一方对另一方的附和的活动，而是双方积极参与的过程。在参与过程中，双方从各自的经验出发，通过心与心的交流，达成一种视界融合。视界融合的结果是一方面促成了双方认知结构的改组与重建，另一方面具有主体间性，而这些正是交往型学校的特征所在。因此，交往型学校的构建必须注重对话机制的作用。

1. 在对话中形成的主体间关系是"我"与"你"的关系

对话中人与人之间的关系，不仅仅只是在简单意义上强调"你"、"我"都是对话的主体，而更强调"你"、"我"都作为完整的精神实体的相通，这一点对于交往型学校而言具有更为重要的意义。只有当管理者、教职员工、学生作为完整的人之间的对话、理解与沟通，这种交往对人的精神生长才具有教育意义。因此，在交往型学校视域下，人与人之间是一种"我—你"的关系。做到交往双方真正的平等的沟通和理解，不再是把对方看作改变、塑造的对象，而是看作与"我"讨论共同"话语"的对话中的"你"。人与人之间是一种同伴的"参与—合作"关系，二者的合作达成一种默契，是一种共享精神、知识、智慧和意义的过程。具体完善人格的"我"与"你"的相遇，不只是业务的关系，而且包含情感、精神、思想和智慧的碰撞，理性与非理性、科学与人文、事实与价值都在交往中整合成完整的人。交往型学校中的人与人之间的交往不只局限于非日常交往，不只是一种管理者与被管理者、教师与学生之间以知识为中介的间接性接纳，而是一种寓于完整生活之中的交往，日常生活与非日常生活、日常交往与非日常交往同在。只有基于完整的交往，才能生成完整的人，才能使教育与生活相互沟通，才能实现教育的本真意义。

2．交往的过程是一个对话的过程

在学校组织中，人与人之间交往的主要形式是对话。人与人之间的交往，尤其是师生之间的交往是以语言为基础的对话。哈贝马斯的交往行为理论就是建立在"言语的有效性基础之上"，他说，"交往行为概念，首先把语言作为参与者与世界发生关系，相互提出可以接受和驳斥的运用眼球的理解过程中的一种媒体。"（[德]哈贝马斯著，曹卫东译：《交往行为理论》，重庆出版社，2004年版，第140页）这里的"语言"就是作为语言行为的"对话"。对话之于教育的意义，不只是教育交往的主要形式，而且还具有人类学的本体论意义。人类从本质上讲就是人的对话，对话是一种精神上的相遇。"对话的中心就是两个自主的人之间的会晤"，所以，对话是发生在"我—你"的关系世界之中。从这个意义上讲，"我—你"世界之间的相遇关系与对话关系就是一种精神的相遇。教育活动是追求人的灵魂的交流沟通，所以，教育领域是完全对话的。在对话的交互关系中，管理者、教师不再作为知识和信息的占有者和给予者，而是通过与被管理者、学生之间的对话，启迪他们的智慧，展示他们的才能。交往型学校中的交往具有交互性，这就要求对话不仅仅是言语的交谈，更重在要求双方共同在场，相互吸引，共同参与。

3．对话的过程是一个理解的过程

对话和理解作为学校组织中交往的主要形式，二者是紧密联系在一起的。交往发生在人与人之间面对面的对话过程中，对话主体均把对方的"话语"作为一个现实的文本看待，从而达成对文本的理解。这里的文本并不是一堆僵死的知识，而是人类历史文明的积淀，它反映了过去时代文本创造者的意识和统治阶级的意识，同时，又是现实社会知识的综合，反映了现实社会阶级意识。所以，也可以说，理解文本也就是主体与现实和历史的对话，这里的对话不能把文本当作"它"，而应当作"你"，是一种主体间的对话。全面地分析这个过程，我们可以这样理解：管理者与被管理者以文本为中介达成相互之间的理解与交往，交往模式就不仅仅是"主体—客体—主体"的关系了，而是"管理者主体—客体—文本主体—客体—被管理者主体"的关系。但相对与管理者和被管理者的主体性来说，文本主体是潜在的主体。

对话是教师与学生双方的交互作用，双方在教育中的地位是平等的，双方都具有完整的人格，在对话的过程中，双方互相承认，互相赋予平等和尊重，教师并不因学生处在发展时期而决定他的生活，或者控制他、操纵他，而是双方都在自由地思考、想象和创造，在对话中，由学生自己发现知识和获得智慧。在平等对话过程中，师生双方的精神都接受着洗礼与启导。德国哲学家雅斯贝尔斯曾经指出："大学是研究和传授科学的殿堂，是教育新人成长的世界，是个体间富有生命的交往，是学术勃发的领地。每一项任务借助参与其他任务，而变得更有意义和更加清晰。按大学的理想，这四项任务缺一不可，否则大学的质量就会降低。"（[德]雅斯贝尔斯著，邹进译：《什么是教育》，北京三联书店，1991年版，第150页）

教育是要把人培养成自由人或完整的人，是要把人培养成人性的守护者、未来社会的领导者。交往型学校抓住了教育的本质，交往的平等性、民主性、互融性、人性化保证了教育的人文追求，交往的精神相遇决定了教育中生命发展的可能性、体验性和价值性；交往的动态形成过程促进了教育世界的敞亮、开放与宽容，使人能够成为自由的、完整的人，而这也正是学校教育所期待的终极目标。

第四章 交往教育机制

大学是研究和传授科学的殿堂，是教育新人成长的世界，是个体间富有生命的交往，是学术勃发的领地。

——雅斯贝尔斯

第一节 交往教育机制概述

教育是学校的中心任务所在，因此，交往教育机制也就理所当然地成为交往型学校的一个核心机制。从教育的传统内容来看，德、智、体、美、劳是对传统教育内容的全面概括，而交往教育机制主要针对的是教育的方式而言的，其核心内涵就在于把交往的理念、精神融入于学校教育之中，不仅仅把交往看作教育的一种手段，更把交往看作教育的一种本体性存在。

一、交往教育机制内涵分析

王道俊、王汉澜在他们主编的《教育学》第一章教育的概念中指出："教育是培养人的一种社会活动，它的社会职能，就是传递生产经验和社会生活经验，促进新生一代的成长。在这种活动中，既要体现社会的要求，又要促进人的身心发展，它是一个统一的活动过程。"在此基础上，他们进一步指出："教育就是把人类积累的生产斗争经验和社会生活经验转化为受教育者的智慧、才能与品德，使他们的身心得到发展，成为社会所要求的人。"（王道俊，王汉澜编著：《教育学》，人民教育出版社，1989年版，第24—27页）

教育亦有广义和狭义之分。一般认为，凡是有目的地增进人的知识技能，影响人的思想品德，增强人的体质的活动，不论是有组织的或是无组织的，系统的或是零碎的，都是教育。狭义的教育是指专门组织的教育，主要是指学校教育，它是根据一定社会的现实和未来的需要，遵循年轻一代身心发展的规律，有目的、有计划、有组织地引导受教育者获得知识技能，陶冶思想品德、发展智力和体力的一种活动，以便把受教育者培养成为适应一定社会（或一定阶级）的需要和促进社会发展的人。本章所指的教育是狭义上的教育，而且偏重于学校课堂知识的传授、师生之间知识、思想、情感的交流等。

教育中的交往问题，是教育理论和教育实践中的一个带有根本性的问题。从交往出发，有助于正确认识教育起源和教育本质。现代教育中普遍存在着交往的缺失和阻隔，这是由于现代教育发生在工业社会，它与主客二分的文化精神和科学技术相适应。现代社会日益强化的技术理性和工具理性，最终使教育陷入"非人性化"的境地，使"占有"更多的知识，以获得外在自身的身份，成为教育的目的。主客对立的思维方式渗透于教育、教学过程之中，使教育成为教育者对受教育者的控制和训练。造成这种状况的根本原因，在于教育交往精神的缺失，使现代教育表现为占有式教育和异化的师生关系。因此，应该构建起交往教育机制，用"交往"来重建教育思维范式，使"交往"成为教育的主导思维范式。交往教育机制暗含了对民主、平等的人际关系和个体开放的包容心态的倡导，以及对主体性的弘扬和对个性的崇尚，它把教育过程视为一种交往过程，即教育过程是教师与学生借助各种中介而进行的认知、情感、价值观念等各方面的人际交往和相互作用的过程。交往教育机制将平等、开放、民主、差异、独特、互融、合作等交往理念融入于师生知识传授、思想交流和精神交往之中，用交往的理念和精神对异化的现代教育进行解构与建构。

皮亚杰说过，"整个认识关系的建立——既不是外物的简单摹本，也不是主体内部预先存在结构的独立显现，而是包括主体与外部世界在连续不断的相互作用中逐渐建立起来的一个结构的集合。"（[瑞士]皮亚杰：《皮亚杰的理论》，《西方心理学家文选》，人民教育出版社，1983年版，第423页）雅斯贝尔斯曾经指出，真正的教育应该是"人与人的主体间的灵与肉的交流活动"而不是"理智知识和认识的堆积"。师生关系的"主体—客体"模式必然将被师生主体间交往的"主体—主体"模式取代。在交往教育机制视阈下，交往者作为主体，自主地以语言为中介，建立起表达、对话、领会、理解的交互关系，语言蕴涵着交往者的态度、情感、意志、人格品质，交往的过程不仅是言语的知识信息的表达、倾听、领会、理解的过程，更是交往者精神的相遇、相通，情绪、情感的交流，人格的感化。交往教育从某种程度来说，不仅仅是一种可供操作的教育模式，更重要的是一种深刻的教育理念，当这种理念深入人心，进入每个人的精神世界，当人们把这种理念切实地贯彻于教育过程的每个环节之中，那么，在各种各样的教育体制及具体的模式下，学生都可以自由自在、无忧无虑地生长，而这才是我们所要倡导的交往教育的实质与核心。只有在交往过程中，教师和学生均作为具有主体性的完整的精神实体进行交往，教育才具有促使人精神成长的"教育意义"。

交往型学校交往教育机制的师生主体交往关系首先体现在师生交往中教师与学生都是教育的主体，教师和学生都作为平等的、开放的、真正具有独立人格的人出现在教育活动中。"交往双方均为具有独立人格的自由主体"是"作为对话、理解和沟通的前提条件"。平等性意味着师、生作为参加教育的主体享有均等的交往机会，每个人都有表达愿望、情感及提出自己见解的权利；交往双方应互相尊重对方的人格、信仰和爱好；交往的目的不应仅限于知识信息的传授交流，更多的应该是精神的相通，情感的交流和人格的相互影响。在交往中，教师作为具备专业知识的专业人员，知识、经验均丰富于学生，因此应该在师生平等的基础上将学生视为独立自主、自由发展的人，引导、帮助学生发展自我。另外，师生在交往过程中作为完整的人彼此进行心灵的交流，传递交往双方的情感、观点、思想、认识、知识，师生在相互作用、相互影响、相互理解的交互活动中不断建构、重构自己已有的知识、经验、观点、看法、认识和态度、情感，达到彼此的视界融合。

二、交往教育机制特征

1．交往教育特征

（1）交往教育是一种形成性的教育。

形成性是交往教育的一个重要特征。所谓形成性教育，是指处于交往教育的行动者，除了身心成熟、知识渊博的教育者以外，处于身心发展过程的青少年是其中最为重要的参与者，交往教育的交往性本身就构成了青少年成长和发展的重要形式。显然，在交往教育中，交往的双方或者一方是带着一种发展的要求进行交往的，对于学生而言，这种学习的倾向性更加明显，这也充分证明了交往教育的目的性，也就是说，交往教育的目标就在于满足交往者发展的需求和学习的倾向。与其他社会性交往相比，这种发展的需求和学习的倾向正是交往教育的特征所在。

（2）交往教育是一种理解性的教育。

所谓理解性的交往是指在交往教育中，知识构成互动过程中的主要中介和沟通媒体，交往双方通过对知识的理解和把握而达到彼此之间的沟通与交流。教育与其他社会活动的主要区别就在于这种活动主要是以知识作为中介或媒体而进行交往的，只有在彼此对共同知识理解的基础上，教育的目的才能够真正达成。

（3）交往教育是一种反思性的教育。

反思性是个体成长和发展的过程中本身具有的一种特征。与其他年龄阶段的个体身心发展相比，青少年学生的身心发展具有强烈的自我肯定或自我否定的特点，青少年学生的成长过程也就是一个不断肯定自己逐渐成熟的方面和不断否定自己的幼稚方面的过程，反思性恰恰是自我肯定和自我否定的基本形式。反思其实也是一种不断内化的过程，青少年学生在反思的过程中也是不断将其所认同的价值观念、规范等内化为自身的准则、外化为自身的行为。

2．交往教育机制特征

（1）交往教育机制是一种平等机制。

在传统教育理念视阈中，教师对于学生来说处于一种"优势"地位——"我教你学"、"我讲你听"，学生完全任教师摆布，处于从属地位，师生之间的关系显然是不平等的。而交往教育机制认为教育过程最活跃的是师生之间的关系，教师与学生都是有情感、有思维的动物，只有师生形成一个平等的、默契的、和谐的教与学的统一体才能够更好地达到教育目标。平等是交往理性能够达成的一个基本条件，民主平等的主体间关系，特别是师生关系以及由这种关系营造出的一种生动、和谐、愉悦的教学氛围，也是学生自主性发展的基本条件和前提。因此，在教育实践过程中教师应充分尊重学生的人格，学生也要尊重教师的劳动。师生在教学中情感交融、气氛和谐，才能达到师生情感上的共鸣，才能建立新型的、平等和谐的交往型师生关系。

（2）交往教育机制是一种发展机制。

在传统教育观看来，教育的目的就是把固有的知识"灌输"给学生，知识的传授本身就是教育的目的所在，教育是教师牵着学生走，学生围绕教师转，即"以教定学"，让学生配合和适应教师的教。受此理念的影响，传统教育机制也就成为一种"灌输"性机制，强调知识灌输，缺乏必要的双向交往与沟通，忽视了"人"的发展。交往教育机制认为教育不是主体对客体的单向性改造过程，而是一种主体与主体之间双向交往与沟通的过程。它呼唤人的主体精神，挖掘人的内在潜力，要求教师树立人本理念，重视"人"的发展，认为教育的重点要由注重知识传授的灌输机制向注重学生发展的交往教育机制转变。

（3）交往教育机制是一种过程机制。

"重结果轻过程"是传统教育观的一个十分突出的问题，也是一个十分明显的教育弊端。所谓注重结果，就是教师在教育中只重视知识的结论、教学的结果，忽略知识的来龙去脉，有意无意压缩了学生对新知识学习的思维过程，而让学生去重点背诵"标准答案"。交往教育机制强调教育应是一种"过程机制"——教师在教育中把重点放在过程，放在揭示知识形成的规律上，让学生通过感知—概括—应用的思维过程去发现真理，掌握规律。在这个过程中，学生既掌握了知识，又发展了能力。交往教育机制重视过程的教育观要求教师在教育设计中揭示知识的发生过程，暴露知识的思维过程，从而使学生在教育过程中思维得到训练，既长知识，又增才干。

（4）交往教育机制是一种网络机制。

从信息论的视角来看，教育是由师生共同组成的一个信息传递的动态过程。按照教育过程中信息传递的方式不同，主要可以划分为两种基本形式：

①以讲授为主的单向信息交流方式。

②以交往为主的双向信息交流方式。

教育的过程就是信息传递的过程，按照最优化的教育过程必定是信息量的最佳过程的道理，显而易见，以交往为主的教育方法所形成的信息交流方式比教师单向讲授的教育方法要好。交往教育把学生个体的自我反馈、学生群体之间的信息交流、师生之间的信息反馈、交流及时普遍地联系起来，形成了多层次、多通道、多方位的立体信息交流网络，因此，交往教育机制是一种信息有效传递与反馈的网络机制，区别于传统教育的单向、线性机制。

（5）交往教育机制是一种创造机制。

教育，其不同于一般物质性生产部门的主要特征就在于它是一种创造性极强的精神性活动。这种创造性首先体现在教师对教材的处理上，教师并不是将课本知识原封不动地输入到学生的头脑之中，他必须对教材进行再认识、再创造，融入自己的观点和思考；其次，教育创造体现在编制和优化教法上；再次，教育创造性体现在教师富有个性的教学风格上等。而就学生而言，他们接受知识、交流思想的过程本身就是一个自我创造和塑造的过程，因此，如何通过有效机制确保师生创造性活动的顺利实现是所有教育机制必须面对和解决的问题。交往教育机制本身蕴涵着平等、发展、过程、网络等有效机制，而这些机制本身也是实现教育创造的有力保障。

（6）交往教育机制是一种和谐机制。

传统教育观念重理智控制，轻情感沟通，忽视情感因素的教育价值，而交往教育机制则是把师生情感的和谐与融洽作为其追求的一种心理环境，着力从理性与情感相统一的高度来驾驭和实施教学活动，关注"学生的生活世界"，关注"学生在课堂上的生活"，让课堂教育成为学生生活的有机组成部分，使课堂教育真正充满生机活力，做到让学生学得轻松、学得愉快，营造一种和谐愉悦的氛围，在这一氛围中强调教师与学生之间，学生与学生之间的知识、信息、情感等的交往与沟通，形成个人与群体的和谐发展。

三、交往教育机制的两种基本形态

合作和冲突是交往教育机制的两种基本形态。

1．交往教育机制中的合作

合作是人类相互作用的基本形式之一，是社会赖以生存发展的动力，是人类生活不可缺少的组成部分。合作，"通常指的是互动的参与者为了执行某一任务或达到某一目标所做的持续的和共同的努力"。（谢维和著：《教育活动的社会学分析——一种教育社会学的研究》，教育科学出版社，2000年版，第92页）从社会学视角看，如果一个组织的社会环境是合作性的，那么这个组织中的个体目标、群体目标以及组织目标实现有机统一的可能性就比较大。个体目标的实现以与他人合作的其他个体目标的实现为前提，群体目标、组织目标的实现是个人目标的保障，同时，群体目标、组织目标也必须以个体目标为基础。合作是交往教育的基本形态，是教育活动能够存在和持续的基本前提之一。

心理学家多依奇曾对教育活动中的合作与竞争两种基本形态进行了研究。他将班级学生分成两部分，一部分按照合作的模式进行评分，即通过与其他群体比较所反映的这个群体讨论和分析人际交往问题的状况，给予这个群体的学生以同样的分数；而在另一部分学生中实行竞争性的评分模式，即在这个群体中，学生分数的取得视学生对这个群体的贡献而定，学生对群体的讨论和分析贡献大则可以得到较高的分数，反之，则会得到较低的分数。通过研究，多依奇发现在竞争性的群体中，群体中的每一个人都为了自己能够得到较高分数而努力与群体中的其他人进行竞争；而在合作性的群体中，每一个学生为了得到较高分数只有和群体中的其他成员进行紧密合作，通过他们的共同努力尽量使群体在与其他群体进行比较时能够胜出，从而得到较高分数。（David W.Johnson，Holt，The social psychology of education，Rinehart and Winston，Inc，1985. P162）

合作作为交往教育机制的一种基本形态，能够使学生达成共同的目标，具有使群体成员接受、支持和喜爱的强烈愿望，使学生更专心一致地投入学习，对教育过程、学习任务和学科本身产生更积极的情感，提高学生对他人认知和情绪的理解能力，增进学生的心理健康，形成积极的相互依赖关系——平等、协作和共融。多依奇曾经总结了合作性模式的三个优点：第一，可替代性，即在合作性联系中的学生行为是可以相互交换的，如果一个学生提出某种观点，或者从事某个行为，那么其他的学生就没有必要重复它们；第二，积极的相互促进，即如果合作性群体的一个学生的行为能够推动其他学生去实现他们的目标，这个学生的行为也能够得到其他学生很好的评价；第三，感应性，如果合作性群体中某个学生的行为能够推动其他学生去实现他们的目标，那么，其他学生能够接受他的行为，并从事某种能够促进他的行为的事情。（David W.Johnson，Holt，The social psychology of education，Rinehart and Winston，Inc，1985.P160—161）

合作是交往教育机制中普遍的和广泛的互动形态，包括教师与学生之间的合作、教师之间的合作、学生之间的合作，以及教育工作者和社会不同方面的合作、教育管理者与教师或学生的合作等。交往教育过程中的合作对于教育活动具有非常重要的意义，它对于整个教育具有一种十分重要的整合作用。交往教育中的合作可以促进教育活动中的各种文化标准达到协调一致，使社会的要求与个体的行为得到协调，同时，通过合作，使教育机构中的各个部分之间相互依赖和协调。从教育社会化的功能来看，这种合作具有十分重要的地位和作用。而且，交往教育中的合作对于提高学校和班级的教育效率，增强学校和班级凝聚力等都具有十分重要的意义。

斯塔尔（J.R.Stahl）在 1994 年曾经写道："在过去的 10 年里，合作学习已经成为教师教学中主导性的新方法。倡导这种方法的一个重要理由是，在基础教育学校的教室，以及在许多不同的学校环境和大范围的领域中进行的研究已经揭示出，完成合作性学习群体任务的学生往往具有比较高的学术成绩、高度的自我尊重，并具有更多和更积极的社会技能，对其他种族和少数民族群体具有更少的偏见，并能够更好地理解所学习的内容和技能。"（Internet，ERIC Digest，ED370881，The essential elements of cooperative learning in the classroom，Mar，1994）对于正处于个体成长和发展的青少年学生来说，他们的世界观、人生观、价值观正在塑造和形成之中，交往教育的这种合作模式往往会比具有冲突取向的各种交往形式对青少年学生的健康成长与发展更为有利。

就目前的教育实践而言，以合作学习和课题研究为代表的合作性学习机制最具代表性，最能反映交往教育机制合作特征。

（1）合作学习。合作学习又叫小组合作学习，它是一种促使学生之间人际交往和合作互动的基本形式。"所谓合作学习，是以异质小组为基本形式，以小组成员合作性活动为主要内容，以小组目标达成为标准，以小组总体成绩为评价和奖励依据的教学策略体系。"（裴娣娜著：《发展性教学论》，辽宁人民出版社，1998 年版，第 147 页）由于合作学习中小组成员有共同的目标，所以，合作学习有利于形成相互协作、相互促进的人际关系。开展合作学习要注意以下两点：

①加强组内合作。组内成员的合作互动方式主要有小组讨论、相互评价、相互反馈、相互激励、互帮互学、互为师生等。

②加强组际合作。教师还可以组织小组之间进行互动交往，如组际交流、组际互查、组际竞赛、组际讨论等，以促进个体与群体、群体与群体之间的交往，实现学习成果的分享。

（2）课题研究。所谓课题研究，就是在教师指导下，学生独立从事某种课题研究活动，进行研究性学习。开展课题研究的基本程序是：组建课题小组→确定研究课题→制定研究计划→实施研究计划→总结评价成果。这种形式的学习活动能极大地调动学生学习与研究的热情，并培养学生的相互协作、集体攻关的合作精神。在课题组独立研究中，教师应对其进行必要的指导，如对课题的选择与研究计划的制定提出指导性意见和要求，为学生提供实验的手段和相关的文献资料等。

2．交往教育机制中的冲突

在任何组织中，由于个人与个人、个人与团体、团体与团体之间的相互作用与相互联系，难免会产生目标、价值观等方面的冲突，并且这种冲突行为往往是为了相互反对或阻止对方意图的比较自觉的行为。传统的冲突观点认为，冲突的出现是因为它代表团体的机能出现了问题，必须采取相应措施克服冲突的出现；冲突的人际关系观点认为冲突是团体中自然而不可避免的现象，不但不是有害的，反而会促进团体绩效；冲突的互动观点认为，冲突不但有正面的功能，而且对促进团体绩效是不可或缺的。显然，学校作为一个社会组织，其存在和发展过程中的冲突也是在所难免的，如教师与学生之间的冲突、教师与管理者之间的冲突、管理者与学生之间的冲突、学生之间的冲突等。

交往教育过程中存在的冲突主要是学生与教师之间的冲突。当然，造成学校中学生与教师之间冲突的原因是多方面的：决策权过度集中，缺乏学生、家长和教职工之间进行沟通和交流的途径，在学校和教室中对学生的非人性的对待，学生缺乏一定的权利从而合法地改变学校的环境，学校在教育和成就方面的各种许诺与大多数学生在学业上的失败和家长的失望等。从教育理论和现实的经验来看，"在学校和其他各种正规的教育机构中，大多数冲突常常涉及到学生与教职工之间的冲突。而且，这种冲突的根源又往往存在于不断增加的学生逆反和在大多数学校存在的加强控制的倾向。"（谢维和著：《教育活动的社会学分析——一种教育社会学的研究》，教育科学出版社，2000 年版，第 96 页）日本学者尾关周二在其《共生的理想》一书中指出："最重要的是，必须首先考虑能够形成教师和学生，以及同学之间以相互信赖为基础的交往空间。为此，首先教师自身必须从管理主义的意识中解放出来，并把每一个学生作为具有独特个性的主体加以尊重。"（[日] 尾关周二著，卞崇道等译：《共生的理想》，中央编译出版社，1996 年版，第 44 页）

当然，任何事物都是辩证统一的。正如冲突的人际关系观点和互动观点所指出的那样，教育活动中的冲突同样具有一定的积极意义。因为冲突作为教育活动中的一种结合形式，其本身在客观上就具有保证教育活动的连续性、减少完全对立的两极产生的可能性等功能。而且，在科瑟尔看来，教育活动中的冲突也能够有力地给教育改革与发展注入活力，防止教育系统的僵化，并通过各种冲突，增强教育组织的适应性，促进教育活动本身的整合和社会化的实现。

四、交往教育机制的过程分析

交往教育机制的教育过程可以分为如下三个层次：（陈慧俐、高超勇：《小班交往教学模式的实践研究》，莲都教研网，2006 年 8 月24 日）

（1）信息共享。交往的双方把各自的信息无保留地拿出来，达到"信息共享"的要求和水平。

（2）沟通融合。各方通过对大家提供的同质信息进行进一步的分析、筛选、组合、补充、拓展，使信息的质量得到提高，产生 1+1>2 的效应。

（3）创新、发展。交往双方如各持异质信息，在反复的碰撞中得以互补、质疑，从不同的角度、思维方法、思路去发现对方的不足，从而产生新的思路和认识，使问题在一个更高的层面上得到辩证的统一，获得一种创新性的发展……

从交往过程看，交往教育机制的教育过程分析则可以分为以下五个阶段。

1．准备交往阶段

准备交往阶段的目的是为强化学生对交往教育机制的可信度，促进学生为交往学习做准备。学生对教师在引发问题情境或展示主题任务时，要将交往教育内容通过问题情境的创设，或者引发性的讲述，使学生初步进入情境角色，或者明确活动的主题、要求，继而独立思考或自学。准备交往阶段的学习首先是自发的、主动的、合作的，目的在于开发学生在交往学习方面的"潜能"。

2．初步交往阶段

学生进行小组活动的基本步骤可以分为以下几步：

（1）交往讨论。由一人做中心发言（组内交流），再由组长组织全体组员共同分析讨论。

（2）形成初步决议。由组长归纳总结整理讨论情况形成结论，并获得大家的共识。

（3）检查核对。每人根据讨论情况检查核对自己独立思考的正误，修正结果，并检查思路优劣。

（4）初步评价。组长对每个同学独立思考的结果和参与讨论的程度做评价，对本组的学习情况做出初步的自我评价。

3．广泛交往阶段

教师引导小组学生代表交流发言、发表决议，组织各小组相互关注别人的讨论结果，并把握主题，略做评价指导、鼓励，学生在组际交流中，可补充新的意见，修正本组决议，以引起新的思考。

4．深入交往阶段

教师应敏锐地了解、判断各小组解决问题的焦点或不足之处，组织全体学生开展班级讨论，进行发言解答，提高学生发言率，采用多种发言的形式，避免由许多零碎问题形成的一问一答格局，应把握主题，把握重点，让学生有再思考的时间和充分发言的机会来修正、完善、补充。教师应对学生所学习的问题做出正确、清晰的结果表述，使全体学生形成共识，获得结果，此阶段，学生探索总是最深刻、最全面，思维处于最活跃状态。

5．评价交往阶段

教师应客观评价各小组活动的群体水平，内容主要包括：核心程度、独立思考质量、参与率、发言率、解决问题的思维能力、互帮互助的程度、遵守纪律程度、活动程序的规范程度等。同时，教师可引入新的教学环节，引导学生进入下一步的学习任务。

需要指出的是，在交往教育过程中，并非都必须按照以上完整的5个阶段，可根据交往学习内容，省略其中的部分过程，如有的可直接进行师生、生生的交往，有的可扩展内容，以课外作业的形式，开展拓展性交往教育活动。拓展性交往教育活动是指，根据教学内容的特点，设计某些交往型的作业练习，以扩大交往活动的范围，加强交往型群体的稳定程度，促进学生交往水平的更好发展。这种拓展性交往教学活动，组织比较松散，学生的自主程度较大，教师应该及时了解其实际情况，采取必要的指导，使交往活动趋于规范化。

在交往教育过程中形成了多极主体之间的关系，包括师生之间的主体际关系、教师间的主体际关系、学生间的主体际关系，以及教师、学生与作为客体的"文本"的创造者之间的隐性主体际关系，它克服了片面的教育关系，使师生获得了全面发展其完善人格的条件。同时，交往教育过程打通了教育与生活之间的壁垒，使教育不再仅仅局限于科学世界之中，而且延伸到生活世界之中，使教育不仅限于以书本为中心的知识教学，局限于课堂、学校，而且走向日常生活，关注学校教育中的生活层面，关注社会生活。

第二节　交往教育机制的主体研究

在现行教育机制中，教师是教育过程的主导，是课堂的控制者。教师作为权威灌输知识，把自己的观点讲授、灌输于学生，提出要求，做出评价；学生被动接受灌输，没有怀疑，没有思考，没有思想，成为教师权威的服从者。这种单一的主体观导致师生地位的不平等性，教师远离学生的认知、情感世界，把学生当成物，将自己的意志强加于他们。在这种教育过程中，知识的掌握成了课堂教学的惟一目的，教育活动成为占有知识的活动，教师是知识的权威，学生是知识的需要者和接受者，教育关系成了知识授受关系，师生都将自己的内心世界封闭，交往匮乏，情感、精神沟通缺失，非理性精神相遇的缺乏导致现实教育中的师生关系成为片面的知识授受关系，而不再是"人"与"人"之间的关系，教育成为了一种生产过程。这种生产过程的基本特征是（张天宝著：《走向交往实践的主体性教育》，教育科学出版社，2005 年版，第 45 页）：

（1）教育活动是一个"输入—输出"的生产过程，它以效率最大化为追求目标，学生是有待加工的对象。

（2）知识是外在于人的一种客观存在，教育的任务就是传递知识，教师教授知识，学生被动地接受知识。

（3）学生是一个容器，知识接受得越多越好。

然而，"以学生为主体"的主体性教育在发展学生主体性时却忽略了教师的主体性，仍未脱离单一主体的师生关系模式。这种单一片面的主体模式的弊端给教育实践带来巨大的消极影响，将单纯的以知识授受为主的教学当作教育的全部，使师生之间的关系异化，双方主体性都悄然缺失。这种教育现状已引起教育理论界的反思，探寻符合时代发展要求的新的师生关系已成为必然。

交往教育机制把教育过程视为一种交往过程，即教育过程是教师与学生借助各种中介而进行的认知、情感、价值观念等各方面的人际交往和相互作用的过程。在这一过程中，师生间的交往是教的活动和学的活动的结合点，整个课堂是师生群体在教学活动多边各向、各种形式的相互作用的人际关系网络，在这一网络体系中，认知与交往密切结合成为一个不可分离的整体。

在交往教育机制视阈中，教育是师生双方作为平等主体共同参与、影响与分享的一种活动，而不是教师单方面对学生进行的传道、授业、解惑的知识性教学或美德教育活动。在哈贝马斯看来，"只有主体之间的关系才算得上是相互关系。因为主体之间的关系是互动的、双向的，而主体和客体的关系是分主动的和被动的、是单向的，因此不能称为相互关系。"（余灵灵著：《哈贝马斯传》，河北人民出版社，1998 年版，第 183 页）雅斯贝尔斯也曾经说过："教育不是知者随便带动无知者，而是使师生共同寻求真理。这样，师生可以互相帮助，互相促进。"正如巴西教育家保罗·弗莱雷所说："通过对话，教师的学生（Students-of-Teacher）及学生的教师（Teacher-of-Students）等字眼不复存在，新的术语随之出现：教师学生（Teacher-Student）和学生教师（Students-

Teachers)。教师不再仅仅是授业者，在与学生的对话中，教师本身也得到教益，学生在被教的同时反过来也在教育教师，他们合作起来共同成长。"（[巴西]保罗·弗莱雷著，顾建新等译：《被压迫者教育学》，华东师范大学出版社，2001年版，第31页）一句话，教育因为有了师生的交往而充满生命活力。

一、交往教育机制中的师生观

传统教育观对教师的定位是与学生相对立的、居于学生之上的；学生是受教师支配与改造的材料，学校则成为工厂，学生的培养实际上成为工厂生产标准化的部件，这种教育观的弊端自不必言。交往教育机制把教师定位为与学生进行平等交往的交往者、学生知识、思想的引导者。学生的含义"……表明了一种文化上的不足与差距，也就是说，正是由于人们某种文化上的不足或差距，他们才成为学生或某一方面的学生。就角色而言，它指的是作为学生的人被社会所期望的一整套行为方式。"（理查德·D·范斯科德著，北京师范大学外国教育研究室译：《美国教育基础——社会展望》，教育科学出版社，1984年版，第133—134页）交往教育机制的师生观主要体现在以下几个方面。

1．交往教育机制的教师观

（1）教师是学生学习的促进者。

传统的教育模式基本上是教师讲、学生听。对于教育是什么这个问题，教育理论工作者与一线教师经过多年的探索，逐渐达成一种共识：教育是教师的教与学生的学的统一，这种统一的实质是交往。教育是一种交往，一种对话、一种沟通，是合作、共建，是以教促学、互教互学。教师不仅传授知识，更是与学生一起分享对知识的理解。没有交往就不存在真正意义上的教育，把教育的本质定位为交往，是对教育过程的正本清源，它超越了历史上"教师中心论"、"学生中心论"、"教师主导，学生主体"的观点，不仅在理论上有突破，而且在实践上有重要的现实意义。因此，在教育实践过程中，教师应努力做到：帮助学生选定合适的学习目标，并确认与修正学生采取的途径；指导学生掌握良好的学习方法，养成良好的学习习惯；培养学生的学习能力，营造良好的教学情境；引起学生积极的学习兴趣，激发学生强烈的学习动机；建立一个民主平等，师生关系融洽和谐的课堂氛围；积极参与到学习中去，互相交流，与学生分享体验与感受，与学生一起探讨、研究……

（2）教师是学生建构知识的引导者。

在交往教育机制中，教师应当考虑学生在某一个知识方面，已经积累了哪些生活经验，现实生活中哪些经验可以作为本次教学的铺垫，让学生从事哪些实践活动可以活化对这些知识的掌握等。要给学生以时间和空间去操作、观察、猜想、探索、归纳、类比、质疑……而如果向学生预示解决问题的方法乃至结论，则有碍于学生积极的思维，有碍于学生自己建构知识，教师应该成为学生建构知识的引导者，而非控制者。很显然，这种思维范式是对传统教育理念的一种挑战。现代著名教育心理学家布鲁纳认为："认知是一个过程，而不是一个结果"。他强调，教一个人某门学科，不是要使他把一些结果记录下来，而是要使他参与把知识建构起来的过程。教师在学生建构自身知识的过程中主要起到的是引导和参谋的作用，教师应该是学生这一艘船的引航者和护航者，而不应成为航船的舵手。教师的任务在于创设良好的教育活动情境，引导和发展学生的主体性品质，为学生的"自我实现"创造条件，使学生通过与教师的交往，从不成熟达到成熟，成为一个具有独立的人格、自我负责的态度以及与他人合作的精神的个体。

2．交往教育机制的学生观

（1）学生是发展的人。

交往教育机制是一种发展机制，其首要的表现就是认为学生是发展的人，学生的发展是有规律的，教师的责任就在于学习规律、掌握规律，在实现生活中应用规律。其次，交往教育机制认为学生具有巨大的潜能。教师要相信每一个学生都能成才、成功，要相信只要我们找到因材施教的办法，每一个学生都能够成为天才。这就要求教师要有耐心、有信心，持之以恒地深入研究学生，找到适合每一个学生发展的方法、途径。再次，交往教育机制认识到学生是发展中的人，在他们发展的过程中并非一帆风顺，会有反复，也会有迷惘，教师的责任就在于引导学生走出困惑，走出迷失，走向发展。总之，发展是一个不断进步的过程，学生的发展过程总是与克服其原有的不足和原有的矛盾联系在一起，没有缺陷、没有矛盾，就没有学生发展的动力和方向。

（2）学生是独特的人。

正像自然界没有完全相同的两片树叶一样，世界上也不可能存在两个完全相同的人。交往教育机制秉承人本思想，把学生视为独特的人、完整的人，而不是模式化的机器。学生之间存在着较大的差异，其差异的表现又反映在不同方面。交往教育机制承认差异、尊重差异，视差异为财富，在具体教育过程中注重因材施教，展示学生的个性和特长，把学生发展成为具有独特个性的人，因为从根本上讲，教育的作用不是消除差异，而是承认差异，尊重差异。

（3）学生是独立的人。

交往教育机制认为学生是有思想、有个性，具有主观能动性的人。学生是独立于教师之外的，他不能成为教师支配的木偶，也不可能成为教师手中的橡皮泥，任由教师捏造，教师应该尊重学生的个性和选择。学生是学习的主体，教师要认识到学习是学生自己的事，教师不能包办代替；要让学生体验获得知识的过程，而不是告知学生现成的结论；要让学生获得情感的体验，形成正确的态度和价值观。

二、交往教育机制：教师教化与学生内化的有机统一

教化与内化是社会化的两个最基本的因素。简而言之，教化是指社会文化因素对青少年的作用过程，包括社会的各种既有的规范、准则和价值观念，通过各种途径对青少年身心发展过程的塑造和影响；与教化相对应，所谓内化指的是青少年本身对社会文化的接受过程。一般而言，任何的社会化都是教化与内化相互作用的过程，而且，教化的结果是青少年的内化，社会化应该是社会文化的教化与青少年自身的内化有机统一的过程。

不可否认，现行教育体制中学生在学习发展过程中出现这样或那样的问题，都或多或少地与人们今天以教化为本位来处理学生发展中的教化与内化问题有关。现行教育体制过于强调社会规范、价值观念、学校规章、制度等对学生的控制和管理作用，仍然把学生作为供改造的原材料，压抑学生对社会规范、知识、思想等主动选择与接受的能力，结果往往由于学生内因作用没有得到充分发挥而导致教育的失败。

交往型学校的交往教育机制是教师教化与学生内化有机统一的机制。

在教师教化与学生内化关系模式上，交往教育机制以学生内化为本位、教师教化为引导。交往教育机制倡导学生自主性的高扬，认为学生的内化应该成为学生自身发展的主要因素，即以内化为本位的关系模式。交往教育机制在教化与内化关系上有以下几个特点：

（1）在倡导学生内化的同时并不是否定和取消社会、学校的教化，而是认为，社会、学校教化的作用往往是以学生本身的内化为基础的。学生自己对问题的理解和意义的选择直接决定和影响着社会、学校教化的效果，而不是像过去那样简单地或被动地接受社会的教化。

（2）从学生群体本身来说，学生群体所形成的文化常常是影响和决定青少年社会化的主要因素和力量，也就是说，社会、学校的外在教化相对于学生群体文化来说作用逐渐在弱化。

（3）学生社会化的出发点由过去的所谓"他律"转变为"自律"，把社会化的中心由外部转向内部，把自身发展的重心由外部转向内部；学生社会化的内容应该由过去那种比较注重目标的论证、意义的解释和理念的分析等，转变为更强调分析问题和解决问题的方法，以及如何克服各种挫折、学会调整各种关系和矛盾。

（4）交往教育机制主张由过去比较单一的灌输方法转变为教育者和受教育者之间平等交往的方式，由过去那种以演绎和逻辑推导为特征的规范性教育转变为案例式的讨论或教育模式，交往教育机制的目标就在于培养学生的个性发展，塑造学生反思自身的学习能力、自我发展的能力、自己负责的能力等。

交往教育机制实现了教师教化与学生内化的有机统一，是以内化为本位的教育模式。当然，交往教育机制的内化本位教育模式仍然是建立在交往基础之上的，没有交往就没有交往教育机制的内化本位教育。教育作为人类社会重要的实践活动，其本质就是人与人之间的交往，如果离开了这个前提谈教化、内化教育则是背离了教育的本质，违背了教育的规律。

三、交往教育机制师生交往特征分析

交往教育机制强调师生之间的交往是以达成理解和一致为目的的行为，它是主体之间通过符号协调和相互沟通，致力于达成理解，形成非

强迫性意识的过程。交往教育机制中的交往作为一种特殊的交往形式，与我们日常生活中所发生的交往行为不同。从目的上看，交往教育是为了促进学生的全面发展；从内容上看，交往教育的内容具有复杂性和系统性；从过程上看，交往教育是一个有目的、有规划的发展过程；从构成要素上看，交往教育主要由教与学两类有机统一的活动组成，这两类活动同时展开，相互作用，使得交往教育具有双边、共时、交互作用性以及主体的复杂性。

交往教育机制中的师生交往是一种符合交往理性的真正交往，这种真正交往主要有以下几个特征。

1．平等对话

在哈贝马斯看来，交往理性能够达成的首要前提就在于交往双方在平等基础上进行的对话。交往教育机制把主体与主体（师生之间）平等对话作为其首要特征。平等对话不仅仅是交往教育的手段，更应该是一种教育情景。雅斯贝尔斯曾说过："人与人的交往是双方（我与你）的对话和敞亮，这种我与你的关系是人类历史文化的核心，可以说，任何中断这种我与你的对话关系，均使人类萎缩。"（[英]斯宾塞著，胡毅译：《教育论》，人民教育出版社，1962年版，第43页）交往教育机制中师生之间的平等对话不仅是指他们之间狭隘的语言谈话，而且是双方"敞开"和"接纳"，是对双方的倾听，是双方共同在场，相互吸引、相互包容、共同参与的关系。平等对话应该是师生之间的相互接纳与分享，是双方的交互性和精神的承领。

当然，要在师生之间完全实现平等对话是不现实的，但以这种理念和精神来建构当前的师生关系却是必要的，也是必须的。"必须明确的是，师生的主体间平等不应仅仅局限于传统的居高临下的施舍般的慈爱，而是一种彼此相互需要、信任和理解的关系，一种相互属于和给予的关系，一种相互培养的关系。"（康海燕："'交往'在教育中的价值"，《教育评论》，2004年第1期，第34页）要建立起平等对话的师生交往，就必须化解师生之间、生生之间森严的壁垒。一方面要实现师生之间的平等，即在交往过程中承认学生的主体性，给予学生所应该享有的权利，给予学生主动发言、参与的机会；另一方面，生生之间也必须是平等的，教师既不能在课堂教学中使一部分学生成为交往的"贵族"，也不能使一部分学生沦落为交往的"奴隶"。要实现师生之间的平等，教师就应该学会"屈尊"、"倾听"；而要实现生生之间的平等，教师就要学会调控自己，消除自己的依赖心理，用各种各样的方式平等对待学生，调动学生参与的积极性。

2．互相尊重

在交往教育机制视阈中，师生都是独立的交往主体，师生之间应该做到相互尊重。但在传统教育观念中，教师是高高在上的，学生是不可能与教师平等对话的，教师处于优势地位，而学生则相对处于劣势地位。"交往意味着交往双方均为具有独立人格的自由主体"。（肖川：《论教学与交往》，《教育研究》，1999年第2期，第59页）交往教育机制尊重交往双方的独立自由人格，在师生平等对话的基础上倡导师生的相互尊重，把师生互相尊重作为其重要特征。

交往教育机制中教师对学生的尊重主要表现在尊重学生真实的内心体验和情感，设身处地地从学生角度思考问题，重视学生的存在和需要，民主平等地对待学生；尊重学生的思维；尊重学生的行为选择等。当然，交往是双向的，尊重是相互的，教师尊重学生的同时也要求学生尊重教师，尊重教师的劳动，尊重教师的人格……只有在相互尊重的基础上才能够确保交往教育机制功能的顺利实现。

3．反思评判

现行教育机制中存在着众多"交而不往"、相互之间有"交"而无"往"的现象，究其原因是交往主体本身缺乏反思、交往主体之间缺乏评判。例如，在师生之间的交往中，学生只是认为教师不尊重其人格，不能在平等交往的基础上传授知识，而没有对其自身进行反思；师生交往过程中只有教师对学生的评判，而缺少学生对教师的评判；在学生之间的交往中，只有相互之间独白式的"倾诉"，而无彼此的分析、评论……

人是社会关系的总和，交往是人存在的一种方式，主体之间的交往存在着必要性、复杂性与多样性。交往教育机制强调师生要在复杂多样的交往中达成相互理解，离不开对自身的反思和对彼此的评判。然而，相互评判不是诋毁，而是为了使他人接受自己的思想、观念等，也是为了使自己获得他人的知识，更好地自我反思，以便与他人达成一致理解，形成共识，从而塑造自己、发展自己。在这样一个交往异化的今天，如何通过反思和评判机制达到师生之间的有效交往是值得深思的一个问题。

4．彼此借鉴

交往教育机制认为，无论是教师还是学生，他们都是教育生活的创造者，都是教育的资源，因此教育过程实际上是师生交往、共同学习、彼此借鉴、共享知识的过程。在交往教育机制视阈中，教师认识到学生也可以是一个教育者，充分挖掘课堂中的教育资源，捕捉学生的信息，使学生分享相关的经验。"在交往中，作为自我的主体不是以一种自然的态度，而是以一种超越的、理智的态度，把别人的思想通过自己的思考，转变为自己的思想。"（王锐生、陈荷清著：《社会哲学导论》，人民出版社，1994年版，第56页）因而，在交往教育过程中，教师要引导学生，使学生能够以一种超越的和理智的态度，来面对和汲取他人的智慧。学会宽容、尊重他人的观点，倾听他人的谈话，做到彼此借鉴、知识共享，从而"把课堂还给学生，让课堂焕发生命力；把班级还给学生，让班级充满成长的气息"。

一般而言，在教育过程中师生之间的关系可以分为教师单项控制型、双向交往型、多向交往型、网状交往型四种类型（见图4-1）。

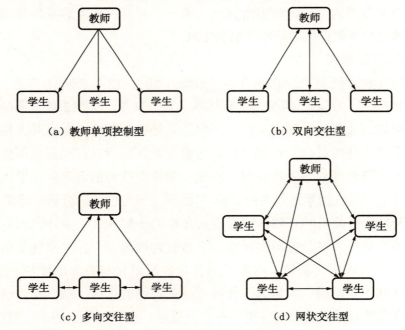

图4-1　师生交往类型图

分析以上四种师生关系类型，我们可以看出：

第一种模式：教师单向控制型模式，是传统的权力控制型学校师生交往模式。教师作为信息和知识的拥有者，向学生单向灌输知识，学生被作为接受信息和知识的"容器"。

第二种模式：双向交往型，它虽然比传统的权力控制型学校师生交往模式有了改进，教师开始寻求来自学生的反馈信息，但弊端也是明显的——只存在"师—生"之间的交往，学生之间的信息、知识交往被阻隔了。

第三种模式：多向交往型，这种师生关系模式可以被看作是师生网状交往的雏形，师生互动开始形成，教师与学生、学生与学生之间保持双向交往。

第四种模式：网状交往型，这是交往型学校交往教育机制的理想交往模式，教师把自己看作是教学活动的参与者，学生是具有独立人格的主体，教师注重学生主体性的发掘，教育过程即为师生平等、民主、自由基础上的信息、知识、情感等的沟通与融合。

四、警惕师生"异化"交往

一直以来，教育被视为"教育者有目的、有计划、有组织地对受教育者施加影响，以期变革、改造受教育者，使其达到教育者预期目的的活动"，这种"对受教育者施加影响"，"变革、改造受教育者"的教育过程观视教育为单一主体的对象化活动，未能脱离师生关系的主客两极模式。这种以占有性、个人主体性为核心理念的主客对立的二元思维方式导致教育中交往精神缺乏，使现代教育表现为占有式教育和相互异化的师生关系。严格意义上而言，师生之间的"异化"交往不属于交往教育机制的范畴之内，探讨师生之间"异化"交往的目的就在于如何防范"异化"交往，以便更好地促进交往教育机制功能的发挥。

在哈贝马斯、雅斯贝尔斯等看来，交往是主体与主体之间的一种关系，是一种相互对话、相互沟通、相互理解的过程，它意味着交往双方的相互承认，彼此互融、合作等。然而，在交往实践过程中，如果交往的双方不能以自由、平等、民主、合作、互融的交往理念去进行交往，"主体—主体"关系就会在某种意义上降格为"主体—客体"关系，交往就会被异化。师生之间的异化交往主要有以下几种类型。

1. 形式化交往

形式化交往广泛存在于现行教育中，这类交往徒具交往的形式，而无实质性内容。其表现样式颇多，如教师一呼学生百应，或者其他并不能激发学生高层次智慧活动的问答。这种形式化交往不仅存在于课堂提问中，有时也会存在于课堂讨论中。如教师为讨论而安排讨论，而不是为了促进学生之间的相互交流与理解，因此交往内容的安排、交往方法的运用以及交往时机的选择都存在着诸多的问题，而正是这些问题的存在造成了课堂教学交往中诸多"空壳"现象的出现。这类交往轻则仅仅体现的是低智慧性内容成分，重则几乎不会对学生智慧产生什么刺激与冲击，难以对学生智慧活动构成挑战。"教育的核心是人格心灵的唤醒"，教育是"人与人精神相契合"，从这种意义上讲，上述教育交往流于一种形式，却不具有教育性。

2. 造作化交往

造作化交往是一种经过特殊"包装"的交往。相比较而言，这类交往多了一份斧凿，少了一份自然。比如，在课堂教学中，为了加强学生之间的交往，教师会让学生相互提问。但在互相提问中，经常会发现，当一方不能回答出对方问题的时候，学生都会千篇一律地回答："你这个问题提得很好，我现在还一时回答不上来，下课后我们再讨论一下"。教师与学生交往时，也存在类似的情景。教师不注意从学生的角度来考虑问题，一味地依循自己的思路与想法。造作化交往，从其目的看，是为了加强双方的交往，表面上似乎也有利于交往的顺利进行。但这类交往带有明显的"矫情"成分，这种"矫情"使得交往的过程无法满足交往双方的期望与需求，无法实现各自的利益与价值，交往过程也因此失去了互惠性，远离了真实。

3. 手段化交往

手段化交往，即在教育者和受教育者的交往中，其中的一方不是将与之交往的另一方视为与自己相同的自由、自主的主体，而视作实现自己的某种目的、满足自己某种需要和欲求的手段。这里存在着两种情况：一是教育者将受教育者视为手段，在教育过程中，教师的评优、晋级等往往要以学生的学业成绩、升学率为衡量标尺。于是，猜题、划范围乃至制定出标准答案让学生死记硬背成为一些教师的"法宝"，学生本应生动活泼的生命机体被斧削为单纯的记忆器；二是受教育者将教育者视为手段。相对于前者，这是较为隐蔽的一面。在这里，受教育者把追求工具理性作为自己的目的，把知识看作自己升学、步入上层社会的必备条件，或者把一些"荣誉"性的东西，诸如评优、获奖等视为学之要旨。同时，把教育者视为获取这一切的跳板、助力器。其中，自然也会有教育者与受教育者的交谈及信息的反馈，如提问、请教等，但这种交流并非为灵魂的塑造而进行的主体之间完整的心灵与智慧的共感，而是排斥情感与价值的功利性知识的叠加。

4．片面化交往

片面化交往，主要是指交往主体的片面化，即教育者与受教育者不是作为自由而全面发展的人平等交往，而是作为片面、被动的人进行扭曲的交往，从而使交往失去属人的性质和自由的特性。这表现为：双方仅在知识的层面进行着由教育者流向受教育者的单向信息传递，双方作为人所具有的多重价值和意义，诸如情感、理想、价值观等全方位的特质均被抽空，只剩下由分割成条块的教条式知识支撑着的羸弱躯壳。交往关系异化为知识关系，即知识主体与知识受体的关系。

5．垄断化交往

垄断化交往特征是交往为少数人所独享。在现行教育中，学生之间是存在着差异的，而正是这些差异性的存在，使得课堂教学交往呈现出垄断性。如教室中的位置与学生的身份和类别成为交往重要的结果和标志，有些学生因为自己的身份或类别而坐在教室的角落中，他们不仅得不到教师的尊重，甚至还会受到侮辱。没有了课堂教学中这些所谓的"交往"，对他们来说是一种解脱，然而却失却了教育的意义。

6．独裁化交往

教育过程涉及到师生之间的认知、情感、伦理、社会关系等方面，在这些方面，教师都处于一种优势地位，"认为自己比学生优越，对学生耳提面命，不能与学生平等相待，更不能向学生敞开自己的心扉。"在这种情形下，课堂教学交往很容易演变为独裁的交往，教师是交往的发起者，学生是执行者，教师要做的就是对学生实行控制。

师生之间的异化交往压抑了学生的主动性、积极性，使他们的主体性得不到尊重，因此他们会越来越不愿意参与到教育之中来，其人生态度上久而久之也会呈现消极的特点；由于没有了学生的积极参与，课堂教学缺少了对话与沟通，缺少了生机与活力，却多了一份僵化与机械化；教师的教学失却创造性智慧，职业性增强，专业性降低。

长期以来，教育一直被看作是教师掌握控制知识的传授，学生被动接受，成为单纯知识的接受容器，教学过程与教育过程合二为一，学生独立人格的形成、完整精神世界的建构都被消融，教育在丧失"教育意义"的同时丧失了其发展性。相对于传统教育压抑受教育者主体性，现代教育放任受教育者主体性，交往教育机制则旨在通过教育主体间的交往和对话，把受教育者置于和谐、民主的氛围中，激发其内在成长的需要。交往教育机制不是把知识的获得当作目的，而是当作过程，师生在交往中传递知识、获得生命体验，智慧成长和人格完善，互相影响，共同成长。

五、交往教育机制的实施

1. 倡导"对话"，转换角色

对话是师生基于相互尊重、信任和平等的立场之上，通过言谈和倾听而进行双向沟通的方式。从内容上看，"对话"是交往活动最内在、最深层的属性。从形式上看，"对话"是最有表现力的交往形式。在"对话"中，师生所面对的只是文本，其意义是多样的，关键在于师生做出怎样的诠释，如何从自身的理解、经验出发去实现与文本的融合，只有这样，才能导致真正的"生成"。因而，要使教学活动中"对话"更充分、更深刻，教师就应对文本做出多种理解，甚至是相互矛盾的理解。通过"对话"，从形式上看，形成了一种师生之间相互接纳、相互理解的人际关系与合作、民主、平等、和谐的教育氛围，在这种良好的教育氛围中才能实现人与人之间的沟通，才能促进学生主体结构的建构；从本质上看，师生"对话"的过程本身就是教育进行的过程，"对话"不仅仅是教育的背景和预设，"对话"本身就是教育。

当然，由于传统教师"话语霸权"的存在，倡导"对话"，就必然要求教师实现角色转换。教师应实现由传统教学模式中的"主演"、"霸权"角色向交往教育机制中的"交往者"、"引导者"、"平等中的首席"角色的转变。事实上，在"对话"、"理解"的交往关系中，更要求教师对学生的认识、理解与精神世界的建构发挥重要的引导作用，弱化教师传授具体知识的职责和职能，强化教师的引导与激励。教师应该集中更多的时间和精力去引导和激励学生去从事那些能够发挥学生积极性、创造性的活动，让学生在平等交往中建构起对自身、对外在世界的认识。

教师角色由"主演"、"话语霸权"向"交往者"、"引导者"的转换，首先要求教师必须树立交往理念，深刻理解和把握交往的内涵，因为交往是交往教育机制的核心要素；其次，教师应该对教育进行深刻反思，实现由教育的"塑造"理念到教育的"交往"理念的现代转换。传统的教育模式把师生之间的关系简化为一种知识授受关系，教育向人展示的只是一个"科学的世界"，而却忽视了作为教育根基的"生活世界"。教育在根本上是一种价值选择、价值追求活动，如果把它看成是一种没有情感的参与过程，它就会退化成一种物质活动；再次，教师应改变教学内容和方法，改变传统的单一、单向、线性的知识观，树立起多视角、多层面的知识观，并逐步转变对学生的评价考核模式。

2．强化主体意识，凸显主体地位

在传统的教育机制中，教师是主体，学生是客体，教育活动成为一种主体对客体的加工和改造过程。学生的主动性、积极性、创造性被无情地抹杀，学生的学习动机、情感、意志以及学习能力不受重视，师生交往变成一种被动的单向灌输。这种单向灌输压抑了学生的主体意识，无视学生的主体地位。雅斯贝尔斯认为，教育与控制的区别是："所谓教育，不过是人对人的主体间灵肉的交流活动……控制是针对自然与人而言的，其方法是主客体在完全疏离的情况下，将我（主体）的意志强加于他人身上。"（[德]雅斯贝尔斯著，邹进译：《什么是教育》，北京三联书店，1991年版，第3—5页）教师在教育过程中不仅要表达自己的思想观点，更重要的是，要让学生理解观点的真正涵义，倾听他们的声音。只有学生的主体意识得到强化，学生的主体性得到高扬，师生之间的交往教育机制才可能真正产生和发展。

人的主体性与人的创造性具有密切的内在关系，可以说，人的主体性是人发挥创造性思维、形成创新精神的根本前提。交往教育机制强调学生是认知的主体，是交往的主体，教育的基本任务就是发挥学生在教育过程中的主体作用，建构学生完整的主体结构，提高学生的综合素质。首先，通过认知建构过程发展学生的主体意识和主体人格，发展学生的参与意识、自主意识、创新意识、合作精神，培养其尊重、合作、关心等人格特征；其次，通过认知建构过程发展学生的主体能力。学生的主体能力是构成学生主体结构的核心，它主要包括自主学习能力、自主创新能力等。有了自主学习能力和自主创新能力，学生就能处理好自身与物理环境的关系，摆脱环境的限制，不断超越书本，超越教师，自主建构认知结构，实现自身发展的良性循环。（曹俊军：《从交往教学的视角看大学生创新素质的培养》，《山西财经大学学报》（高等教育版），2005年12月第8卷第4期，第17—18页）

3. 塑造平等、理解、和谐的师生关系

平等的师生关系意味着"我—你"对话式的关系，对话和交往是以人格平等、相互尊重为基础的，交往教育的空间是一个充满自由、民主和活力的公共领域。学生置身于教育情景中，不再被动地接受知识，而是积极地参与知识的获取过程，其目的不是为了"知"而是为了"智"，教师不再是"话语霸权者"，不再同化学生的思想，而是鼓励多元和发散，鼓励从不同的视角考察问题，让个体进行独立的判断和选择，培养他们对知识的质疑和挑战。因为在交往教育机制视阈中，"教师的职能不仅仅是传授知识，而是更多地创造师生交往，使学生在师生关系中体验到平等、自由、民主、尊重、信任、同情、理解、宽宏，同时受到激励、鼓舞、指导、忠告和建议，形成积极的人生态度与情感体验，受到精神的教育。"（金生鈜著：《理解与教育——走向哲学解释学的教育哲学导论》，教育科学出版社，1997年版，第129页）

教师传授知识只是一个客观的、外在的行为，而至于这种客观的、外在的行为效果如何，则需要学生发挥其主体性，否则，即使教师再怎么努力，效果也不会明显的。用哲学一点的话语说就是，"主体不把客体主体化，客体永远是客体"，虽然这句话并不一定适切，但它却在一定程度上说明了教育过程中发挥学生主体性，形成师生视界融合、理解的重要性。通过平等交往，师生产生视界融合，形成新的共识，人与人之间的理解才有可能实现。师生在教学中只有处于平等的地位，将自己的人生经验置于一个更为广阔的文化背景中予以解读，就共同的对象交换意

见，扬长补短，求同存异，才能加深对教育世界的共同理解。如果过分强调主体的自我中心，则难以形成相互理解、和谐共处的整体。

　　和谐的师生关系是交往教育机制的重要价值诉求，和谐的师生关系是一种外在氛围与内在知识、精神、情感交往与沟通相统一的过程。和谐的师生关系氛围能够促进交往教育机制的顺利运行和有效实施，师生之间的交往是这种和谐关系得以存在的载体。苏霍姆林斯基指出："常常以教育上的巨大不幸和失败而告终的学校内许许多多的冲突，其根源在于教师不善于与学生交往。"（[苏] 苏霍姆林斯基著，卢感忠等译：《集体的社会心理学》，人民教育出版社，1985 年版）如果教育过程中不尊重人、不平等、理解阻隔、缺乏欣赏等现象普遍存在，这种扭曲异化了的不和谐师生关系不仅直接阻碍了大学生素质的培养，而且大大降低了教育效率和效果，甚至导致了学生人际心理障碍的产生，不利于学生的成长和发展。

第三节　借鉴建构主义教育观，构建交往教育机制

一、建构主义教育观概述

1. 建构主义发展脉络

　　建构主义（Constructivism）作为一种哲学认识论，其哲学基础可溯源至 18 世纪文艺复兴时意大利哲学家、人文主义者詹巴蒂斯塔·维柯。他从哲学传统出发，认为人类完全不同于其他动物，使人类独一无二的是文化，人与生俱有一种本能的、独特的"诗性的智慧"，他们以隐喻、象征和神话形式对周围环境做出反应。当然，在教育学界或心理学界，常将建构主义的起源归结于皮亚杰（J. Piaget）及布鲁纳（J. Bruner）等人所做的革命性研究。他们研究认为，由于传统行为主义者的教学建立在直接观察和外在控制的方式上，不仅无法发展学生有意义的学习，而且这种教学违反人类学习的"建构"本性，应该加以扬弃，因此，直接教导、反复练习等都不是好的教育方法，只有采用符合人类建构本性的发现式教学法、问题解决教学法或合作学习才是最好的教学方法，通过这样的教学方法来培养学生的主动学习能力。

皮亚杰（J.Piaget）是认知发展领域最有影响的一位心理学家，他所创立的关于儿童认知发展的学派被人们称为日内瓦学派。他的理论充满唯物辩证法，他坚持从内因和外因相互作用的观点来研究儿童的认知发展，指出儿童是在与周围环境相互作用的过程中，逐步建构起关于外部世界知识的同时，使自身的认知结构得到发展。儿童与环境的相互作用涉及"同化"与"顺应"两个基本的形式，认知个体（儿童）就是通过这两种形式来达到与周围环境的平衡：当儿童能用现有图式去同化新信息时，他就处于一种平衡的认知状态；而当现有图式不能同化新信息时，平衡即被破坏，就需要对现有图式进行修改或创造出新图式，修改或创造新图式（即顺应）的过程就是寻找新的平衡的过程。儿童的认知结构就是通过同化与顺应过程逐步建构起来，并在"平衡—不平衡—新的平衡"的循环中得到不断的丰富、提高和发展。所谓建构，指的是结构的发生和转换，只有把人的认知结构放到不断的建构过程中，动态地研究认知结构的发生和转换，才能解决认识论问题。

科尔伯格在皮亚杰理论的基础上，对认知结构的性质与认知结构的发展条件等做了进一步的研究；与此同时，斯腾伯格和卡茨等人研究了个体的主动性在建构认知结构过程中的关键作用，并对认知过程中如何发挥个体的主动性做了认真的探索；而维果茨基创立的"文化历史发展理论"则强调认知过程中学习者所处的社会文化历史背景的作用，并深入研究了"活动"和"社会交往"在人的高级心理机能发展中的重要作用。所有这些研究不仅使建构主义理论一步一步地丰富和完善起来，而且为建构主义的理念实际应用于教育过程创造了条件。

通过对建构主义由来与发展所做的简单回顾，可以得出这样一个基本的事实：建构主义教学（Constructivism Teaching）实际上是由不同时期建构主义的诸多学者们所提倡的，总体来看，他们认为个体在与外界环境互动的过程中，会根据自己已有的知识来理解周围的环境，个体知识的形成是主动建构而不是被动的接受；认知具有适应性的功能，它把我们所经历的事物加以组织，而不是去发现客观存在的现实世界。

2．建构主义的认知理论特点

学习观、知识观、教学观、学生观和评价观是建构主义的认识理论特点。

（1）建构主义的学习观。在建构主义看来，学习不是由教师把知识简单地传递给学生，而是由学生自己建构知识的过程；学生不是简单被动地接收信息，而是主动地建构知识的意义，这种建构是无法由他人来代替的；学习不是被动接收信息刺激，而是主动地建构意义，是根据自己的经验背景，对外部信息进行主动地选择、加工和处理，从而获得自己的意义。外部信息本身没有什么意义，意义是学习者通过新旧知识经验间的反复的、双向的相互作用过程而建构形成的。因此，建构主义认为学习不是像行为主义所描述的"刺激—反应"那样。学习意义的获得，是每个学习者以自己原有的知识经验为基础，对新信息重新认识和编码，建构自己的理解。在这一过程中，学习者原有的知识经验因为新知识经验的进入而发生调整和改变。

在学习过程上，建构主义认为同化和顺应是学习者认知结构发生变化的两种途径或方式。同化是指学习者把外在的信息纳入到自己已有的认知结构，以丰富和加强已有的思维倾向和行为模式。顺应是指学习者已有的认知结构与新的外在信息产生冲突，引发原有认知结构的调整或变化，从而建立新的认知结构。同化是认知结构的量变，而顺应则是认知结构的质变。同化—顺应—同化—顺应……循环往复，平衡—不平衡—平衡—不平衡……相互交替，人的认知水平的发展，就是这样的一个过程。学习不是简单的信息积累，更重要的是包含新旧知识经验的冲突，以及由此而引发的认知结构的重组。

（2）建构主义的知识观。建构主义认为课本知识，只能是一种关于某种现象的较为可靠的解释或假设，并不是解释现实世界的"绝对参照"。某一社会发展阶段的科学知识固然包括真理性，但是并不意味着终极答案，随着社会的发展，肯定还会有更真实的解释。更为重要的是，任何知识在被个体接受之前，对个体来说是没有什么意义的，也无权威可言。所以，教学不能把知识作为预先决定了的东西教给学生，不能以教师对知识的理解方式作为让学生接收的理由，用社会性的权威去压服学生。学生对知识的接收，只能由他自己来建构完成，以他们自己的经验为背景，来分析知识的合理性。

建构主义强调，知识并不能绝对准确无误地概括世界的法则，提供对任何活动或问题解决都实用的方法。在具体的问题解决中，知识是不可能一用就准，一用就灵的，而是需要针对具体问题的情景对原有知识进行再加工和再创造。知识不可能以实体的形式存在于个体之外，尽管通过语言赋予了知识一定的外在形式，并且获得了较为普遍的认同，但这并不意味着学习者对这种知识有同样的理解。真正的理解只能是由学习者自身基于自己的经验背景而建构起来的，取决于特定情况下的学习活动过程。否则，就不叫理解，而是叫死记硬背或生吞活剥，是被动的复制式的学习。

（3）建构主义的教学观。科学的学习观和知识观必然要求变革教学观和教师角色。法国启蒙运动思想家、教育家卢梭说：教师的责任不是"教给孩子们以行为准绳"，而是帮助他们去"发现这些准绳"，用建构主义观点看，就是创设学习活动的情境，它包括活动的组织、学习者心态分析、课堂文化的建设、心理氛围的营造以及个人幸福的关注等广泛内容。现行我国教学活动中师生关系，教师始终以居高临下的姿态对待学生，要求学生绝对服从和听话。在学校中那些不服从命令或规范的学生，那些与众不同的甚至调皮捣蛋的学生，屡屡遭到教师的训斥、惩罚、或者冷漠对待。"教师中心"的权威主义只能形成不平等的师生关系，造就顺从的人格、残缺的没有独立个性的人。

（4）建构主义的学生观。建构主义强调，学习者并不是空着脑袋进入学习情境中的。在日常生活和以往各种形式的学习中，他们已经形成了有关的知识经验，他们对任何事情都有自己的看法。即使是有些问题他们从来没有接触过，没有现成的经验可以借鉴，但是当问题呈现在他们面前时，他们还是会基于以往的经验，依靠他们的认知能力，形成对问题的解释，提出他们的假设。在此基础上，建构主义认为教学不能无视学习者的已有知识经验，简单强硬地从外部对学习者实施知识的"填灌"，而是应当把学习者原有的知识经验作为新知识的生长点，引导学习者从原有的知识经验中，生长新的知识经验。教学不是知识的传递，而是知识的处理和转换。

建构主义认为教师不单是知识的呈现者，不应该是知识权威的象征，而应该重视学生自己对各种现象的理解，倾听他们时下的看法，思考他们这些想法的由来，并以此为据，引导学生丰富或调整自己的解释。教师与学生，学生与学生之间需要共同针对某些问题进行探索，并在探索的过程中相互交流和质疑，了解彼此的想法。由于经验背景的差异不可避免，学习者对问题的看法和理解经常是千差万别的。其实，在学生的共同体中，这些差异本身就是一种宝贵的现象资源。建构主义虽然非常重视个体的自我发展，但是他也不否认外部引导，即教师的影响作用。

（5）建构主义的评价观。建构主义教学评价的重点在于知识获得的过程，认为怎样建构知识的评价比对结果的评价更为重要。"立足过程、促进发展"是这种评价思想的集中代表。以对学生学习效果的评价来说，它包括了学生自我评价、学习小组对个人的学习评价、教师对学生激励性评价、以及是否完成对所学知识的意义建构的评价。评价内容以重知识记忆评价转向重实践能力、创新能力、心理素质、学习态度的综合考查；评价标准从强调共性和一般趋势的评价转向重视个体差异、个性发展的评价；评价方法除了传统笔试，更多倚重多元参照系评价；评价主体由单级评价转向教师、学生、家长、社会共同参与的交互评价；评价重心由只关注结果向形成性评价、促进性评价兼容的方向移动等。

二、借鉴建构主义教育观，构建交往教育机制

1．建构主义教育观与交往教育机制的内在相通性分析

建构主义教育观和交往教育机制在知识观、学习观、学生观、教学观、评价观等方面都有着内在的一致性和相通性。从总体上看，建构主义教育观和交往教育机制都把教育作为一个过程机制，师生之间、生生之间在相互交往、协调、沟通的过程中建构知识；从知识观上看，建构主义教育观和交往教育机制都认为知识是不断发展变化的，而并非一成不变；在学习观上，建构主义教育观和交往教育机制都认为知识是在师生交往过程中习得的，离开了交往知识就无法得以传递；从学生观上看，都尊重学生的主体地位，尊重学生的见解和看法……总之，建构主义教育观和交往教育机制存在着内在相通性，因此，借鉴建构主义教育观来建设交往教育机制是十分必要而且可行的。

建构主义认为，知识不是通过教师传授得到，而是学习者在一定的情境即社会文化背景下，通过与他人的交往，利用必要的学习资料，通过意义建构的方式而获得的。由于学习是在一定的情境即社会文化背景下，通过与他人之间的交往而实现的意义建构过程，因此，建构主义学习理论认为"情境"、"协作"、"对话"和"意义建构"是学习环境中的四大要素或四大属性：

（1）"情境"：学习环境中的情境必须有利于学生对所学内容的意义建构。这就对教学设计提出了新的要求，也就是说，在建构主义学习环境下，教学设计不仅要考虑教学目标分析，还要考虑有利于学生建构意义的情境的创设问题，并把情境创设看作是教学设计的最重要内容之一。

（2）"协作"：协作发生在学习过程的始终。协作对学习资料的搜集与分析、假设的提出与验证、学习成果的评价直至意义的最终建构均有重要作用。

（3）"对话"：对话是协作过程中的不可缺少环节。学习小组成员之间必须通过对话商讨如何完成规定的学习任务；此外，协作学习过程也是对话过程，在此过程中，每个学习者的思维成果（智慧）为整个学习群体所共享，因此，对话是达到意义建构的重要手段之一。

（4）"意义建构"：这是整个学习过程的最终目标。所要建构的意义是指：事物的性质、规律以及事物之间的内在联系。在学习过程中，帮助学生建构意义就是要帮助学生对当前学习内容所反映的事物的性质、规律以及该事物与其他事物之间的内在联系达到较深刻的理解。这种理解在大脑中的长期存储形式就是"图式"，也就是关于当前所学内容的认知结构。

由以上所述的建构主义"学习"的含义可知，学习的质量是学习者建构意义能力的函数，而不是学习者重现教师思维过程能力的函数。换句话说，获得知识的多少取决于学习者在交往过程中根据自身经验去建构有关知识的意义的能力，而不取决于学习者记忆和背诵教师讲授内容的能力。与建构主义教育观相通的是，交往教育机制把学习的过程同样看作是师生交往过程中学生对知识建构的过程，因此，借鉴建构主义教育观对于构建交往教育机制具有重要的意义。

2. 借鉴建构主义教育观，构建交往教育机制

（1）优化交往情境。

建构主义认为，最好的感悟方法是让学习者到现实世界的真实环境中去感受、去体验，而不是仅仅聆听别人的介绍和讲解。在交往教育机制的实践过程中，除了更多地让学生直接接触教材外，还应该改变教材的呈现方式。教师可以利用媒体直观、形象、生动、与学生的生活关系密切的特点，借助媒体呈现教材，从可视、可听、可感等各个角度调动学生的感官，创设与学生的生活、体验贴近的情境，拉近学生与文本之间的距离，使他们觉得文本中的人、事、景、物就是自己身边的人、身边的事、身边的景、身边的物，从而激发起与之交往、与之交流的探究兴趣和欲望。

在建构主义看来，学生的自主探究活动是课程设计的重要组成部分，由学生、教师组成的"学习共同体"是每个学生主动活动的外部环境。交往教育机制要求教师要整合、开发各种学习资源，为学生的学习交往与合作创设和谐开放的探究平台，不再以知识的"权威"、"灌输者"身份出现，而是以学生学习"顾问"、"咨询员"、"合作伙伴"的身份，做好各方面的协助工作。交往教育机制要求教师要关注学生的个性差异与认知的能动作用，鼓励学生积极探究，选择适合自己的方法和路径解决自己认为最迫切解决的问题。交往教育机制认为学生是独立的人，在充分自主的情况下，学生必然会充分利用多种学习资源，在与他人进行交往的过程中积极建构知识。

在借鉴建构主义情境理论的基础上，交往教育机制认为应该拓展师生交往领域，打通教育与生活的壁垒，使教育获得完整的内涵。因此，在交往教育机制视阈中，拓展师生交往领域要求教育中的交往不能仅限于知识的传授，仅限于学生的非日常生活，而应将交往空间拓展到整个生活，打破师生交往的"课堂"局限，关注学生的全部，关注学生的整个生活世界。只有这样，教育才是完整的教育，才能成为"人"对"人"的教育。同时，这种教育空间的拓展，也是走出当代教育困境的惟一出路。

（2）构建"我—你"型师生关系。

在师生关系问题上，传统教育观念是一种"主体—客体"的模式，这种模式是一种二元对立的人与自然的思维方式，这种二元论对立的思维方式来自于传统哲学，当然也包括笛卡尔等人的主体哲学。主体哲学在认知活动中分出主客体，确定主体的优先地位，有了对主体的肯定和主体认知条件的肯定，就有了衡量客体的准尺，主体是自明的，无需证明，客体是主体活动的对象，主体的主体性是活动的出发点和条件，客体是主体加工的对象，是活动的终点，这样主体就优先于客体。把这种关系模式作为人与人之间的关系模式显然是有悖于教育规律的。交往教育机制认为，师生之间的关系模式应该摆脱传统的"主体—客体"关系模式，构建"我—你"的关系模式，达成理解、沟通与融合，形成一个整体。

在交往教育机制中，教师与学生都是作为活动者参与其中的，教师、学生、教学活动构成了一个不可分割的整体。师生间的交往是一种"我—你"的关系模式，"我—你"这种平等的关系构成对话的根本前提，教师与学生处于平等的地位，双方均是对话的平等参与者，理解在本质上是一种对话，在平等的交往中，产生视域（即看见的区域，这个区域囊括和包容了从某个立足点出发所能看到的一切）的沟通、融合，变成你中有我，我中有你，这种沟通与融合，不是一方依从另一方，所以既不存在抛弃自我，也不存在左右他人，理解的实现并不强求意见一致，而是意识的两极的交互作用，同时又保持双方的差异，从而获得各自的精神增长。因此，交往教育机制的构建必须摆脱传统的师生关系模式，构建新型的"我—你"关系模式。

（3）汲取建构主义课程设计理念。

建构主义教学课程设计理念也为交往教育机制的课程设计提供了有益的参考和借鉴。交往教育机制要关注教学过程和学生在此过程中的经验，赋予学生自由、创造的机会，促使学生产生各色各样的学习结果；强调探索、操作的过程与方法，而非预期的事实、知识内容和学习结果；交往教育机制应该以学习者为主体，为学习者提供相应的学习环境，协助学生从事各种学习活动，促使其潜能获得生长和发展；交往教育机制必须以系统思维为指导，科学设计各门学科，组成有机统一的教学单元，而不应是知识的分科，课程是要学生通过自己的经验以自行建构知识，而非呈现零碎知识让学生学习；交往教育机制必须认识到学习是从整体到部分，课程活动应该围绕在宽广的概念群，方能使学生建构新的理解。

（4）消解"伪对话"。

交往教育机制中的师生对话是一种平等、理解、合作、互融的交往，是实现"理想"交往目的的前提，是交往教育机制的底板。"伪对话"在于把这种教育观窄化成为一种具体的教育策略或技巧，而指导这种教育策略或技巧的却是原有的独白式教育观，亦可称为"知识本位"教育观，这里的知识主要指应试所需的知识。这种教育观的实践效应是：把人的全面发展的教育理想简化为"扭曲的智育"（即"知育"），而教师作为应试知识的权威代表具有至高无上的地位，因此，形式上的民主与热闹终究难逃独白的窠臼。要走出这一困境，需要树立"生活本位"教育观，即教育要使人的生活具有意义，"人的生活必须充满意义，这是教育的目的，教育的课题就是引导与帮助学生在生活中发现意义与充满意义，教育被看成是有意义的行为"。（金生鈜著：《理解与教育——走向哲学解释学的教育哲学导论》，教育科学出版社，1997年版，第73页）

在交往教育机制的视阈中，"教育不是'Education'，即将受教育者本已具有的东西引发出来；更不是'Indoctrination'，即通过教育者对受教育者的灌输，使教育者的观念、思想在受教育者中实现扩大再生产；而是'En-counter'，即教育应创立一个发现价值、形成价值相遇的场所。"（[韩]金泰昌，何培忠译：《世纪大转换时期关于教育的思考》（上），《国外社会科学》，1996年第1期，第35—36页）因此，知识的获得、价值的塑造、意义的发现都是在人与人之间的交往过程中发生的，发生于他们的心与心的交流、沟通与理解，亦即"对话"之中。

实际上，即使对"对话"理解得较为透彻，由于理论与实践间存在着固有的"灰色地带"，教育实践不一定能如影随行地完整反映教育思想。这就需要教师能够把自我的教育理念及行为作为反思的对象，不断依据正确的理论对之检查、评价、反馈、控制与调节，使实践最大限度地契合理论，否则只能使实践游离于理论指导之外。因此，提高教育反思能力是教师真正落实对话思想的重要保证，如此才能做到"去伪存真"，当然，严格意义上而言，建构主义教育观重视学生的自我建构，但这并没有走出个体主义的窠臼，把学生看成了单子式的个体，而忽略了"共识"、"主体间性"的本体论意义。因此，必须批判地对待建构主义教育观，汲取其合理因素。

交往教育机制要求教师和学生均作为平等的、自由的、开放的人参与共同的教育过程中。交往教育机制的师生关系不再是教师设计控制，学生被动接受，而是一种教师和学生彼此向对方开放自己的世界，在平等交往过程中互相影响、互相作用，共同成长的关系。在交往教育机制视阈下，教师将学生视为与自己具有平等地位的独立人格的人，创设民主、宽松的交往气氛，尊重学生的见解和意见，在与学生平等对话的基础上引导学生发展自我，建构自我，实现精神的健康成长。这种理念和精神的变革，不仅要求教育者从自身做起，也要求教育管理者自觉转变思维范式和教育观念，积极实行引导，培育这种理念的生长土壤，从而促进教育的真正发展。

第五章 交往管理机制

> 学校或许是最复杂的社会产物了。一方面，如同其他正式组织一样，学校必须对一个复杂的人力物力资源的混合体的组织、管理、指挥等方面的事务加以处理；另一方面，它又与大多数其他正式组织不同，学校因从事人力生产而导致其独特的组织和管理问题。
>
> ——[美]E·马克·汉森

第一节 管理及学校管理

一、管理

管理与人类相伴而生、相伴前行，但关于管理的定义却难以形成一个统一的界定。法国著名管理学家法约尔（Henri Fayol，1841—1925）认为管理是由计划、组织和控制所组成的一种职能活动，"管理，就是实行计划、组织、指挥、协调和控制"。（[法] 法约尔著，周安华等译：《工业管理与一般管理》，中国社会科学出版社，1982 年版，第 5 页）美国著名管理学家西蒙（Herbert A. Simon）提出了"管理就是决策"的观点，认为"将决策一词从广义上予以理解，它和管理一词同意。"（[美] 赫伯特·A·西蒙著，李柱流等译：《管理决策新科学》，中国社会科学出版社，1982 年版，第 33 页）西蒙"管理即决策"的观点突出强调了决策在管理中的重要地位。有的学者从系统理论出发，认为"管理是组织中协调各分系统的活动，并使之与环境相适应的主要力量"；（[美] 弗里蒙特·E·卡斯特，詹姆斯·E·罗森茨韦克著，李柱流等译：《组织与管理——系统方法与权变方法》，中国社会科学出版社，1985 年版，第 8 页）"管理就是由一个或更多的人来协调他人活动，以便收到个人单独活动所不能收到的效果而进行的各种活动。"（小詹姆斯·H·唐纳利等著，李柱流等译：《管理学基础——职能·行为·模型》，中国人民大学出版社，1982年版，第18页）有的学者从数学和统计学理论视角出发，认为管理基本上是一种数学程序、概念、符号和模型的演习等。

赫西（Paul Hersey）和布莱查尔特（Kenneth H. Blanchard）把管理看作主要是对人而不是对事物的管理，认为管理是"与个人及群体共事，以达成组织的目标"，"领导的观念技巧"，"经由领导来达成组织的目标"。他们进而指出，"领导的观念较管理更为广泛。管理是一种特殊的领导，其最高的目标即达成组织的目标。"（赫西，布莱查尔特著，王琼玲译：《行为管理学：人力资源的运用》，大中国图书公司印行，1980年版，第3—4页）

我国学者周三多认为，管理是"在社会组织中，为了实现预期的目标，以人为中心进行的协调活动。"（周三多等著：《管理学》，复旦大学出版社，1999年版，第10页）芮明杰认为，"管理是对组织的有限资源进行有效整合，以达成组织既定目标与责任的动态创造性活动。""管理"可以理解为下列项别要点的综合：管理是一种社会的共同活动；这种活动不是单独个体的行动，而是一种组织活动；在组织中要处理人和各种资源的关系，经一定的过程以达成某种目标；为此，要选择用适当的方法和手段去求得活动的效率。综合以上学者的观点，我们认为管理是指一定组织中的管理者，通过实施计划、组织、人员配备、领导与指挥、控制等职能来优化配置人、财、物信息等资源，以有效实现组织既定目标的过程。

领导与管理不同，孔茨（Harold Koontz）和奥唐奈（Cyril O'Donnell）指出："领导是管理工作的一个重要方面"，"领导的本质就是被领导者的追随服从"。（哈罗德·孔茨，西里尔·奥唐奈：《管理学——管理职能的系统分析方法和随机制宜的分析方法》，贵州人民出版社，1982年版，第680—681页）领导作为一种职能活动，其主要是决策制定以及决策执行中的总指挥和总协调。从这个意义上说，管理活动的范围要广得多。领导与管理的范畴既有包含的部分，又有互相区别的部分，但一般而言，领导主要是对人的领导，主要是处理人与人的关系，特别是上下级关系，这是管理活动中的核心问题；除对人的管理之外，管理的对象还包括财和物，管理不仅要处理人与人之间的关系，还要处理财与物、物与人、人与财的关系。就两者联系而言，主要指它们都是组织中的活动，其目的是一致的；

在共同的组织活动中，领导作为一种特殊的管理活动而存在，是总体管理活动的一个组成部分。当论述两者区别的时候，实际上是先把管理区分为广义的和狭义的，领导和狭义的管理相比较，在活动的层次、对象、范围、任务和手段等方面都有所不同。

二、学校管理

1．学校管理的内涵

日本学者久下荣志郎等人认为："学校管理的概念，是包括着为达到学校本来目的的一切行为，一般可分为物的管理、人的管理和经营管理。所谓物的管理，就是指对设施设备的维持、保全作用；人的管理是指对教职员的任免、服务、惩戒、监督等；经营管理包括班级编制、教育课程、校务分担、儿童和学生的管理等。"（［日］久下荣志郎等编著，李兆田等译：《现代教育行政学》，教育科学出版社，1981年版，第96页）这种解说主要是在狭义上运用"管理"概念，缺少"领导"的含义。在我国，教育学家刘佛年教授提出"学校管理有两个方面，即教学行政和事务行政"，"学校事务的管理和企业、机关的管理有共同的地方。教学行政管理是抓教学、教育工作，即抓学生德、智、体的培养。"（刘佛年：《谈谈全面发展的方针和教学改革的问题》，《中学教育经验选编》，人民教育出版社，1980年版，第40页）

上海市育才中学名誉校长段力佩提出"管理就是服务"的观点，认为"必须正确理解'管理'的含义。学校是培养人的地方，学校的'管理'应该突出'服务'二字，也就是说，要很好地为学校教育服务，为教学第一线服务，为师生员工服务。"（段力佩：《对改革中学管理体制的一些想法》，《人民日报》，1984年9月2日）

此外，在不少论著中，把学校管理归结为是一种"活动"、"过程"或"活动过程"。这同管理的属概念的规定性相一致，是可取的，但有的论著把学校管理归结为"组织、制度、活动、措施"等多种属概念的组合，就未免过于宽泛。

我们可以做这样两种表述：学校管理是一种以组织学校教育工作为主要对象的社会活动。学校管理是学校管理者通过一定的机构和制度，采用一定的手段和措施，带领和引导师生员工，充分利用校内外的资源和条件，整体优化学校教育工作，有效实现学校工作目标的组织活动。

学校管理学主要研究学校领域的管理活动及其规律，研究学校教育活动的领导和组织问题，从而实现学校的管理目标。在实际工作中，对学校的管理有两个方面的表现，一是国家和政府及其所属各级各类教育行政部门对学校的管理，二是学校自身的内部管理。我们把研究学校自身的内部管理问题的学科称之为学校管理学，或学校行政学；而把研究前者管理问题的学科称之为教育管理学，或教育行政学，因此，本章将重点放在学校内部管理问题，即学校管理的研究上。

2．学校管理三阶段

一定的学校发展水平是与一定的学校管理方式相适应的。从学校管理发展历程来看，学校管理可以分为以"事"为中心的管理，以"人"为中心的管理和以"理念"为中心的管理三个管理阶段：

（1）以"事"为中心的管理。

以"事"为中心的学校管理阶段是对于一般的学校或薄弱学校而言的。在学校发展初期，以"事"为中心的管理方式往往是最有效的管理方式。把"事"做好是当务之急，把各项具体的事做好是学校生存和发展的基础。学校不同，这种管理方式的实践也不尽相同，但它是学校由低层次向高层次发展的必由之路。在这一阶段，学校往往把做好"事"放在第一位，把其他事务放在第二位，管理者的管理目标是业绩导向，管理者更多的是提倡竞争而不是建立和谐的人际关系。

以"事"为中心的管理的优点是工作效率高，工作业绩有保证，有利于实现管理的规范化、程序化，缺点是缺乏人情味，被管理者不容易接受，教师的工作比较被动。另外，管理者事无巨细，工作强度大、压力大，很难持久，既不利于创新，也不利于提高工作的效率。虽然以"事"为中心的管理方式自身存在很多缺点，但是，我们不能认为它是一种过时的管理方式，因为管理方式是由管理环境所决定的，一定的管理方式必须适应一定的管理环境。管理方式与管理技术不同，管理技术是越先进越好，而管理方式只有适合与不适合之分，没有过时与不过时之分；它不仅有用，同时也是一个管理者无法逾越的阶段。

（2）以"人"为中心的管理。

当学校管理实现了规范化、程序化以后，学校的教学质量将稳步提高，走上了良性发展的轨道。绝大多数教职工勤奋敬业，能干好自己的本职工作，部分教师能创造性地开展工作，并能为学校的发展献言献策。为适应学校更大发展的需要，以"事"为中心的管理方式应及时转变为以"人"为中心的管理方式。在一个管理松散、人浮于事、作风拖拉、教职工整体素质低、教学质量差的学校，实施以"人"为中心的管理是无效的，也是徒劳的。需要强调的是，这里的以"人"为中心的管理并不是真正意义上的"以人为本"的管理，只不过是把完成任务的着眼点放在"人"的身上，以"人"来实现任务而已。

实施以"人"为中心的管理方式，领导要克服自己的英雄情结，教师要强化自身的主人翁意识。以"人"为中心的管理提倡张扬个性，这种管理方式会大大激发教师的创造性和工作热情。教师自主管理、自主创新、自主研究的风气一旦形成，管理的效果必然会事半功倍，学校就会充满生机和活力。

（3）以"理念"为中心的管理。

在一个各方面因素有机协调、各项工作都做得很好的学校，领导者的根本任务就是用先进的理念引领学校向前发展。因为在快速变化的社会经济环境中，先进的理念能引领学校抓住机遇、快速发展，落后的理念会使学校丧失发展的机遇，被时代所抛弃，所以，在学校发展的高级阶段，学校的管理方式应突出以"理念"为中心。管理者应该紧跟时代的发展，不断提出新的理念，引发工作上的突破。一般的工作改进只是渐变，而观念突破以后，则会发生突变、产生质的飞跃。学校管理者应在学生观、质量观、教学观、人才观等方面进行深入的思考，不断提出新的理念和新的追求，始终把握正确的前进方向。

实施以"理念"为中心的管理要求学校领导要高瞻远瞩、未雨绸缪、运筹帷幄，从具体的事物中解脱出来，结合实际进行理论思考和观念创新，从战略的高度去思考发展的问题，不断地谋划学校的未来，使学校永远立于不败之地。

需要说明的是，上述学校管理的三种方式不是截然分开的，只是根据学校的不同发展阶段，突出一种管理方式，同时兼顾其他管理方式，目的是因地制宜取得良好的管理效果，使不同的学校都能在原有的基础上尽快地发展。正是在对以上三个阶段分析的基础上，我们认为随着学校教育的不断发展，学校管理应该进入以"交往"理念为主导的学校管理阶段，构建学校管理的交往管理机制，不断提升学校管理效率。

三、现行学校管理存在的弊端分析

从时间上看，20 世纪 80 年代的学校管理属于传统的经验管理，管理者按照传统经验或根据工作需要规定的各种规章，实际上是管理者把被管理者直接置于监督之下，凭个人经验与见识，调节学校中的人际关系，处理学校中的各种复杂事务。在这种类型的管理中，管理水平与管理者的经验与见识存在直接关联，管理者的主观意识渗透到学校各方面的管理之中，深深地印有"家长制"的烙印。20 世纪 90 年代初，我国学校按照科学管理的思路，提出在学校中实行定岗、定编、工作职能定量化、奖金分配同工作量挂钩，旨在提高责任感和工作效率，使很多学校出现了科学管理方案。

学校管理的科学管理模式，从管理学的角度看，反映了古典管理理论对学校管理的影响。古典管理理论以"科学主义"和"经济人"、"理性人"的哲学假设为基础，理论和方法是科学主义分解、精确、逻辑、规范与实验法则的具体运用，在管理过程中强调理性的分析与严密的控制。依靠制度控制，重视科学分析，强调定量研究是科学管理模式的基本特征。这些特征在传统学校管理中有明显的表现，具体如下：

（1）"理性化"的思维范式，学校被认为是一个"理性"组织，管理者比较多地强调学校组织的权威性、等级性以及各种行为的规范性，而忽视了人的情感、个性、欲望、能力等因素的作用。

（2）在管理方式上，习惯于用权力、命令等行政手段推动工作，按"领导意志"行事，是一种自上而下的管理，忽视了横向的沟通与协调。这种垂直的自上而下的管理，影响了员工自觉性和积极性的发挥。

（3）在管理手段上，依靠繁琐的检查、评估以及精细的量化管理，既增加教师的负担，又束缚了教师的创造性，把不宜量化的工作量化处理，硬性的量化指标使具有丰富性和多样性的教育、教学活动成了呆板、沉闷、缺乏活力的机械程序。

（4）在教学管理方面，管理者为教学规定了严格的程序与规则，教师备课、上课都有固定的模式，教学的进度要求、教学评价强求整齐划一，强求标准化，教师劳动的特点和教师教学的个性未得到充分的尊重。

科学管理的原理用于学校管理后，使学校的管理工作上了新的台阶，管理秩序有了很大的改观，教育教学工作逐步走上了规范。这对于学校管理摆脱经验化的管理藩篱，改变学校管理的主观随意性无疑起了积极作用，特别是在学校管理由经验性管理向科学化管理起步阶段，作用是明显的，但随着管理水平的提升，学校发展进入了创办特色学校的阶段，学校要向社会提供优质化教育时，这种过分追求理性的管理模式的局限性就显现出来，这主要体现在以下几个方面：

（1）行政主导。

现行学校管理模式受我国计划经济下行政权力高度强化、社会中间组织或被行政吸收或自身高度行政化的影响，出现严重行政化的倾向。政府的教育行政深入到学校内部，学校被视为事业单位，并且按照党政机关给予一定的行政级别；学校内部也是比照党政机关的行政级别来设置内部管理机构，以科层制为主的行政模式来组织和运转，过分依靠行政权力进行决策管理，这就形成了我国学校以行政为主导的管理体制。"'行政化'了的学校基本上按行政组织的规程行事，学校内各种各样行政人员是主体，他们是支配学校运行的核心和主角，教学、科研人员以及学生在相当程度上成了行政系统上的'螺丝钉'，没有独立发展的可能性，缺乏参与学校管理的机会。在学校管理方面，行政人员真可谓大权独揽，制定学校规章制度成了他们分内的事务，师生也就自然成为了他们的管理对象。"（杨际军：《高等学校规章制度建设存在的问题及构建路径》，《西藏民族学院学报》（哲学社会科学版），2005年5月第3期，第75页）

日本学者尾关周二在其《共生的理想》一书中针对学校中日益盛行的管理主义倾向指出："我认为首先必须改变的正是教育行政领导者的这种管理主义意识。"（［日］尾关周二著，卞崇道等译：《共生的理想》，中央编译出版社，1996年版，第45页）尾关周二明确地指出："我们不要忘记，这是形成今天学校各种问题的重要背景。"（［日］尾关周二著，卞崇道等译：《共生的理想》，中央编译出版社，1996年版，第47页）在尾关周二看来，学校作为一个崇尚学术自由、科学研究的殿堂，作为一个云集自由、民主的圣地不应该存在过度组织化、科层化的现象，否则，就会与学校教育的本质与规律背道而驰。

从管理实践层面来看，行政主导的管理体制在一定程度上稀释甚至扼杀了学术权力，学术权力的颓废对大学的影响是深远的甚至是致命性的。行政主导的管理体制在管理过程中，一旦发现了某种不良倾向，所做出的第一反应和措施往往就是加强管理，制定各种惩罚细则，其结果不但不能化解危机，很可能会加剧和激化学校内部管理者、教职员工以及学生之间的矛盾和冲突。

（2）量化管理过度。

管理的问题首先是一个理念的问题，也是一个主导价值取向的问题。在学校管理中，人们越来越强调从经验型管理走向科学化管理，这是现代学校管理的必然要求。但是现行学校的"科学管理"中值得注意的一个问题是，把"科学管理"仅仅看成是强化"量化管理"，结果重形式的条文过多，教师为了应对量化表，反而给他们潜心研究教学、提高教育质量带来了不利影响。这种"过度"的量化管理，把极富创造性的教育工作变成为处处以分数定量的机械程序，把教师变成了统一指令、机械操作的"工具人"，泯灭了教育工作的创造性。过度的量化管理，造成教师的教学没有了个性，没有了风格，随之而来的就是学生失去个性、学校失去特色，而且这种管理带有明显的物化管理的特征，缺乏对人本身管理的研究，造成人际关系简单化、模式化，师生员工的积极性、创造性在很大程度上受到压抑。因此，我们有必要重新审视学校管理的理念，应把显扬教师的教学个性作为现代学校管理的一个主导价值取向，强调以教师为本，体现依靠教师、发展教师的管理指导思想；而在学生的管理过程中也必须坚持以学生为本的思想，对学生的思想、心理进行深入地研究，而不是靠单纯的量化管理以"量"了之。

（3）单极主体管理，缺少真正的交往和沟通。

在现行的学校管理体制中，管理者及学校行政人员的作用凸显了出来，他们在学校管理和发展中发挥着重要的作用；而另一方面，教师、学生的主体作用却被遮蔽，没有得到有效地发挥，学校管理基本上处于一种"单极主体"管理之中。例如，在学校重大事件的决策上，学校管理者往往不是把广大师生作为学校管理的主人，而是把他们作为管理的对象和客体，不是唤醒师生的主体意识，而是尽力抹杀和压抑他们的积极性、主动性和创造性，将其置于客体的地位，结果造成学校管理的单极管理趋向，这种单极主体管理不仅不利于学校的长远发展，而且会影响到学校的持续稳定。

单极主体管理使高校缺乏一种师生与学校相互沟通的有效机制和渠道，师生的意见得不到重视与及时反馈。由于表达意见和反映问题的渠道不畅通，学校对有关师生切身利益的事情重视不够，当师生对学校某方面的工作有不满情绪时，往往不是选择找主管部门解决，而是直接向书记、校长反映，甚至诉诸于新闻媒体，或者在网络论坛里发泄自己的不满，这样容易激起全校范围内师生的不满情绪。如果反映的问题不及时处理，小事可能酿成"大患"，严重影响学校的稳定与发展。

在现行的学校管理体制下，管理者过度依赖"自上而下"的科层式管理模式。这种管理模式虽然在一定程度上能够提高工作效率，体现管理者的意志和权威，确保学校目标顺利实现，但师生员工往往是出于听命执行的被动状态，缺乏平等的交往和沟通，师生缺乏创造和创新的热情、动力和思路，这显然有悖于教师教学与学生学习的创造性特征。真正的交往和沟通在学校管理中不仅仅能够对学校管理实践起到积极的促进作用，它更反映出了一个学校的整体精神与文化氛围，这种真正意义上的交往与沟通应该体现在学校管理决策、师生交往、学生管理、合作科研等学校各项工作运行过程之中，相信师生，倾听师生的心声，采纳师生的合理建议，融入交往理念与精神的管理机制是对学校管理理念与组织结构的一次深刻的变革。

（4）缺乏人本性、情感性、权变性。

由于受科学管理理论的影响，现行学校管理往往习惯于事和物的管理，以"事"和"物"为中心，见"事"见"物"而不见人。这种对人的本质正确、深刻认识的缺失，不仅制约着学校先进管理理念的形成和发展，还严重地制约着学校管理质量的提升和管理目标的实现。总体而言，现行的学校管理是一种刚性管理，它把学校当成一种"理性"组织，过多地强调学校组织的权威性、等级性以及各种行为的规范性，忽视对教师情感、价值目标和行为标准等柔性因素的培育；忽视自下而上的沟通和横向的交往与协调，把师生员工当成了只靠组织制度、经济奖惩就能调动的"机械人"、"经济人"，忽视学校组织自身的社会性、文化性、情感性等特征。现行学校管理决策多遵循最优化的原则，追求在一定条件下的最优方案，但由于外部环境的复杂性以及人类理性的有限性，很难对每个事物都进行精确估量。学校管理者如过分追求事先设计好的精细量化管理方案以及最优化的原则，则容易忽视对管理主体能动性的正确把握，忽视教师劳动和教育管理的特殊性，这样不仅容易造成教师心理挫折，影响满意决策的选择，还极易使管理者陷入自己精心编织的"理性藩篱"之中。

第二节　交往管理机制概述

一、交往管理机制内涵

学校管理发展是与一定的思维范式相联系的。以工具理性思维范式为主导的学校管理模式适用于学校内部要素较弱以及学校效能较差的情况。在学校发展处于较低阶段的情况下，学校管理往往采用科层式、行政化的管理模式；而以交往理性思维范式为主导的学校管理模式适用于学校内部要素较强的情况。这种情况下，继续沿用和强化科层式、行政化的管理模式，学校效能将难以提升。因此，从管理机制上来讲，必须构建一种全新的学校管理机制——交往型学校管理机制，使之与较高层次的学校发展阶段相适应。

交往型学校的交往管理机制强调把交往的理念与精神（沟通、尊重、信任、民主、合作、公平竞争、共享成果等）融入学校管理机制的构建与运行之中，以交往理念与精神塑造学校成员的思维方式，提倡以团队和授权为导向，强化人本要素，进而实现对学校人力、物力、财力的组织协调，形成共同愿景，提升学校管理效率。

在交往型学校交往管理机制的视阈下，学校有效管理的前提是主体与主体之间在平等意义上的完全对话与沟通。构成有效管理的前提就在于各个个体首先拥有主体性，并充分发挥主体性进行沟通与对话，而非权力控制型学校的科层制、行政化压抑下缺失主体性的命令灌输。就学校组织结构而言，有效交往一方面要求学校作为一个独立的个体应当具有完全的主体性，不应作为一种被动的客体依附于国家教育行政机关；另一方面，更为重要的是，学校组织内部，各成员之间也应构成一种"我—你"的关系模式。同时，交往还蕴涵着个人与社会、自然界的和谐统一，这也就昭示着交往型学校的交往管理机制应该有效地促进学校与社会的和谐发展。

在交往理性视阈下的学校管理的价值观在于"以人为本"的价值取向，即以谋求人的全面自由发展作为学校管理的终极目标。尽管学校有组织目标，个人必须为组织目标服务，这时人成为了实现组织目标的工具。但从根本上讲，学校组织目标的实现是为了满足个人的利益追求，为了培养主体性人才和促进人的全面自由发展。"以人为本"的交往管理在处理个人与组织的关系时，并不否定和排斥组织的目标，因为人的自我完善与发展已成为组织目标的重要组成部分，提高人的素质、发展人的才干、改善人的价值观念等都成为组织目标的重要内容。以交往理性为思维范式的管理观批判了以往管理中将人视为完成工作任务的工具的观念，要求把人视为学校组织的主体。交往管理是一种全员参与的管理，它改变了以往师生员工被视为与财、物同等的各项资源。交往型学校的交往管理机制是"以人为本"的管理机制。

交往型学校维系人与人之间的关系、个体与群体之间的关系、群体与群体之间的关系遵循的原则是"主体间性"原则。虽然学校中依然存在着领导者与被领导者、管理者与被管理者之分，但这完全是分工的关系，而不是依附的关系。所有的师生员工都是学校的主人，都可以而且主动参加学校的各项活动，并行使法律、法规、制度赋予的各项权利。管理者与被管理者都是主体，处于完全平等的地位，是一种相互沟通、相互协调、寻求理解的关系。他们之间的交往经常采用直接或间接的协商对话，从而增进学校横向、纵向的理解与合作，增强个体、群体与学校组织之间的认同感。

交往管理机制强调组织成员的自我管理，这种自我管理表现为学校组织成员对自己本身、自己的思想、心理和行为表现进行的管理。交往型学校中管理者给予师生员工以充分的、自由的机会，让他们在共同的组织规则指导下，自由地、创造性地开展工作。这样，有利于发展组织成员的聪明才智、工作积极性和创造力，既能有效促进学校组织目标的实现，又能使组织成员得到全面地发展。

二、交往管理机制依据

1. 学校管理目标与学校使命需要交往管理机制

学校管理的终极目标是实现人的全面发展，是实现对人的终极关怀。

这里的"人"不仅包括学生，也包括教师。通过学校的有效管理，不仅有利于促进学生的全面发展，也应该有利于教师的可持续发展。学校作为知识的摇篮、文明传播的殿堂，教师的专业发展、道德提升、素质提高都应该是学校管理的目标构成；学生管理过程中同样应该打破传统"师道尊严"的陈旧观念，消除师生之间的层级关系，强调师生平等交往、沟通，构建全方位的信息沟通与反馈机制。交往管理坚持以人为本，注重人的潜能的发挥，关注人的全面发展，关注人的高层次需求，是有效实现学校管理目标与学校使命的重要保障机制。

教育的使命不仅仅在于传授给学生一点知识，培养一点能力，更在于张扬学生的个性，培养其健全的人格品质。在管理学生的过程中，学生存在明显的个性差异，用整齐划一的教育模式难以满足每个学生发展的需要，用命令和强迫难以把各种教育力量内化为学生的自我教育需求。所以，在民主平等的基础上交往、沟通，形成良好的校园文化，创设有利于学生健康成长的教风、学风和校风，远比靠严明的纪律更具有推动力，更具有教育的实效。教师管理也同样需要体现人性化的交往，不应用过度数字化、标准化的模式作为惟一标准。交往管理机制在教师管理过程中，强调教师的发展性，赋予教师以创造的空间，给教师以自由发展的宽松环境。交往管理机制给予教师以实现目标的弹性，并创设一种终身学习和鼓励创新的文化氛围，真正实现信任化、人性化、民主化管理，这些也正是交往管理机制的要义所在。

2．学校组织特性需要交往管理机制

与其他组织相比，学校组织具有鲜明的精神性、专业化、非营利性等特点。精神性、专业化、非营利性的组织特征反对把单纯追求效率、经济利益作为学校工作最重要甚至惟一的目标，它更多地应该是关注和重视师生的成长与充分发展。学校教育是一项具有人文特点的事业，学校主要是进行思想、知识、情感等精神交往与知识生产、传递、转化的组织，因此，其不同于物质性生产部门，它有自己的组织特征，在组织管理上也应当有自己的特点，而不能把用于物质性、逐利性组织的管理模式套用到学校管理之中。学校管理不能像工商企业管理那样，简单僵硬地运用效率的框架来衡量、评价一切，忽视学校组织的精神性、专业性、非营利性特点，在学校过度运用科层式、行政化管理，很可能使学校失去其文化实体的特性，成为生产统一的标准化人才的"工厂"。

美国学者 E·马克·汉森在其《教育管理与组织行为》一书中指出，"学校或许是最复杂的社会产物了。一方面，如同其他正式组织一样，学校必须对一个复杂的人力物力资源的混合体的组织、管理、指挥等方面的事务加以处理；另一方面，它又与大多数其他正式组织不同，学校因从事人力生产而导致其独特的组织和管理问题。"（[美]E·马克·汉森著，冯大鸣译：《教育管理与组织行为》，上海教育出版社，2005 年版，第 3 页）学校组织内部的学科教学分工使不同分工的人员难以跨入其他非本专业领域，以管理为主的学校管理者只是管理"软专家"，如果过分强调科层体制，强调严格的制度管理或经验管理，必然造成管理的低效率，甚至阻碍管理目标的实现。在学校内部，管理者的责任就是要创建组织成员有效交往与沟通的环境，促进师生共同价值观的形成，引领师生员工实现共同愿景。

3．素质教育需要交往管理机制

学校素质教育的主体是教师和学生，教师和学生的创新需要人格的支持，而创新人格的培育需要以人为本的交往管理机制。在学校管理中，如果只重视任务的完成和教育教学质量的提高，而忽视人的情感和需要，重罚轻奖，把教职员工与学生当成一种工具，随意驱使，无民主、平等、自由、尊重和激励，教师被无形的外在力量牢牢控制，处于一种别人编制好的程序中动作，只有双手，而无大脑，只有服从，而无主体地位，"异化"为对象性的工具的时候，那么也就没有了创新，素质教育也就无从谈起。只有树立起以人为本的教育理念，真正确立管理对象的主体地位，把他们当成一个完整的人来塑造，才能提高管理对象的整体素质，鼓励教师和学生自主创造，主动发展，培养他们的创造人格，管理对象才能变被动为主动，才能找到自我，自我做主，自我选择，自我管理，自我发展。有了这个基础，他们才能行动起来，才能不畏困苦，才能知难而上，才能有所突破、有所创新和有所成就。

发展个性是素质教育的另一个基石，一个没有个性的人是不完整的人。因为个性是事物的特征，是人作为个体存在的前提。没有个性的人不可能有所发明创造。严格的制度管理所形成的必然是千人一面的局面，尽管某些制度的存在有其必要性，但如果过于苛求统一的标准，那么，素质教育就会成为一句空话。没有一个宽松的学习、实践环境，师生的个性都将难以发挥。交往管理机制注重以人为本，强调对组织成员的人性化、个性化管理，注重个性的张扬，素质教育应该以交往管理机制做保障。

三、交往管理机制特征

交往型学校的交往管理机制有别于传统的管理机制，它是一种能够促进成员平等对话与有效沟通的管理机制，是一种能够激励成员为共同愿景而努力的管理机制，是一种能够促进组织成员个性发展的管理机制。交往型学校交往管理机制以"促进人的发展"为价值取向，其组织结构是一种有利于信息沟通与交往的扁平化的组织结构，实施顺应现代社会发展的人性化管理，能够更好地发挥人的积极性与创造性。权力控制型学校的科层制管理机制与交往型学校交往管理机制示意图分别如图5-1、图5-2所示。

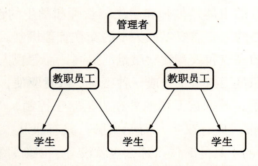

图5-1　权力控制型学校的科层制管理机制示意图

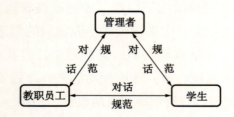

图5-2　交往型学校的交往管理机制示意图

1. 以人为本，重在交往与沟通

管理的核心要素是人，无论何种管理机制都必须以人为本，凸显人的内在价值。现代管理思想发展的一大趋势就是逐渐摒弃对人的外在强制，而转向对人的内在道德与价值的重视，激发人的内在主动性、积极性，将刚性的规章制度内化为人的思想、转化为人的行为，实现自我超越。交往型学校的交往管理机制注重管理过程中组织成员之间的平等交往与沟通，激励学校组织成员改善思维模式，整合价值观念，为实现共同愿景而努力。

交往型学校的交往管理机制秉承以人为本的管理思想。在交往型学校的交往管理机制视阈下，个人与组织之间不再是传统的契约关系，而是为了共同目标、实现共同发展的"共同体"关系，每个人的潜力都能够得以充分展现，从而突破自我超越的障碍，积极地、创造性地开展工作，并从耕耘的艰辛中体会到进取的快乐。正如彼德·圣吉所说，"把人员的发展看作达成组织目的的手段，会贬低个人与组织之间关系的价值。"（[美]彼德·圣吉，郭进隆译：《第五项修炼——学习型组织的艺术与实务》，上海三联书店，2001年版）

交往型学校的交往管理机制不同于传统学校管理的单向的、线性的命令管理模式。交往型学校的管理组织结构是一种扁平化、网络化的结构。交往管理机制注重组织成员的平等交往与信息的有效沟通，形成双向的、立体的交往图景和信息反馈网络。管理者在做出决策之前对于组织内外的信息充分掌握，在管理过程中能够及时得到信息，并及时做出调整，确保整个管理机制的发展方向。

2．师生参与决策，管理者角色转变

在传统权力控制型学校中，一方面由于信息沟通不畅，学校管理者在做出决策时不能充分掌握反映广大师生现实要求和学校发展实际的信息；另一方面，传统权力控制型学校还普遍存在管理层先确定方案，然后才让师生参与、发表意见，广大师生实际上处于一种"当家却不能做主"的困境。交往型学校的交往管理机制确保师生参与学校管理的积极性，积极采纳师生的意见和建议，使广大师生员工真正发挥其在学校管理与发展中的作用。

交往型学校的交往管理机制对学校管理者提出了更高的要求，它要求学校管理者应该以自己的行为去影响其他成员的成长，做科学办学领域内的学术带头人，影响并引导教师们在学术上的追求；善于听取意见，总揽全局，凝聚集体智慧；尊重别人，做善于协调各方关系的组织者；善于给大家注入信心，不断以共同愿景激励教师们超越自我，做激发组织学习、发展、创造的点火者；不断学习思考，大胆实践，乐于奉献，做锐意进取的开拓者。在交往型学校的交往管理机制视阈下，学校管理者应该由行政决策与执行者转型为交往者、探索者与学习者，在学校行政运作的过程中，推动学校成员的协调互动，凝聚组织成员的共识，为实现学校发展目标而努力。

3. 凸显"师生第一"的管理理念

1996年国际21世纪教育委员会提出一份报告，即《教育——财富蕴藏其中》，它强调要把人作为发展中心，"人既是发展的第一主角，又是发展的终极目标"，这种教育新概念，"应该使每个人都能发展、发挥和加强自己的创造潜力，也应有助于挖掘出隐藏在我们每个人身上的财富"。交往管理机制把师生作为第一要素，凸显"以师生为本"、"师生发展第一"的管理思想，这一思想应该成为学校管理中最为重要的也是最基本的理念。

与权力控制型学校的科层制管理模式不同，交往管理机制的管理理念主要体现在以下几个方面：

（1）管理者方面。管理者主动广泛征求和听取教职工和学生的意见；充分发挥各方面人员的聪明才智；敢于在民主讨论的基础上，果断决策，态度鲜明；同师生员工打成一片，深入群众，没有"架子"；虚心接受来自群众的监督和批评；建立一套切实可行的组织制度。

（2）被管理者方面。学校师生员工敢于提出办学建议和批评意见；乐于贡献自己的力量，为办好学校施展自己的才能；自觉地服从上级的正确决定和组织的安排，又不盲从被动；产生一种向心力，具有当家作主的实际地位和强烈的主人翁责任感。

（3）学校管理活动进程。学校的一切大事经过学校成员的民主讨论，然后再做决定；对学校的一切常规性工作敢于坚持按制度执行，不轻易按个别领导管理人员或个别成员的意见而变动；把民主集中制精神贯穿于学校管理过程的始终，而不是在某一阶段、某一时期讲点所谓"民主"，在另一阶段另一时期则专讲所谓"集中"。

在学校管理中，管理者和被管理者之间虽然存在着领导和服从的关系，但它绝不是老板与下属的关系。由于学校管理系统的目的性和层次性的特点，使得学校管理系统内的所有教师个体都具有管理他人、被管理和自我管理三种状态。在管理过程中，管理者和被管理者共同活动，相互影响，协调一致，表现为强烈的双边依赖性，因此在学校管理中应凸显教师的管理者的身份，充分体现其学校"主人"的作用。而树立"师生第一"的管理理念，其实质就是要重视师生的参与意识和创造意识，使师生的才能得到充分发挥，个性得到最完善的张扬。师生在学校事务中体现出主人翁的地位，通过各种方式和渠道参与学校的管理，一方面教师参与了管理决策，也就有了实现具体工作目标的承诺，可以激发其主人翁意识和工作责任感，激发其主动精神和创造意识，提高师生的自我价值感；另一方面由于师生参与学校管理，增加了管理的透明度与可信度，增强了师生对学校工作的认同，使全体师生对学校的管理更具信任感和归属感，使学校管理者与师生形成一个整体，使每个成员都认识到个人的成长、发展与学校事业的发展是密切相关的，这样就能激发师生的使命感。

4. 平等、互融、合作的环境氛围

马克思曾经指出："一个人的发展取决于和他直接或间接进行交往的其他一切人的发展。"人的发展，自始至终都是在群体的影响下进行的。群体对个人的影响是以共识和情感为基础的，营造一个平等、尊重、互融、合作的组织氛围，这对于主体意识突出的师生将具有极大的感召力。交往型学校的交往管理机制强调领导者的任务主要在于设法为发挥员工的才智创造适宜的条件，减少和消除员工自我实现过程中所遇到的障碍。因此，在当前更要强调学校管理者的"设计师"角色，淡化"指挥家"角色，尤其是要创设一个平等的环境，因为平等是交往理性达成的一个首要条件。关心、爱护师生员工是对管理者最起码的要求，但仅有关心爱护是远远不够的，现代管理中更强调对员工的尊重。"士为知己者死"体现了彼此尊重、相互信任的心理力量是何其强大。学校管理者应当学会尊重，尊重师生的人格、尊重教师的工作、尊重学生的合理需要。实践表明，满足人的需要是激励机制的核心，学校管理的一个重要任务就是要给师生员工提供充足的机会来满足其个人发展专长、爱好和事业的需要，学校除了要求师生员工服从学校组织的目标外，还需要更多地顾

及师生员工的利益，满足师生员工的合理需要，做到关心每一个人，关注每一个人的价值和奉献。

学校管理主要是对人的管理，学校要使用人，更要重视培养人，只有这样才能实现学校管理的可持续发展。教师具有不断学习的权利和义务，学校要根据本校教师的情况，制定出长、短期的规划，通过多规格、多渠道、多层次的培养和培训，让教师的潜能得到充分的发挥，致力于提高教师的自身素质和整体素质，促使教师的价值保持在一个不断提升的状态；学生的发展是学校的使命所在，学校不能仅把学生培养成为只懂技术的"工具"，而应把学生培养成科学素质和人文素养兼容的主体。正如爱因斯坦所说，学校的目标始终应当是：青年人在离开学校时，是作为一个和谐的人，而不是作为一个专家。

四、交往管理机制构建

学校科学管理机制在促进学校教学质量提高、体现教师的个体劳动地位、规范学校管理工作和依法治校等方面起到了积极作用，但科学管理机制主要适合于物质性、常规性和非创造性部门的管理，它带有明显的物化管理特征，缺乏对人本身管理的研究，简单化、模式化人际关系，压抑了人们的积极性、创造性。正如E·马克·汉森所指出的那样，学校不同于其他组织，它有其自身内在的特征，这种内在特征在本质上要求学校组织模式应该是一种交往型组织模式。交往管理机制是交往型学校的重要内在机制，它的构建主要体现在以下几个方面。

1. 树立交往教育理念，为交往管理机制提供理念基础

教育理念是一所学校的教育精神和价值取向，反映一所学校长期积累的文化底蕴，反映一所学校的历史特征、学科特色和追求。它以一种文化氛围、一种精神力量、一种价值期望和一种理性目标的形式陶冶学校的教师和学生。从实践上看，教育理念不仅具有激励人的功能，也具有教育人、塑造人、规范人、指导人的作用。教育理念的基本内涵包括办什么样的学，培养什么样的人才，以及通过什么途径达到这种目的，而教育理念则是通过学校的办学方向、办学宗旨、办学要求等体现出来的。教育理念是办学的灵魂，先进的教育理念是培养一流人才的基础和前提，离开先进的教育理念，再先进的物质和文化设施都难以培养出一流的人才。

交往管理机制的构建，必须要有先进的教育理念做支撑。无论每个学校具体的教育理念存在怎样的差别，具体的教育组织形式具有怎样的不同，但它必须要对教育的本质——交往，有正确的认识与把握，树立起交往教育的理念，因为，学校管理活动是为学校教育活动服务的，教育活动在一定程度上决定和影响着学校管理活动。交往教育理念高扬"以人为本"的价值理想，是对教育规律的深刻把握和本质回应，它在客观上需要与之相适应的交往管理机制作为保障。教育是人自身发展完善需求的产物，人是教育现象发生的根据和基础。"以人为本"理应是教育的天然规定。倡导"交往教育理念"，就是要弘扬"以人为本"的教育本真价值内涵。教育是教育者与受教育者之间的精神、心灵、智慧、人格等的交往与沟通，受教育者的精神世界是自主地、能动地生成、建构的，是一个积极主动的过程。交往教育理念把握了教育的内在本质，只有在对教育本质有着深刻认识的基础上才能够采取科学、合理的管理机制组织教育活动，也才能够实现学校教育的本真目的。

2．加强校园文化建设，创设交往管理的氛围与环境

一般而言，校园文化包括校园物质环境文化、行为文化、制度文化和精神文化。校园文化是交往管理得以进行的"场域"，校园文化影响着交往管理机制的构建和整个学校的发展，校园文化的本质意义和最高价值在于促进人的发展。在这里强调指出的是，校园文化定位不仅应体现学校外在的发展维度，同时更应体现学校内在的交往维度，因为校园文化的内在交往维度影响着校园文化的外在发展维度，因此，无论是校园的物质文化、行为文化，还是制度文化与精神文化建设都应该为交往管理机制创设良好的氛围与环境。

校园物质文化建设是校园文化的外在直观体现，校园物质文化建设不仅应体现人对自然的关系（建筑物的雄伟、美观等），更应该体现出一定的人与人之间的关系（如给人平等感、亲切感、自由感等），便于平等交往的进行和有效沟通的开展；校园行为文化主要指校园人的言行举止的养成，是校园精神文化在个体上的外显。从交往角度看，校园行为文化可以说成是交往的展开，是交往的外在体现形式；校园制度文化则是校园文化的框架，制度文化促进校园物质文化、精神文化的发展，制度文化对于学校的意义在于它提供了一个使交往得以进行的边界框架，提供了人格健全发展得以实现的有力保障；校园精神文化是一所学校的灵魂，是学校所处的一定历史阶段的时代精神和时代风貌的具体体现，是一所学校之所以是此学校而不是彼学校的内在规定性因素。加强校园精神文化建设对于交往管理机制的构建影响是最深刻的，但也是难度最大的。

加强校园文化建设，不仅仅是指校园文化的外在形式与载体，更多的是指塑造一种学校精神，即通过管理使学校师生员工形成统一的价值、共同的目标和崇高的人生理想，从而增强学校的凝聚力。成功的校园文化建设应该体现在以下几个方面：校园建筑呈现独特的人文景观，现代化的设施在塑造未来的创造者中发挥着重要的作用；优良的校风、教风、学风和领导作风在统一的文化理念中形成并稳定发展，和谐的育人氛围在学校文化精神中发挥着潜移默化的作用；教职员工对学校的依赖以文化精神为纽带，并把学校的生存发展视作个人的荣耀；学生在校园文化的熏陶下，成长为各具个性且全面发展的高素质人才，学生对学校有归宿感和自豪感。

从主体视角来看，校园文化主要包括领导文化、教师文化及学生文化，他们的文化又通过素质文化、思想道德文化、个人能力文化和行为文化表现出来。有效地构建和实施交往管理机制，要通过学校管理者的"交往文化"来凝聚力量，调动和激发群体积极性，通过教师和管理者、服务者的表率作用和积极科学的方式方法来实施学校交往管理，通过学生自觉行为来达到学校发展、个人自我实现的目标。

3．发挥教师作用，促进师生交往

教师是学校教育教学任务的主要承担者，教师的素养和具体的行为方式关系到教育教学的成败，教书育人的职责决定着其行为方式常常与一定的道德要求和原则联系在一起。教师不仅需要用自己的知识影响学生，使他们了解自然和社会发展的基本规律，而且更要通过自己的人格、品质和道德力量以及自己的行为去影响和感染学生，"所谓教育，不过是人对人的主体间灵肉交流活动（尤其是老一代对年轻一代），包括知识内容的传授，生命内涵的领悟、意志行为的规范，并通过文化传递功能，将文化遗产教给年轻一代，使他们自由地生成，并启迪其自由天性。"（[德]雅斯贝尔斯著，邹进译：《什么是教育》，北京三联书店，1991年版，第3页）因此，教师的作用不仅仅在于传授给学生具体的专业知识，更为重要的是通过平等交往使学生树立起对生命内涵的领悟能力。

学生从每一位教师身上，学到的不仅仅是知识和技能，还从教师身上、并通过教师的言行举止，接受世界观、人生观、价值观的感染和熏陶。教师应该是社会主流文化的承载者、实践者与传播者，既做学生学业导师，又做其人生导师。在这个问题上，我们必须走出一个认识误区，以为教师都是有学历或具有高学历的"文化人"，文化素养够高或比较高了。然而，掌握某门学科知识的人不一定都具有交往意识、不一定对交往（尤其是交往的深层次内涵）都有正确的认识，而且，交往理念、精神与行为的融合，客观上需要行为者具有一定的人文精神。所以，学校要从现实着眼，为未来着想，根据青年教师实际，加大人文关怀力度，鼓励教师提高自身素质。在工作中，要激励教师加强学习，历练自己，使教师根据教育教学要求，制定自我素质达标实施方案，通过自己的自觉行为，提高思想政治素质、品德素质、科学文化素质、管理能力素质、行为能力素质等各方面素质。教师在管理学生的过程中，不仅仅要依靠规范和制度，更应该秉承交往理念与精神去与学生展开真诚的对话与交往，叩开学生的内心世界，促进师生之间真正交往的实现。

4. 管理者强化平等意识，促进有效交往

学校管理者与教师应站在平等的位置上就学校教育教学、管理、文化建设等方面存在的问题进行探讨、协商。"作为领导者，你的任务是去弥补员工或工作环境的欠缺之处。领导的有效性取决于你在多大程度上能找出这些不足以及弥补不足的能力。"（[美]斯蒂芬·P·罗宾斯著，王敏译：《管人的真理》，中信出版社，2002年版）教师与管理者并不存在控制与被控制、服从与被服从的关系，学校必须改变以往"家长式"的管理方式，建立民主对话制度，让教师真正成为学校的主人，使教师具备参与学校管理与决策的"合法性"。只有让教师真正感到学校管理者的信任，从而感到自己的利益与学校利益密切相关，进而产生强烈的归属感、责任感，才能切实激发起教师的主动精神和创造意识。

学校管理者要树立平等意识，摒弃特权思想，做到定期或不定期从管理、教育、教学效果中进行反思与总结，关怀每一位师生，努力使师生感到集体的温暖，增强团队意识，积极为团体做贡献。从组织结构的视角来看，交往型学校组织结构是一种是扁平化、网络化、分权式的组织模式，这不仅有利于信息的传递与反馈，而且也有利于调动学校师生的积极性，实现自我管理。

发扬民主，倡导师生员工参与学校管理是交往管理机制的题中应有之意。在制度建设方面，管理者应该从学校实际出发，融合交往理念与精神，设计和制定学校的民主管理制度，确保所有师生员工的基本民主权利，如知情权、表达权、参与权、表决权，得到规范和制度的保障。教师有权表达自己的感情，有权反映他们的观点和意见，有权获得有关的知识和信息，有权参与学校决策过程。凡是与教师有关的而且有能力处理的事情，应交由他们自己去决定并负起相应的责任。杜威曾经指出，教师参与学校管理，不仅有助于教师确切地理解和把握工作的意义，以便更好地完成他们的工作；而且有利于改善师生关系；还会改变学校组织的本质，改变教师和管理人员之间关系的类型和性质。管理者应该创建轻松、愉快、和谐的交往环境，使每一个师生的需要、兴趣、爱好、特长等在这个环境中都能得到满足和发展。学校要依靠民主办学，发挥教职工代表大会的主渠道作用，不断听取意见，加强与教职工的联系和沟通，坚持从群众中来、到群众中去的民主集中制，坚持校务公开制，做到财务公开、政务公开、以及晋职、评优、选模公开，使广大的师生员工真正参与学校民主决策与管理，切实发挥师生员工的主人翁作用。

教育的管理，是一种以人为对象的管理，如果一味地依赖指挥和控制是难以达到满意效果的。管理不仅仅是一个物质技术过程或制度安排，而且更是与社会文化、管理理念、人的精神等密切相关的，管理的根本因素是人，它的最高境界，绝不是约束与规范，更不是居高临下的控制与干预，而是以人的发展为核心。交往型学校的交往管理机制汲取了信任管理、人本管理、文化管理、参与管理、民主管理等管理思想，是建立在对学校组织特征进行深刻分析的基础之上的。交往型学校的交往管理机制以交往行为理论为理论依据，将交往理念与精神融入到学校管理体制的运行之中，从学校组织结构设计、制度安排与制定、管理方式、手段等方面体现平等、民主、自由、互融、合作的交往理念，塑造学校组织成员的思维方式，整合学校组织成员的价值观念，赋予学校组织成员平等地位，倡导民主与广泛参与，从而为提高学校组织的整体凝聚力与竞争力奠定基础。

第六章　交往德育机制

道德普遍地被认为是人类的最高目的，因此也是教育的最高目的。

——赫尔巴特

第一节　走向交往理论与实践的德育机制

德育过程应该是一个外在价值影响和个体内在自觉相统一的过程，但价值影响的目的还是为了实现个体的道德自觉，使个体成为具有主体性道德的个体。马克思曾经指出："理论只要说服人，就能掌握群众，而理论只要彻底，就能说服人。所谓彻底，就是抓住事物的根本，但人的根本就是人本身。"（《马克思恩格斯选集》（第 1 卷），人民出版社，1972 年版，第 9 页。）"任何一种解放都是把人的世界和人的关系还给人自己。"（《马克思恩格斯全集》（第 1 卷），人民出版社，1956 年版，第 443 页）德育的问题，归根结底还是人的问题，"即如何通过有效的德育，造就千千万万具有新的生命价值和交往品质及能力，能够解决社会问题的人。"（卢文忠，彭未名：《创设与构架：交往德育主体间意义关系之情境》，《求是》，2004 年第 5 期，第 82 页）就学校德育的任务而言，学校德育的任务是如何促进学生的精神交往，使之成为具有"主体性道德人格"的人。

交往型学校的交往德育机制，一方面是源于现行德育教育的失败或不理想，德育被边缘化，人们对"人"向何处去产生了追问与反思；另一方面，交往理论所蕴含的丰富人性思想也为交往型学校的交往德育机制奠定了理论之基。交往理论关于人的主体间性本质观为德育理论的建构提供了理论支撑点，而交往活动的实践性则为交往德育机制的实现提供了现实可能性。

一、主体缺失：灌输德育失败的症结

灌输德育作为一种教育者有目的、有计划、有组织地向受教育者灌

147

注一定的思想观念、政治准则和道德规范，并使之转化为受教育者个体思想品德的德育理念，其存在和发展有其历史必然性，并对德育的发展起到了一定的积极作用。然而，灌输德育之所以失败或者说不理想，归根结底就在于灌输德育以一种对象化的、纯客观的或纯政治的立场来看待和推行德育，灌输德育所植根的政治文化土壤使德育理论高度政治化和统一化，人们对德育本质、德育目的、德育功能和德育对象特征的把握产生了认识上的偏狭，德育变成了外在于学生的真实生活的客观真理，而忽视了德育教育塑造人品、解放人性的本质性存在。简而言之，德育教育中最为重要的主体"人"缺失了。

从教育方式上来看，灌输德育是一种"单向度"的灌输，处于灌输德育中的学生变成了"单向度的人"。教师的权威身份使教师占据着灌输德育的"制高点"和"话语权"，而学生则是教师塑造和教化的客体，处于劣势和从属的地位，变成了被动的接受器，不允许有任何的思考、怀疑和选择。德育过程中的师生关系一直被理解为"主体—客体"关系，即教师是主体，学生是客体。在这种德育理念指导下，占主体地位的是教师及其对学生所施加的各种外部影响，也即教师主导的各种既定的道德规范以及与之相应的观念，似乎它们才是学生道德品质形成的决定性因素。从唯物辩证法的内、外因关系原理来看，内因是事物变化发展的根据，外因是事物发展的条件，外因必须通过内因起作用。学生在道德上的发展和完善，其道德主体性的发挥应该是最为主要的决定因素。然而，灌输德育忽视甚至是蔑视学生的道德主体性，试图以片面的外部道德灌输作为促进学生发展的根本动因，而不考虑学生的主观道德需要。由于道德情感、道德信念和道德行为的形成远比一般知识传授更为复杂，它需要一个由"知道"到"体道"再到"行道"的过程，传统的"灌输德育"最多只能是灌输某些道德知识，而无法解决道德情感、道德信念、道德信仰等深层次的问题，更不用说将它们转化为具体的道德行为了。

学生独立人格的丧失、个人言语自主权利的被剥夺使师生双方的交往处于一种"有来而无往"的困境，变成一种知性的、物化的德育。现行学校德育体制的一个弊端就是德育理论与实践脱节，将复杂的德育过程简化为德育课堂教学中的说理、讲解，片面重视道德知识的掌握，而忽视了学生的个体差异和主体性地位，脱离了学生生活中的多样化的道德实践环节,"学归学,做归做",德育从学生的生活世界之中抽离了。这种被抽去生命经历、生命经验和生命感受的灌输德育造成学生的知行脱节,把活生生的道德实践转换成规定性、物化的规范知识学习,而且这种知性的德育知识也主要以传授的形式、灌输的方法来实施,结果造成学校德育"知行脱节",不仅极易引起学生的反感和抵制,甚至会导致学生人格的分裂,形成学生的片面发展,甚至道德的退化与沦丧。

正如彭未名教授在其《交往德育论》一书中所指出的:"在这种德育过程中(灌输德育——笔者注)教育者及受教育者均困陷于特定观念的藩篱、淹没于固定知识的洪流,导致德育主体性缺失、德育实践与生活断裂、德育过程知性物化,以及师生人格的分裂。"(彭未名著:《交往德育论》,山西教育出版社,2005年版)传统灌输德育机制的理论基础是工具理性思维范式,认为教育者与受教育者之间是主客体关系,把德育仅仅看作是教师对学生施加外部影响的机械活动,把学生当作用来加工、改造的材料,用一些所谓的条条框框、规章制度来限制、防范学生,德育的过程就是传授剥离了人性内涵的、空洞的道德规范和观念。这种工具理性排斥着价值理性,而这种理性的认识也在排斥着感性的体验,外在动机掩盖了内在需要,德育远离了作为意义和价值之源泉的生活世界,失去了主体性价值,德育沦落为"人"对"物"的认识与被认识、改造与被改造的过程。

德育本应该是促进师生精神交往和生命体验的,然而在传统的灌输德育模式下,德育却被异化为固定的工作与任务,不是真正关注学生的内心世界和精神需求,而是过度控制学生的外在行为;不是拉近师生彼此之间的心灵距离,而是使师生之间对立、心灵更加荒芜;不是使人具有主体性人的意义,而是使人更加客体化、对象化……"德育从来没有像今天这样被赋予这么高的期望,也从来没有像现在这样令人失望。""现实中的德育被蒙上了太多的功利色彩,失却了最基本的职能和最本真的意义——促进人与人的精神对话与交往,促进人的生命蓬勃发展。德育面临着生存性的难题:德育怎样才能触动并进入人的心灵,成为人的内在需要而不是外在于人甚至强加于人的东西?德育怎样成为人的生存方式的一部分而不是与人的生存无关乃至敌对的东西?"(翟艳芳:《交往德育——美好而真诚地生活》,《高教发展与评估》,2006年3月第2

期，第 87 页）

现代社会是一个技术指导的社会，技术决定着人的生存与生活方式，物质世界的力量遮蔽了人的精神世界，遮蔽了人的价值，遮蔽了人之所以为人的内在规定，人成为技术的机器、金钱的奴隶，人们追逐的是物质财富的充足，而非精神世界的充盈，公民社会公德意识、职业道德意识、家庭美德意识存在着普遍沦丧的现象。在这种大的环境下，学校德育，尤其是高校德育逐渐被边缘化、被冷落，其所应发挥的作用与功能也逐渐丧失，学校德育处于前所未有的危机状态。

二、交往：德育教育的新视野

交往是在一定的历史、文化、社会境况及"生活世界"的背景之下，以共同的客体为对象的多极交互主体在平等和遵循规范的前提下，彼此真诚敞亮、交互共生的存在状态，以及心理交感、意义沟通（意义的多向理解与生成）和行为互动过程，它是主体间以语言符号为媒介，通过对话而进行知识、观念、信息、情感的交流，形成相互"理解"与"共识"的行为。交往不是表象上的"你来我往"，而是一种平等、民主、合作、互融、创造和反思的状态，它可以建构社会整合的平台，引导人们走向真正的善，成为真正有自主性道德人格的人。日常的习惯、习俗甚或文化传统包含的社会价值规范及其他规范，以及人们在交往中生成的规范，成为道德交往或社会批判的尺度，同时也影响着人与人之间的交往。交往还是科学与人文两个文化之间以及人与社会之间最有力的媒介，交往可以吸纳德育的传统功能以接上新的时代，它连接过去、现在与未来，因为它与人及社会息息相关。交往不仅仅是个体之间信息的交流，而且必须打上由人及其活动所构成并创造着的历史的、文化的和社会的烙印。"人的活动，以及人的心理具有社会性，人的心理是历史的产物，社会的人的感觉不同于非社会的人的感觉"。（[苏]彼德罗夫斯基主编，朱智贤等译：《普通心理学》，人民教育出版社，1981 年版，第 37 页）

交往过程中各种具体的行为方式，如理解、唤醒、陶冶、体验、感悟、对话等，往往就是极具发展性的德育方式，这些行为方式是交往主体体现"主体间性"特征的活动方式。交往意味着两个或两个以上的主体通过语言理解、协调相互之间关系的互动，多极主体在共同寻找他们对道德情景和道德行为计划的理解过程中，能够以意见一致的方式协调彼此的道德行为，以便实现共同的道德规范。因此，德育应走向与交往的互动、主体与主体的互动、意义与意义的互动、以及知道与体道的互动，通过实际处理这些关系，德育主体才能真正形成和发展。

交往意味着交往双方均为具有独立人格的自由主体，师生关系就是教师和学生在德育过程中通过直接交往所建立起来的交互主体性（主体间性）关系。从交往的视角看待学校德育，每个人都是主体，都是彼此相互关系的创造者，并且都把与自己有关的其他交往者的主动性、自主性作为对话、理解和沟通的前提条件。真正的主体只有在主体与主体之间的交往关系中，即主体与主体相互承认和尊重对方的主体身份时才存在。德育目标的实现有赖于主体之间的交往。交往是德育发展的条件和背景，也是德育发展的动力和内在因素，离开交往的德育是无法实现促进人发展的目的的，任何人只有在与他人的交往活动中才能获得人之为人的精神。德育需要交往，交往提升德育，只有在交往中才能确保和提高德育的有效性。

1．交往的主体间性理论为德育教育提供了理论支撑

胡塞尔提出了交互主体论，认为人们在生活世界中进行着生动的、充满"人格主义态度"的交往。哈贝马斯以其"交往行为理论"著称，他认为交往是一种主体之间通过符号协调的相互作用，它以语言为媒介，以对话为载体，以人与人之间的相互理解为目的。在哈贝马斯看来，交往合理性的核心是使行为主体之间进行没有任何强制性的诚实的交往与对话，在相互承认的基础上达到"谅解"与合作。交往是人的一个内在的社会本性，暗示了"交往"可以确证和实现人的本质这一重大命题。交往理论所彰显的交往之于人的解放、人的发展、人的社会性、人的自我意识形成的作用，是从交往理论关于人的主体性本质中演绎出来的。实际上离开了主体之间的交往，就不可能有对客体的改造，主体总是处在以客体为中介的交往活动之中。交往的相互影响、相互作用体现了主体间性的存在，主体间性的实质是没有内外压力与制约的相互理解与沟通，换句话说，主体间性只有在平等、民主的交往过程中才能实现。

交往过程中形成的主体间性（Intersubjectivity）具有以下特征：

（1）它是主体之间在相互尊重的前提下形成的平等合作关系。处于交往过程之中的各方首先是具有独立人格的人，是主体特性的充分展现者。

（2）它是主体与主体之间在交往的基础上形成的一种相互理解、融通的关系。

（3）它是主体与主体在理解融通的基础上通过共识等表现的一致性。

（4）它是客观存在的，即呈现出一种客观性。交往道德是一种主体间性，它一方面追求个人的自我发展和卓越化，同时又追求交往主体之间关系的圆满，是外在影响与内在自觉的有机统一。

交往德育的含义在于体现着德育系统诸要素之间辩证统一的完整联系。而这种完整联系的真正实现，还有赖于教育者与受教育者、受教育者与受教育者"主体间性"的对立统一的实现。交往德育就是"主体间"德育，它是诉诸师生、生生主体间意义关系的生活体验和自主的、民主的、创造性的主动参与，规范原则共生、共享，并促进师生的不断自我觉解和境界提升的道德教育和道德实践活动。主体间性强调平等主体在理解基础上的交往、对话与和谐共处。现代德育理论与实践也已经证明，道德发展过程实际上是作为德育主体的教师和学生之间相互作用的交往活动过程，是主体借助自己的智慧和努力去探索，去不断构建，从而达到自主、自觉的过程。交往德育强调师生、生生在各自主体特性的前提下，双方在交往互动中并行前进、共同发展，将教师"价值引导"与学生内心世界"自主建构"结合起来，将主体间交往的和谐共存性与合理性统一起来。人与人、人与社会、人与自身的相融和谐定位为交往德育追求的最终目标。

我国德育工作者从德育观念、德育目的、德育内容上讨论了学校德育改革的走向，认为德育的"复兴"，必须依靠实施人化的德育，用"人"的方式去理解人、对待人，承认学生是人，是具有独立人格的人，是完整的人，是能动的人；德育过程是我与你共同参与、平等交往促进人的德性发展的过程，"我—你"交往关系是主体间性关系；交往德育以促进人的发展为根本，是解放的德育，其根本目的在于发展和解放人的德性潜能，它具有宽容的"人—人"关系，尊重受教育者的主体性、独立性，充分相信受教育者的能动性、创造性。交往德育是以促进人的德性发展为中心的德育，是以人为本、尊重人的主体性、以促进主体德性发展为根本的德育，其中创造性是主体性发展的最高形式。因此，培养、发展主体的创造性是德育应追求的目标。鲁洁、王逢贤教授在《德育新论》一书中指出："教育活动中的教育性交往，显然应当成为教育学理论中一个极其重要、需要认真开掘其意义的范畴。教育性交往在理论与实践上归结为两个主要领域——情感领域和认知领域。我们认为，德育过程的教育性交往主要表现在情感领域，以人与人的情感交往为基本的交往方式。"（鲁洁，王逢贤主编：《德育新论》，江苏教育出版社，2000年版，第78页）

2. 交往的实践性为德育教育提供了现实可能性

人的本质在其现实性上是一切社会关系的总和，人的活动的显著特征就在于其社会性，而人的社会性的实现离不开人与人之间的交往。离开了交往，人和人之间不可能产生与发展真正全面的社会关系。交往是人与人之间以符号或实物作为中介而发生的直接的相互作用的活动，它可以分为物质性交往与精神性交往两大类，其中精神性交往包括思想、观念、情感与态度，交往活动的本质是一种社会实践，交往可以使思想、精神、知识得到深刻的理解。交往活动在人的个体性的形成与发展中具有极其重要的作用，个人在交往过程中形成和发展自己的个体特性的同时，还形成与发展自己的群体特性和类特性。当个人在交往活动中受到他人的类特性的影响和作用时，他就会形成和发展自己的类特性；当个人在交往活动中受到他人的群体特性的影响和作用时，他就会逐渐形成和发展自己的群体特性。

德育因人的生存和发展而不断生成，因人类社会交往的变化而变化，没有人的交往也便没有了德育，教育也无法产生。德育是通过人类文化的生成和传承来实现人生价值的活动，而交往本身就是人生的觉解过程。德育正是借助于个人的存在及交往将个体带入群体之中，帮助个人自由地成为人、成为他自己，使人健康地成长、有效地发展和快乐地生活。从而，交往成为德育的本源性依据，成为德育的需要，没有交往的德育是难以取得成效的，离开了人的交往需要，德育也就失去了其存在的合理性。

美国心理学家罗杰斯指出，"我们无须问谁将使他（指人——笔者注）社会化，因为他自己最深切的需要之一就是与人亲近和交往。当他变得更完全成为他自己时，他将变得更现实地社会化。"（[美]马斯洛等著，林方主编：《人的潜能和价值》，华夏出版社，1987年版，第327页）交往是人的社会属性之一，同时也是形成人性的一个重要形式。个人在与他人的交往过程中获得的自我意识来自三个方面：一是他人、集体对自己的直接评价；二是他人、集体对自己的间接评价，表现为个人的活动及成果能否与他人的活动及成果相交换及交换中的比值关系；三是自己在与他人的比较中对自己的评价。离开了交往，个人就无法获得自我意识，而一个没有自我意识的人就不可能形成健全的心理结构系统并使其具有自主性、进取性和创造性的功能。

交往是社会生活的开端，同时也是社会生活的基本内容。反思当前学校德育效果不理想的症结，其中一个关键性的因素就在于现行学校德育是一种"知性德育"，缺乏德育与生活世界相联系的桥梁和纽带，德育与生活世界剥离，德育缺乏实践性和可操作性。交往的实践性很好地解决了这一问题，它沟通了德育与生活世界，促使知性德育向交往德育转变，理应成为学校德育创新的核心理念。学校德育以关爱学生生命与关切学生发展为基点，通过对道德规范实践的理解与反思，形成学生遵从规范的道德意识与行为能力，并合理制定且成功实施其生活计划。显然，离开了交往的实践性，德育的目的是无法达到的，交往的实践性是交往德育能够得以进行和发展的现实之基。而且，从交往对德育的动力作用来看，由于交往是德育的本源性影响力量，因此，二者的结合对现代人的交往方式的建构和人生价值的实现，即现代人的全面发展的作用也是巨大的，这也是符合现代人所处的社会生活环境的。换言之，德育只有回归到人的生活世界，才有可能建构起理想的人的交往与生活。

三、交往德育：德育教育的新机制

交往不仅仅是纯粹的德育方式或媒介，而且具有普遍的德育意义。交往德育试图把交往作为一种理念、一种精神（而不是装饰，也不仅仅是手段）融入到德育过程之中，构建一种新型的德育形态。在这里，交往的德育意义是整体的、全面的和内在的。所谓交往的德育意义，就是交往对学生具有的道德精神发展价值。交往弥补了灌输德育之缺憾，它既作为手段、载体，又作为关系、环境，更作为过程和目的，赋予德育以更广阔的背景和动力。

交往德育是学校成员（教师与教师、教师与学生、学生与学生之间）主体之间相互作用、相互沟通、相互理解的过程，是由多极主体自主地、民主地、创造性地平等对话与民主参与，实现德育交往合理化，最终达成共识，产生德育影响和德育效果的德育活动。交往德育实质上是德育主体在交往和互动过程中接受德育，师生之间不是道德权威对受教育者的道德驯化，而是教育者的启发、引导、指导和受教育者的认识、体验、践行相结合的过程，是一种主体与主体之间的精神交往，师生都是主体，缺乏任何一方主体的积极主动参与，德育过程就会中断。

交往德育的中心价值是培养独立判断、选择重要的价值而爱之、好之、乐之、坚之的追求心的觉解、个性自由和自我解放的道德交往精神。它在政治的意义上，反极权主义，但非无政府主义；在知识的意义上，反教条主义，但非虚无主义；在文化的意义上，反科学主义，但坚信科学与理性。真正的道德教育在于肯定道德的价值，在于摆正具体的人在宇宙万物中的位序。（金耀基著：《大学之理念》，北京三联书店，2001年版，第45页）交往德育的根本意义在于对灌输德育的超越。灌输德育指向道德知识的掌握，而不是指向道德规范的内化、道德品质的生成和道德个性的发展；存在单一主体、脱离生活和唯理性灌输等。

"人"是交往德育的出发点与核心，即确立和显现师生在德育活动中的主体地位，而不是以观念、原则为出发点与核心，因而，从本质上说它是一种人本主义德育。只有在本原的整体框架中，德育才获得其存在与发展的根基。人既生活在物质世界中，也生活在意义世界中。本原的教育是一种既授人以生存的手段与技能，使人把握物质世界的教育，又引导人以生存的意义与价值，使人建构自己意义世界的教育，它是这两种教育的协调与统一。本原的教育所要实现的目的有两种：一种是有限的目的，即使受教育者具有与外部世界期待相符的外在目的；另一种是"超出人的自然存在直接需要的发展"之内在目的，它指向的是人自己，是人的自我觉解、自我发展、自我提升、自我意义建构。只有使这两种目的统一才可能达到人的全面自由发展。

交往德育是德育主体的主体性与"主体间性"的体现和统一，从而使德育主体性具有完整的意义。在德育活动中，教师只是顾问而非指导者和操纵者，主要工作不是教学生怎么做，而是提供某种特定的环境和手段，帮助学生并由学生自己选择怎样做。处于青春期的学生已经开始反感教师的硬性约束，教师这也强制、那也限制，往往会造成学生的逆反心理，尤其是高校的大学生，他们的自主意识更强，不愿意听别人的命令与限制，而更愿意与别人进行平等的交往与沟通，在教师的指导下自己思考、自己分析。因此，德育必须对学生有深刻的认识，发挥学生的主观能动性，避免使学生产生逆反心理。教师与学生、学生与学生在生活和德育中以完整的人格相互交流和沟通，在创造他们的交往关系之时，也在创造生活，也在体验和内化着生活要求，从而也在建构着自我。真正意义上的交往构建着学生一定道德体验的环境，师生在交往关系中打通德育与生活的壁垒，也就从根本上克服了灌输德育中对生活世界的脱离。

交往德育强调交往参与，否定教育者凌驾于受教育者之上的自上而下的硬性灌输，否定从上对下的不平等关系，而实施平等对话、相互教育、共同发展意义上的关系，这种关系是师生人格平等的民主对话的"我—你"交往关系，师生共同生成，同时存在。这是一种主体间性关系，是交互主体性、主体间性的教育者和受教育者之间的关系，由教育与被教育关系转向平等交往关系，由单向影响转向双向交往。这样，便生成出一种既是德育的场景，也是德育本身意义的关系情境，德育也不再是造就"单向度的人"，德育过程也转变为建立在师生对话、沟通、理解、协调、一致、解决矛盾的基础之上的平等交往，一定的道德观念与规范也不再是外在于学生、由教师强制灌输的，而是为学生自觉地从情感、意志、信念诸层面自主选择、自我构建、逐渐内化，并最终外化为主体自身的行为。

交往德育实现了德育与生活的联系，从而使德育获得了完整的内涵。灌输德育是一种物化的、对象化的思维，它把学生当作客体物对待，把德育活动等同于人对自然的改造活动，把德育简单退化成一种物质活动，用既有的条条框框、规范制度对学生进行约束与限制，抹杀了德育的实践性，德育变成了一种纯粹的"知性德育"……人不同于物化的客体，人是处于一定社会的、现实的、具体的人。交往德育把人与人之间的关系视为主体间相互交往的关系，而不是人与物的认识与被认识、改造与被改造的关系，这样，德育与生活具有了同构性，德育中的关系不再是一种知识授受关系，而是一种生活的交往关系，德育真正地回归到了生活世界之中。

第二节 交往德育机制的特征及运行原则

一、新时期德育特点分析

新时期不仅仅是时间距离上的远近、空间距离上的长短，新时期更为突出的是一个逻辑性的概念，是一个反映事物由量变到质变的概念，是一个反映时代变革与当下时代特征的概念。随着新时期社会主义市场经济的建立和深入发展，我国的政治、经济、文化、教育、道德等方面都发生了前所未有的变化，人们的思想意识、行为方式、利益关系、目标追求也出现了多元化趋势。道德作为建立在一定社会经济基础之上的一种社会意识形态，必将随着社会的进步而发展，随着社会生活的变革而变革。新时期的变革与发展，带来了教育环境的"新"、教育手段的"新"、教育对象的"新"、教育目标的"新"……新时期教育上最突出的特征就是教育正迈进以推进教育对象的创新精神和实践能力为核心的素质教育，学校德育在这一变革中也面临着一系列深刻而又沉重的变迁。新时期德育主要呈现出以下几方面的特征。

1．开放性

长期以来，学校被认为是一个与外界相对隔离的"封闭系统"，因此，学校德育也就带有必然的封闭性。另一方面，受应试教育的影响，"分数"成为学生的命根、教师的任务、学校的招牌，在"德、智、体、美、劳"序列中居第一位的"德"却在学校中无真正的地位，学校教育者的德育教育方法是传统的说教式教育，导致德育教育自身走向封闭。伴随着社会的不断发展，现代社会人与人之间联系的日益增多，网络化、信息化、全球化趋势的不断增强，教育面向现代化、面向世界、面向未来愈加明显……这些都使得德育在学校教育中的重要性日益突显，也促使德育要由封闭走向开放。

2. 复杂性

新时期社会转型、经济改革、社会主义市场经济体制建立、各种道德观念、思潮、主张充斥着整个社会环境，各种思想观念在进行着激烈的斗争，这种斗争是无法回避和阻止的。新时期外在环境的复杂多变对学校，尤其是对高校环境产生了一定程度的影响。这些复杂多变的环境使新时期德育变得极为复杂，因此，新时期，只有不断提高德育工作的整体水平，发挥德育的真正效力，才能在与各种错误思潮斗争的过程中，提高其竞争能力。

3. 广泛性

新时期学生所接触的关系更多，受各方面的影响更大：学校的德育工作者、教职员工在对学生进行着教育，而社会大环境对学生也施加着各种影响，这就造成学校的德育工作与学校环境、社会大环境有着广泛联系。德育是学校工作的重要组成部分，要实现德育目标，仅靠德育工作者是做不到的，必须依靠学校党委和行政的领导，充分发挥他们的职能，并与学校的各项工作完整配合，动员全体教育工作者关心、参与德育工作，只有这样，才能促进学生全面提高、全面发展。

4. 实践性

在以往的德育过程中，课堂是主渠道、主战场，以教学为主要形式，思想品德课、政治课上教师讲理论，考试时学生背条条，德育成绩的优劣，就看学生背诵的好坏，几乎不要求学生联系思想实际、社会实践。新时期，德育突出了其实践性，德育不再仅仅是课堂上的"知识"，更为重要的是具有实践性和操作性。

新时期德育呈现出的新特点客观上要求学校德育工作者要转变观念，对德育对象，即学生的心理、思想进行深入而系统地研究，掌握学生思想变化的新趋向；同时，还必须对德育理论进行系统研究，这不仅仅是德育理论自身发展的需要，同时更是新时期学校德育发展的客观要求。

二、交往德育机制特征研究

伴随着哲学理论界对实践与主体性问题研究的不断深入，交往也成为教育界争论的焦点。雅斯贝尔斯、哈贝马斯等的交往理论为交往德育机制奠定了理论基础，而交往的实践性特征也为交往德育机制提供了现实之基。交往德育机制是教职员工（包括管理者）主体之间、教职员工与学生主体之间、学生与学生主体之间相互作用、相互沟通、相互理解的过程，是由多极主体自主地、民主地、创造性地通过平等对话与主动参与，实现德育交往合理化，产生德育影响和德育效果，最终达成共识的德育机制。交往德育机制体现为教职员工、学生多主体的主体间性的作用和统一，同时构建起德育通往社会生活的桥梁。与传统的说教式、灌输式德育机制相比，交往德育机制实现了如下的转变：

（1）德育功能。从过分强调德育的驯化、政治化作用而忽视学生个人发展，转变为同时关注德育的社会功能与学生个体的发展，体现出更强的人本化、人性化。

（2）德育目的。由仅仅让学生接受、服从道德规则和道德规范，转变为更重要的是促进学生社会化、提升学生的道德自觉。

（3）德育内容。从空洞、单调的道德知识、道德规范，转变为关注学生的生活世界和学生的实际需要，德育逐渐走向学生的现实世界、生活世界。

（4）德育主体。从仅以教师为主体而把学生当作客体的物化德育，转变为师生均为主体的交往德育，既突出德育的主体性，更突出体现其主体间性。

（5）德育过程。从注重刚性的说教式、灌输式的知性德育，转变为注重鲜活实践和生活的交往德育，强调"我与你"的对话与理解。

交往德育机制的内在意蕴就在于达成德育主体之间的视界融合，这种融合是主体间性和主体性的阈界融合，交往主体仍保持着自己独立的个性，并不意味着个体主体性的丧失。只是交互主体间的部分的融合，不是一个主体取代另一个主体，或覆盖另一个主体。由于交往，个体主体性会得到补充、改善，从而能使其更充分地发挥。师生作为独立的德育主体，平等交往、双向互动、相互影响、相互渗透，这与现代社会人们对民主个性的向往是一致的。

交往德育机制构建了动态、开放的德育过程，创造了民主平等的德育氛围，拓展了德育的时间和空间。它不仅使我们能够跳出单向理解与目的理性的传统德育模式的藩篱，同时也是促使学校德育朝着科学化、人性化方向发展的新契机，从而为推动当代德育理论与实践朝着符合时代发展要求的方向前进，朝着更为有益于个人与社会健康发展的方向迈进，为促进学校德育的可持续发展提供了崭新的视角。

传统的灌输德育中，教师与学生是一种不平等的教育与被教育的关系，教师是控制者，他代表着权威；而学生则是被控制者，德育的过程也变成了教育与被教育、控制与被控制的过程，这样的德育效果可想而知。在交往德育机制中，教师和学生的关系是一种对话关系，师生处于平等地位，教师不再是控制者、知识的权威，学生不再是服从者、被动的接受者。师生相互尊重彼此之间的独特个性，共享不同的人生经历、生命体验，他们相互影响、相互作用、相互渗透。教师通过其主体性的发挥，引导学生德性的发展，使学生的主体性得到不断的提升和保障。因此，教师的"主"不在于体现强制"灌输"，而是体现在激励导行，把握方向；而学生的"主"则主要体现在学习的动力上，表现为学生的积极性、主动性。在交往德育机制中，师生都积极、主动地投入交往活动中去，在这种关系中，师生双方都是作为完整的人在交谈、相遇，都参与到"我"与"你"的对话中，双方都在理解中获得了沟通和共享，双方互动、共同促进、共同提高。交往德育机制主要体现为以下两个特征。

1．主体多极性、平等性

交往德育机制中形成的主体之间的关系主要有以下三种：

（1）不同的教育者在面对共同的教育对象时所结成的关系。在交往德育机制过程中，为保证德育影响的协调一致，共同促进受教育者的身心变化，教育者必然要结成一致的主体之间的关系，即"师—师"关系。

（2）不同的受教育者在同一时空中面对共同的道德规范学习和道德生活所结成的主体之间的关系。德育主体之间以道德生活为媒介的交往，是一种日常交往，表现为间接德育；以道德规范学习为媒介的交往，是一种非日常交往，表现为直接德育。要重视受教育者在日常交往和非日常交往之间结成的关系即"生—生"关系。

（3）教育者和受教育者通过德育客体而结成的主体之间的关系即"师—生"关系。教育者和受教育者之间的关系就是把前面两种主体之间的关系作为环节而含括在"主—客—主"的交往模式中，从而达到了三者之间的统一。

交往德育过程不再是单一主客体的两极摆动，而是教师（们）和学生（们）以共同的客体为中介的交往过程，它生成的是多重主体际关系，包括师师之间的主体际关系、生生之间的主体际关系、师生之间的主体际关系、以及教师、学生与客体（教育资料）的创造者之间的隐性主体际关系。交往德育机制中的每一个主体都具有独特的个性，人已经不是孤单的人，而是具有主体间性的人。德育主体是具有交往关系、社会差别的多极主体，具有参与交往的多极主体性。

交往德育机制之所以能够形成多极主体之间的交往关系，其中一个重要原因就在于多极主体之间的平等性。平等是哈贝马斯交往行为理论的核心性前提之一，在哈贝马斯看来，离开了主体之间的平等性前提，一切交往与对话都不可能会实现。在交往德育机制中，多极主体之间的平等性是德育机制的根本性前提。反思传统的灌输式、说教式德育，效果不理想的重要原因就在于把学生放在了不平等的"客体"位置，认为教师是主体，学生只是供教师改造的客体。交往德育机制是一种人本化的德育机制，它真正地尊重人、关注人、发展人，这也是其能够推动德育发展的关键所在。

2．主体间双向建构、双向理解

交往行为是一种主体之间的交互作用，其目的是达到主体之间的"理解"和"一致"。用主体间性统摄德育过程要求教育者和受教育者在人格上的平等，与此同时，强调双方同时作为道德教育和发展的主体，是能够相互影响、相互渗透的。道德发展来自社会冲突情景中的社会性的相互作用，是个体与其所在社会环境中的其他人的一种交流。在交往德育机制中，师生之间的"我—你"关系，强调双方真正的平等沟通和理解，教育者和受教育者不是把对方看作可以改变的对象，而是看作与"我"讨论共同"话题"的对话中的"你"，沟通交流中的"你"，师生之间是一种同伴的"参与—合作"关系，两者的合作达成一种默契。在场的主体作为意义与理解的发生源都是交往的产物，是交往的双向建构和双重整合的结果。因此，交往的过程是一种共享精神、知识、智慧和意义的过程，师生正是在共享中相互造就的。师生之间存在着特殊性和差异性，可以通过交往而相互承认、理解，达成共识，获得双方共同认可的具有普遍性的规则和规范，从而完善自己，发展自己。马丁·布伯指出："真正的教师与其学生的关系便是这种'我—你'关系的一种表现。"

（[德]马丁·布伯著，陈维纲译：《我与你》，北京三联书店，2002年版，第114页）

交往行为是在理解的基础上达到共识的或合作性的交互活动。可理解性或相互理解是交往行为不同于其他行为模式的本质规定，或者说，对其自身的合理性而言的中心概念是理解或相互理解。哈贝马斯在界定"理解"的本质时指出："'理解'最狭窄的意义是表示两个主体以同样方式理解一个语言学表达；而最宽泛的意义则是表示在彼此认可的规范性背景相关的话语的正确性上，两个主体之间存在着某种协调。"（[德]哈贝马斯著，张博树译：《交往与社会进化》，重庆出版社，1989年版，第3页）理解是主体间性的理解，在这个意义上，"理解"是交往行为的核心要求，没有相互理解，也就没有交往行为。交往本身既是一个行为过程，同时也是一个理解过程。德育只能是人理解人的教育，而这种理解必须通过人与人的交往而实现，最后，它还要通过人的自我意识构建才得以凝聚形成个体的德性。德育是我与你共同参与，促进人的道德发展的过程，"我—你"的交往关系是一种主体间性关系。

三、交往德育机制的运行原则

交往德育机制的运行原则是平等性原则、对话性原则和主体间性原则。

1. 平等性原则

平等性原则是交往德育机制的首要的和基本的原则。由于传统的师道尊严和教师的角色意识，教育者往往无视学生的现实处境和精神状况，认为自己比学生优越，对学生耳提面命，不能与学生平等相待，更不能向学生敞开心扉，而采取说教式、灌输式的教育方法，师生之间很难有基于相互尊重、信任基础上的平等对话与交往。哈贝马斯构建的交往行为理论认为，交往是主体与主体在平等基础上进行的对话关系，这种"对话"能够进行的首要前提是"平等"，离开了"平等"，主体与主体之间的对话就难以实现。人与人之间的伦理关系的调整、共同规范的遵循都是通过对话来进行的。对话的过程是对话双方在平等的基础上从各自的经验出发所达成的一种视界融合，视界融合的结果一方面培植了主体间性，另一方面促成了双方认知结构的改组与重建。视界融合、认知结构的改组与重建意味着对话双方的理解与共识的达成。交往德育机制强调的是一种师生之间的精神交往与心灵相遇，表现为师生之间以平等的姿态交流自己生命活动中的真实体验，诚恳而感情真挚地交流生命的感受，由说教式、灌输式走向平等对话式。

2．对话性原则

马丁·布伯认为："我与你的对话不仅是言语上的你来我往，而是寓于'生活深处'的具体体验。"（[德] 马丁·布伯著，陈维纲译：《我与你》，北京三联书店，2002 年版，第 83 页）在雅斯贝尔斯看来，对话展示了精神追求的可能性，因为"对话是探索真理与自我认识的途径。""对话是真理的敞亮和思想本身的实现……在对话中，可以发现所思之物的逻辑及存在的意义"。（[德] 雅斯贝尔斯著，邹进译：《什么是教育》，北京三联书店，1991 年版，第 11 页）在交往德育机制中，主体之间直接地、平等自然地对话沟通有着不可或缺的重要作用，对话吸引着师生全身心地投入，围绕着共同的"话题"，相互走进"你"、"我"的世界，双方的精神在对话中接受洗礼和启迪。对话不仅是指两者之间的言谈，而且是指双方的"敞开"和"接纳"，是指双方共同在场、相互吸引、互相包容、共同参与的关系。对话的过程亦即是个体从狭隘走向广阔的过程，它带来视界的敞亮。

肖川在其专著《主体性道德人格教育》中阐述了"交往与主体性道德人格教育的生成"，指出"主体性道德人格教育之所以特别青睐于以对话为主要形式的交往，是因为我们有必要用交往的内在精神来改造、重建师生关系；教师通过创造积极的师生关系，使学生获得人际关系的积极体验，引导学生主体性道德人格的生成与确立。"（肖川著：《主体性道德人格教育》，北京师范大学出版社，2002 年版，第 199 页）在教师与学生阐释、商谈、同意的协调过程中，他们同时与道德现实的客观世界、道德规范设计的社会世界和道德主体表达的主观世界发生关联，并在主观世界的交流中，在评判客观世界、社会世界中达成共识，强调德育过程中师生之间必须进行双向平等地对话，可以使双方获得理解和沟通。

3．主体间性原则

交往行为中的人与人之间的关系是互为主体的，他人在自我眼中不是竞争的对手，而是平等交往、相互依托的伙伴关系。道德规则就是通过主体之间的对话方式建立起来的，它体现了交往双方的共同意愿。随着人类社会的进步和人的主体性的空前觉醒，传统的"主体—客体"思维模式，尤其在解释人与人的关系上，受到了普遍的质疑。现代语言哲学鲜明地提出：他人不等于客体，他人同样是具有主体性的、平等的主体。由此，人与人的关系不应是单纯的主客体关系，而是还具有"主体—主体"的关系，在主体与主体的交往中形成了主体间关系，由此而衍生出主体之间的交互主体性。

在交往德育机制中，师生双方平等交往、相互作用、共同建构，两者形成了"我"与"你"的关系即主体间性关系，双方之间不是"主—客"关系，而是人与人之间相互承认与理解的社会性关系。主体间性原则渗透到德育机制中，对传统的教师为主体、学生为客体的主客二分的工具性德育模式形成冲击，教师和学生将共同作为德育主体，从事意义、精神方面的重新建构，并达成参与者之间的相互影响和理解，无论是教师还是学生都不存在霸权的、支配的和中心的地位。师生之间通过主体间的交往和对话，在和谐共存中促进彼此的发展。岳伟、王坤庆在他们的《主体间性：当代主体教育的价值追求》一文中指出，"在当前的教育实践中，主体教育要承担双重任务，既要把受教育者从客体生存状态下解放出来，使他们充分发挥自身的潜力与创造力，又要打破教育主体的封闭性与隔绝状态，使他们主体性的发展保持合理的价值向度。因此，作为主体性（传统意义上的）的超越与发展的主体间性应该是当代主体教育的价值追求。"（岳伟，王坤庆：《主体间性：当代主体教育的价值追求》，《华东师范大学学报》（教育科学版），2004年第6期，第4页）

交往行为理论是当代西方哲学研究的重要内容，尤其是以哈贝马斯的交往行为理论为代表。交往行为理论为交往德育机制的构建提供了坚实的理论基础，而交往的实践性则是交往德育机制构建与运行的现实之基。传统说教式德育、灌输式德育效果的不理想是构建交往德育机制的客观要求。交往德育机制针对传统德育机制的种种弊端，反对单向的、知性的道德灌输，提倡教育者与受教育者共同作为主体在平等的相互交往之中完成德育过程、达到德育目的，提倡德育应该回归学生的生活世界，体现出了对道德主体性、对道德主体自由意志的尊重，构建起了德育与生活世界有效沟通的桥梁，较之传统的说教式、灌输式德育模式更深入地触及德育的根本性问题，反映出了德育的本质特征。总之，交往德育机制不仅是对传统德育模式的挑战，同时也是促使学校德育，尤其是高校德育朝着科学化与人性化方向发展的新契机。

第七章 交往目标机制

在社会历史领域内进行活动的，全是有意识的、经过思虑或凭激情行动的、追求某种目的的人，任何事情的发生都不是没有自觉的意图，没有预期的目的。

——恩格斯

第一节 目标及高校目标机制

一、目标

1.目标的含义

恩格斯曾经指出："在社会历史领域内进行活动的，全是有意识的、经过思虑或凭激情行动的、追求某种目的的人，任何事情的发生都不是没有自觉的意图，没有预期的目的。"（《马克思恩格斯选集》（第4卷），人民出版社，1972版，第243页）人区别于动物的本质特征就在于人有意识，人具有主观能动性，人的活动具有目的性。关于人与动物的区别，马克思有过经典的论述："最蹩脚的建筑师从一开始就比最灵巧的蜜蜂高明的地方，是他在用蜂蜡建筑蜂房以前，已经在自己的头脑中把它建成了。"（《马克思恩格斯全集》（第23卷），人民出版社，1979年版，第202页）追求一定目标是人类行为的基本特征。

然而，正如一句话所说的那样，我们所熟悉的并非我们所熟知的，我们所熟知的并非我们所真知的。虽然目标是一个耳熟能详的词汇，我们在现实生活中也经常提及它，但对于目标的内涵理解，却存在着较大的差异。

赫西、布莱查尔特在他们合著的《行为管理学——人力资源的运用》一书中认为："目标是外在的，它们有时被解释为由动机所引导的被欲求的报酬。"（[美]赫西，布莱查尔特合著，王琼玲译：《行为管理：人力

资源的运用》，大中国图书公司印行，1980 年版，第 9 页）

查尔斯·L·休斯（Charles L.Hughes）认为"目标是我们所要达到的表明环境条件的时间上和空间上的位置，是成就的标志，成功的尺度，激励我们前进的有影响、能计量的而且有价值的东西。"（[美] 查尔斯·L·休斯：《目标制定》，上海市企业管理协会编，1981 年，序言 2—3）

弗里蒙特·E·卡斯特、詹姆·E·罗森茨韦克认为："简单说来，目标就是组织奋力争取达到所希望的未来状况。从这个意义上说，目标包括使命、目的对象、指标、定额和时限。"（弗里蒙特·E·卡斯特，詹姆·E·罗森茨韦克合著，李柱流等译：《组织与管理——系统方法与权变方法》，中国社会科学出版社，1985 年版，第 178 页）

齐亮祖认为："目标就是在一定时期内，各种活动、行为所要达到的境界和标准。"（齐亮祖编：《学校管理学》（教育管理刊授教材），辽宁师范大学教育科学研究所，1985 年版，第 253 页）

陈孝彬在《教育管理学》一书中指出："目标是管理规划的起点和管理活动的终点。目标是人们在行动中所要实现的结果。一般来说，目标是在人们对组织或自身能力认识的基础上，结合对环境的分析所提出的愿望和要求。"（陈孝彬主编：《教育管理学》，北京师范大学出版社，1999 年版，第 317 页）

《新华词典》里对"目标"是这样解释的：（1）"想要达到的境地和标准"；（2）"攻击和寻求的对象"。（《新华词典》，商务印书馆，1993 年版，第 638 页）

还有学者认为"目标是一种期望，是人的各项活动所追求预期结果在主观上超前反映"；"目标，是指在一定的时间内，所要达到的具有一定规模的期望标准。在某种意义上就是人们所期望达到的成就和结果。"虽然对目标定义的具体内容存在着差别，但至少有一点可以得到肯定，即目标是个人或者组织在一定时期内的期望成果。

2．目标的特征

目标的特征包括客观性和主观性、系统性和层次性、动态性和稳定性以及时效性。

（1）客观性和主观性。

一般而言，目标受到社会的政治、经济、文化、科技发展等状况的影响，受到组织性质、组织规模、组织发展程度的制约，具有现实的内容，因此，它具有客观性，即目标的内容是客观的，是对现实的反映，它不是由某个人所随意构想的，而是有一定的客观依据。

目标是由组织中的人设定的，是客观要求在人的主观意识中的反映，它的形式是主观的，存在于人的观念之中；目标必须由人去实现和达成，在组织目标实现和达成的过程中必须要发挥人的主观意识，发扬人的主观能动性；组织目标的反馈、评估等仍然是人的行为，因此，目标又带有极强的主观性。

（2）系统性和层次性。

组织中的某一个目标不是孤立存在的，它往往处于"目标群"之中，即目标是预定结果的集合。组织的近期目标、中期目标、长期目标、个人目标、群体目标、组织目标等构成一个有机统一的目标体系，目标之间是相互衔接、有机统一的。同时，处于"目标群"中的各个目标并不都处在一个层面上，而是分层分级的，如组织的近、中、长期目标，个人、群体、组织目标等都存在着层次性，并且较高层次目标的实现以较低层次目标的实现为基础，较低层次的目标是较高层次目标的分解和具体化。

（3）动态性和稳定性。

目标随着社会经济、政治、文化、科技的发展而发展，随着组织的变革而改变，组织目标往往需要随着客观要求和工作进展而不断调整、补充、修正和更新，不存在一成不变的组织目标，组织目标是在变化、发展的；但组织目标在具有动态性的同时又具有稳定性，因为目标是组织的导向因素和测评尺度，它既为组织的运行指明方向，又是测评组织行为效果的标准，因此，目标一经确定，就必须在一定时限内确定不变，不能朝令夕改。组织目标的相对稳定性和绝对可变性是辩证统一的。

（4）时限性。

从目标的定义我们不难看出，目标需要有一定时限的，没有时间限制的目标就成为"永恒目标"，而"永恒目标"不可能存在。从组织发展的角度讲，有了时间限制，才能够促使组织成员团结一致、克服困难，按期达到组织目标。有时间限制才能有效率，组织目标的实现必须要有时间限制作为保障。按时限标准划分，目标可以分为近期目标、中期目标、长期目标等，这些都是目标时限性的反映。

3．目标的功能

目标的功能包括导向功能、激励功能、调节功能和凝聚功能。

（1）导向功能。任何组织活动都必然要有一定目标，它起着指示方向、引导轨迹、规定结果的重要作用。正确、科学的目标，能促使组织活动取得预期的效果。一般来说，目标方向、工作效率与管理绩效三者的关系可以用下列公式表示："管理绩效 ＝ 目标方向 × 工作效率"。该公式表明，如果目标方向正确，则工作效率越高，管理绩效就越好，效率与绩效成正比；反之，如果目标方向不正确，则工作效率越高，管理绩效就越坏，效率与绩效成反比。由此可见，正确的目标可以被视为组织活动的"第一要素"，确定明确的、适切的目标是组织活动的首要工作，是组织实现目标和改进目标的基础。

（2）激励功能。目标作为观念形态的价值意识反映了人的需要，当需要带有清晰而明确的目标和目的意识，并延伸到人的行为领域与行为相联系的时候，则就会形成动机，科学的目标能激发人们努力去实现动机。"激励理论"强调：目标是一种刺激因素。人们对目标的价值期望越大，期望实现的概率越高，目标激发出来的力量就越大，即："激励力量 ＝ 目标价值 × 期望概率"。（苏东水著：《管理心理学》，复旦大学出版社，1998 年版，第 232 页）因此，在管理过程中，目标的激励作用应得到充分的发挥。管理者一方面要及时提出明确的合理奋斗目标，使被管理者认识到目标的重要价值，另一方面要帮助被管理者认识实现目标的可能性，从而激发他们行动的动机，为实现目标努力工作。

（3）调节功能。在组织中人们进行工作的过程就是不断自我调适的过程，克服心理上、情绪上的障碍、客观环境的干扰和自我矛盾，提高自我控制能力和对环境的适应能力。组织通过制定目标、实现目标、检验目标等一系列管理活动，使各管理部门、各成员不断地端正方向，统一思想，自觉调节各自的行动，协调各方面的关系。对管理者自身来说，只有当他心中有了明确的目标，才能取得工作的主动权，从而抓住主要矛盾，分出轻重缓急，自觉地、主动地去调动各方面的积极因素，控制不利因素，促进管理效率不断提高。

就管理工作本身来说，如果没有统一的目标或忽视目标的调节作用，整个管理工作就没有中心点，就失去向心力、内聚力，就会造成力的分散、抵消、互相干扰，管理工作目标就无法实施。管理者不仅要明确整体的工作目标，而且还要明确各个部门和上下层次的工作目标，从而保证它们相互补充、相互制约，并协调一致地进行工作。

（4）凝聚功能。组织通过自身各种要素集中、一致的作用，引导组织成员主动接受一定的价值观和行为准则，使他们向着组织、社会所期望的目标发展。目标作为一个组织的共同愿景，与组织中的每个人休戚相关，组织目标的实现与个人目标的实现在一定程度上可以是内在统一的。目标能够凝聚组织成员，使组织成员形成强烈的凝聚力、向心力、团结力，为组织目标的实现而努力。

二、现行高校目标机制问题研究

高校是一个"组织角色"相对比较单一的组织，以教师和学生为主体，因此，高校目标也相对比较单一，而且，这种目标是以精神性目标为主（主要是学生成长与成才），不同于其他企业组织以物质生产为主，重视物质生产和销售过程。在一定意义上，我们可以把学校定义为"人与人之间交往的场所"，只不过这种交往不同于我们的"日常交往"而是一种"非日常交往"，包括知识、情感、思想、价值观念等的传递与交流。

高校目标机制是高校目标设定、运行、达成、反馈、评估等过程的统一体。高校目标机制不仅仅意味着高校要确定目标，更意味着高校要对目标进行反馈、进行评估，形成一个完整统一的体系。谈到高校目标机制就不能不说到目标管理，尤其是高校目标管理，因为目标管理是一套比较完整的目标机制，它根据总目标要求组织中的每个成员都制定自己的分目标，从而保证目标的实现，并且注重对目标的考核、评估，从而为组织目标的制定与达成奠定基础。

目标管理（Management by objectives，MBO）是美国管理大师彼得·德鲁克（Peter Drucker）于 1954 年在其《管理实践》一书中首先提出。所谓"目标管理"就是管理者通过目标对所属组织进行管理。德鲁克指出："让每个成员根据总目标的要求制定自己的个人目标，并努力达到个人的目标，从而使总目标的实现更有把握。在目标管理的实施阶段和成果评价阶段中，应该充分信任成员，实行权限下放和民主协商，使成员实行自我控制，独立自主地完成自己的任务。当然，还必须根据每个成员完成目标的情况进行奖励，以激励员工的工作热情，发挥每个成员的主动性和创造性。"（[美]斯蒂芬罗宾斯著，黄卫伟等译：《管理学》（第四版），中国人民大学出版社，1996年版，第160—162页）在德鲁克看来，确定目标是管理人员的主要责任，而目标是成果的意想状态，能增进成果。在集体的努力和控制下，目标设定有利于成功地实现共同的价值观念和目标；相反，如果没有一定的目标指导每个人的工作，则组织越大，人员越多，发生冲突和浪费的可能性也就越大。目标管理的精髓就在于在总目标设定的情形下，每个员工根据总目标的要求，分解总目标、制定个人目标，并努力达到个人目标，进而确保总目标的整体实现。一个组织的"目的和任务，必须转化为目标"，如果"一个领域没有特定目标，则这个领域必然会被忽视"。（陈孝彬主编：《教育管理学》，北京师范大学出版社，1999年版，第317页）

自德鲁克提出目标管理后，目标管理大致经历了如下三个发展阶段：

第一阶段是20世纪50年代末至20世纪60年代初，以绩效评估为中心的目标管理。这一阶段的重点是以能量化的"工作具体成果"评价代替传统的"个人气质"（道德加态度）为评估标准的作法。

第二个阶段是20世纪60年代中期，以目标结合为中心的目标管理，不只强调总目标和部门目标，还要设置个人目标，即重视目标体系的形成和组织成员参与管理等问题。

第三阶段是20世纪60年代末期之后，以长期规划或战略规划为中心的目标管理。这时的目标管理超出了保证短期任务完成的范围，而着眼于长期发展目标的实现。

在西方，20世纪六七十年代目标管理即被引入教育领域，20世纪80年代，我国一些学校管理者开始运用目标管理思想来指导管理实践。有关高校目标管理的理解，赵元在其《浅谈民办学校的目标管理》指出："所谓高校目标管理，就是学校管理者依据党和国家规定的教育管理目标及方针政策，结合学校实际（如培养任务、师资力量、办学条件、学生具体情况及社会发展需要等），将其转化为学校的总体目标（如学生素质全面发展的总要求，以及办学水平要求并可能达到的最高程度，教育质量要求并可能达到的最高水平等），依据学校总体目标再制定校内各部门和个人的目标，形成有机的目标链，使个人目标、部门目标与学校总目标融为一体，学校管理者通过目标，对所有部门和每个人进行管理"（赵元：《浅谈民办学校的目标管理》，《北京教育》，2001 年第 3 期，第17 页）

从内容上讲，高校目标机制主要包括两方面内容：教育目标和管理目标。高校的教育工作和管理工作是两项相对独立的活动，但两者之间有着必然联系。管理活动是为了保证教育活动的顺利有效地进行，前者正是由于后者的需要，才得以产生和存在的。因此，两者所直接追求的目标并不是无关的两个方位坐标。学校教育目标是确立学校管理目标的主要依据，学校管理目标的达成，必将有助于全面实现学校教育目标。学校教育目标和管理目标合称学校工作目标，即学校全面工作的总规格、教育活动和管理活动结合状态的总要求等。学校工作目标示意图见图 7-1。

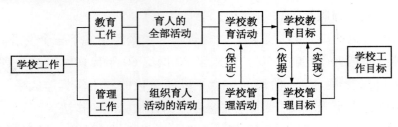

图 7-1　学校工作目标示意图

分析现行高校目标机制运行过程，存在的问题主要有以下几个方面。

1．高校目标设定方面存在的问题

目标设定是目标机制的前提和首要条件，如果目标设定缺少科学理论指导、目标设定不科学、目标明确性差、易产生偏差等则会影响整个目标机制。在高校目标机制中，"目标是学校管理中控制、检查、考核、奖惩的客观依据，确定目标时要力求明确、具体、符合可考性原则。"（黄宪仁著：《目标管理实务》，广东经济出版社，2001 年版，第69 页）如果对学校目标缺少科学的论证，必然与理想的目标制定应定位准确、方向正确、指标明确等要求相距很大，造成目标过高或过低，目标不够明确难以考核，目标主次不分等，使目标难以考核，失去导向和激励作用。

172

（1）目标定位不切合学校实际。

我国很多高校在设定目标时过于高远，缺少对自身定位和资源的实际分析，提出的目标往往是"创世界一流大学"、"建全国一流学科"、"办全省一流专业"等过于高远的、不切合学校发展实际的目标，最终往往使目标落空。具体表现在：一是大学合并热高温不下，拓展新校区成风，加之各地纷纷圈地兴建大学城，多校区的"航母"大学比比皆是；二是在办学类型上，盲目追求学科门类专业齐全，不顾自身的实际条件，争办新学科、新专业，普通高校都要办成综合性、多科性、学术性的大学；三是在办学层次上，争上硕士点、博士点，专科学校争升本科、本科院校想变成本、硕、博一体化大学。造成千校一面，特色迷失，办学目标、模式趋同的局面。高校生存与发展必须有自己的特色与优势，实际上并不是每所高校都适合或者说有条件成为全国一流、世界一流的学校，在涉及学校定位的目标设定时高校应该结合自身实际，提出切合学校发展实际的目标与方向，只有这样才能真正发挥目标的导向、凝聚功能，否则，目标过于高远、不切合实际则会挫伤师生员工的积极性，也不利于高校自身的稳定与发展。

（2）总体目标缺乏科学性。

总体目标建立在学校整体规划的基础上，目前高校在整体规划制定方面尚存在一些问题，学校远期、中期与短期目标脱节，出现"人在政举，人去政亡"的现象；对于学校发展中的优势、劣势、机会和危机等缺少必要的信息和相应的分析，对市场优化和自身强化策略缺乏必要的认识，致使目标设置停留于经验的基础上；对学校总体目标与部门局部目标如何协调缺少整体的考虑；部门目标更多地是从现有的人力出发制定，目标体系混乱、不统一，造成总目标的缺陷，使目标难以有效地促进学校整体的发展。科学合理的目标体系是学校管理的起点和依据，也是学校管理的最终指向，对学校的稳定与发展具有至关重要的意义。

（3）目标层次不强、模糊不清。

目前，各高校往往提出的发展目标很多，如学科建设、专业建设、师资队伍建设、课程建设、后勤社会化等目标，提出来都很重要，但目标的主次不甚明确；很多目标往往是一种口号，如加大教学改革力度、提高学科建设水平、提高办学层次等口号式的目标，几乎是放之四海而皆准，定位不够清晰，不能突出学校发展特色。目标测评方面不能提出具体的、可行性的量化指标体系，目标模糊不清，一些不宜量化或难以量化的工作任务往往不能很好地落实，或由于指标面面俱到，过细过多，权重区分不当，难以突出重点，难以确保重点目标的实现，使目标失去应有的导向作用。

（4）目标体系不尽完善。

目标的向量性、系统性、预测性和挑战性决定应科学地制定目标，高校实施目标管理也只有在目标确定的前提下，才能将结果与目标做比较。因此，学校在一定时期内目标的确定是学校管理的基石，然而，目标毕竟是一种期望效果，属于主观范畴，目标的制定需要学校管理者从战略的高度把握学校发展方向，在充分考虑现有资源的基础上才能科学地制定学校在一定时间内的发展目标，如果对学校目标缺乏科学的论证，必然会与理想的目标制定应定位准确、方向正确、指标明确等要求相距很大，造成目标过高或过低，目标不够明确难以考核，目标主次不分等，使目标难以考核，失去导向和激励作用。

从时间上看，学校教育目标具有长效性、迟效性的特点，与之相适应，学校管理目标在时限上就有短期、中期、长期目标之分。但目前高校中存在的普遍现象就是追求近期效应而忽视长远利益：重视结果轻视过程，重视数量轻视质量，过分注重过级率、优秀率、高分率，忽视对学生综合素质的培养；追求容易显效的改革项目，而漠视基础性、长远性项目；追求任期效应，短期目标与中期、长期目标相脱节；重视对教职员工的使用而轻视培养……

2. 目标体系的构建与实施缺少交往与沟通

高校目标机制的关键性因素在于把组织目标变成教职员工的个人目标，变"组织要我干"为"我要完成自己的某某任务"，调动其积极性去实现个人目标，从而使组织目标得以完成。衡量目标机制的一条重要指标就在于能否把组织目标内化为组织成员的行动指南，对实现目标产生内在需求。赋予目标执行者以正确动机，激励其完成目标的干劲，这是目标机制取得成功的重要组成部分，同时也是目标机制的生命力所在。所以，高校目标机制必须是一种民主的目标机制，目标体系的构建与实施应该注重成员之间的平等沟通与交往，实行民主管理、民主决策，确保目标体系制定与实施的民主化、规范化、科学化。目标无论是由上级提出，再同下级讨论，还是由下级提出，上级批准，无论哪种方式，都应该采取民主的方式进行。在目标机制的运行过程中也应该增强信息透明度，确保信息能够得到及时反馈，目标能够得到及时调整。然而，现行高校目标机制为提高效率，使领导制定的目标得以有效实施，目标分解往往采取行政分摊的方式。如果教职工并不十分清楚高校目标，不关心个人目标与单位整体目标之间的联系，必然使他们的注意力停留在完成上级下达工作量、科研成果等各种量化指标方面。缺少对师生员工"授权"，缺少师生员工的"参与"，缺少师生员工对目标的"认同"，缺少师生员工的"自觉承诺"，因而使目标机制丢失了调动每个组织成员的工作热情与能力的作用，而这样的目标机制最终势必会影响目标的实现。

3．过分强调目标管理，忽略人性管理

现行高校普遍采取目标管理的方式。目标管理作为科学管理模式的主流代表，也存在一个通病，就是只重视刚性管理，靠刚性的规范、制度、条条框框进行管理，忽视人性管理（也称非理性管理、柔性管理），一味地强调严密的组织结构、周密的计划方案、详细的定量评价、严格的规章制度和明确的责任分工，强调对教师的控制、监督。实际上，在学校目标的制定与执行过程中，还有大量的非理性因素在发挥重要作用。管理者应顺应时代，转变管理思维，挖掘一种新的以活生生的人为重点的、带有感情色彩的人性化目标机制，把传统的纯理性的目标管理模式推陈出新，增强学校内聚力、向心力和持久力，把目标管理与人性管理进一步融合。

4．"目标分解"异化为"目标分摊"

一个组织的总目标是由若干分目标构成的，目标分解就是将总体目标在纵向、横向或时序上分解到各层次、各部门以至具体人，形成目标体系的过程。目前，高校在进行目标制定和分解时的作法通常是先由高校根据内外环境分析和上级主管部门的意见，设定本校的整体目标，再"分解"到下属院系直到基层单位，这个下达的指标就作为上级考察的目标。这样虽然容易使目标构成一个完整的体系，但由于未与下级协商，对下级承担目标的困难、意见不甚了解，容易造成某些目标难以落实下去；由于下级感到这项目标是上级制定的，因而不利于下级积极性的激

175

励和能力的发挥。整个"目标分解"过程变成了"目标分摊",这与传统的下达硬性的考核指标没有多大区别。由于目标缺乏学校成员的认同感,行动上缺乏"自我控制"的可能性,结果影响到学校整体目标的实现。

5．目标实现的动力机制不健全

高校目标机制的理论基础之一是目标激励理论,通过设置目标并把它作为一种激励手段以达到提高绩效水平的目的,企业通过实施目标管理可以使企业有序、稳定地发展,高校同样可以借鉴目标激励理论,健全高校目标实现的动力机制。科学的目标激励机制能够激发人的积极性、主动性和创造性,把师生员工的某种需要转化成个人的自觉行动,使个人为实现目标而竭尽全力地工作,不断追求更高的层次、更高的境界。激励是实现组织目标的核心手段,有效的激励必须建立在客观评价个人目标的实现程度和对整体目标实现贡献程度的基础上。

目前高校目标实现的动力机制仍然存在一定的问题,如激励机制设计不当、不能按规则兑现等。如果高校目标实现的动力机制能够促使师生员工形成正确的动机,即师生员工对学校目标有正确认识,认识自己执行目标的责任,同时认识到完成目标后,学校整体与职工个人能得到什么,即完成目标,学校能求得生存、长足发展、提高综合素质,个人将获得奖励,那么,师生员工的积极性一定能够得到提升。奖励不一定都是经济手段,完成目标的成功喜悦,成果被承认以及对教职员工适当的评价、晋级、提薪、委以更重要的工作等都是奖励。如果教职工对目标实施干好干坏一个样,干多干少一个样,没有奖励,也没有惩罚,将使教职工大失所望,工作积极性难以发挥。如果激励机制不健全,奖励未紧紧和取得的成果挂钩,惩罚未和其造成损失多少紧密联系,难以保证公正性,也会增加单位、部门、个人之间的矛盾,也会影响到目标的实现。

6．缺乏科学有效的目标考评与调控机制

由于传统的评价往往定性的多,而定量的少,特别是思想品德、工作作风和工作能力的考核等很难量化。一方面,目标模糊难以考核。高校教学组织及管理组织内的许多目标难以量化、具体化,如工作在技术上不可分解,组织环境的可变因素越来越多,变化越来越快,组织活动的不确定性越来越大等。另一方面,高校目标调控机制不健全。目标机制不仅仅涉及到目标的制定、执行，而且必须对其进行及时的调控、考评。若只有目标的制定而不切实抓好检查考核，会使目标机制流于形式。因此，必须有效地实施目标调控，当发现目标不尽合理，目标计划本身有偏差时，必须及时对目标计划做出调整，当客观环境发生重大变化或本身有重大失误，使预定目标和计划不能继续执行时，必须重新制定目标，全面改变计划，以保障目标顺利实现。

第二节　交往目标机制：一种理性目标机制的反思

一、交往目标机制内涵及特征分析

交往型学校的交往目标机制是一种崭新的、以人为着眼点的、人性化的、人本化的目标运行模式，它把传统的纯理性的目标管理模式推陈出新，将交往所蕴含的平等、民主、沟通、合作、互融等理念与精神融入到学校目标机制之中，强调在学校这样一个注重知识、情感、价值观念等精神性交往的特殊组织中应发挥平等交往与沟通在组织目标机制运行过程中的功能与作用。

交往型学校的理论范式是交往理性，这种交往理性范式充分体现于交往型学校的交往目标机制之中。交往理性对工具理性范式进行了反思与批判，认为其错误就在于组织目标与个人目标相背离，仅仅把个人作为实现组织目标的工具和手段，其标准化的理性追求脱离了"人性"发展的需要。因此，学校组织的交往理性范式十分强调组织成员对组织的认同（这里的认同是建立在组织充分体现成员利益的基础之上），努力寻求组织目标与个人目标的一致。

在学校目标机制的工具理性范式思维中，由于标准化技术目标的存在和作用的发生，整个学校组织已经成为工具理性所规范的标准化组织形态，因此，作为组织成员的组织角色是由技术化的标准来设置定位的，个人自己所担当的角色中尽管也包含有作为个人目标的成分，但归根结底，组织目标已经作为前提条件先于个人目标而存在，个人不得不成为其工具理性所操纵下的组织中的某种角色。这样，所谓个人对组织目标的认同，就不可能是绝对的、全面的认同，而是工具理性指导下的无可奈何的、有限选择的结果。

交往型学校的交往目标机制是对纯理性的目标管理模式的反思。目标管理过分强调客观性和量化指标而忽视了人性因素的作用。以纯理性目标为导向的组织在设定目标时很少考虑个人的需求和愿望，它没有意识到如果组织的目标只是一些强制性的选择而与组织中的群体目标、组织成员心中的计划、愿望、个人抱负无关的话，组织目标就不会对个人产生强大的激励力量。以纯理性目标为主导的组织理论认为组织的任务和利益是第一位的，群体、个人的需求、利益、抱负可以不闻不问，忽视了员工的心理需要——而这些恰恰是注重人、关怀人、为了人的交往理念所蕴含和倡导的。交往型学校的交往目标机制既借鉴了目标管理的结果导向性、过程监控性等特征，更为重要的是它融合了交往理念和精神，从目标的制定、执行、反馈等过程中都重视组织中人的作用，力图寻找个人需要与组织目标的最佳契合点。

目标管理过于重视刚性管理，一味地强调严密的组织结构、周密的计划方案、详细的定量评价、严格的规章制度和明确的责任分工，强调对教师的控制、监督，而忽视组织中人的价值，缺少对人的关怀，甚至于将人作为达成目标的机器和工具，另外，它的绩效考核与团队协作也是不相容的。这主要是因为团队成员把彼此看成了实际的竞争对手，帮助别人会使自己的绩效下降。此外，目标管理绩效考核亦可称为控制管理，它给每个人定额目标，限期完成，对每个人施压，使人处在紧张甚至恐惧之中。教育不同于其他物质性生产活动，它是精神性的、创造性的，如果过分强调量化目标的限制，那么真正的创造性和效率就可能会丢失。

交往目标机制的理论范式是交往理性，它蕴含着平等、沟通、合作、互融、人本等思想。交往目标机制注重组织目标与个人目标的协调，强调个人对组织的认同，即"角色认知"。个人在未加入某一特定的组织之前，基本上是一个自由的人，不受（或者受约束但比较小）这个组织的约束，但是他一旦加入到某一特定的组织之中，他就会牺牲一部分作为独立的个人的本质，而为组织所接纳，从而完成"个人"向"组织角色"的转换。这说明组织中的成员或角色都是以失去他作为"人"的独立存在为条件，然后才能被组织所接受，才能成为组织特定的"角色"。交往型学校的一个重要特征就是组织成员之间的"角色互依"，学校组织成员通过对学校目标的认同与内化，将学校组织目标转化为自身的实际行为，这种内化为思想到外化为行为的过程不是建立在约束、控制的基础之上的，而是源于学校组织成员对于个人目标与组织目标协同性的认同，源于平等交往过程中的心理共鸣。师生员工认识到自己在实现组织目标的过程中，也在实现着个人目标与自身价值。这就好比哲学上的局部与整体的关系一样，局部不能够离开整体而单独存在，局部不具有整体的功能，只有将局部置于整体之中局部才能发挥其作为局部的功能，而如果不置于整体之中，那么，局部也就失去了存在的理由了。因此，在师生个人目标与学校整体目标的关系上，交往目标机制认为应该将师生个人的目标融入学校整体目标之中，努力实现二者的有机协同。

交往目标机制一方面吸取了科学管理的思想，强调目标在学校管理过程中的作用，以目标指导行动，把具体的任务转化为目标体系；另一方面，交往目标机制又继承了行为科学的精髓，重视人的作用的发挥和人的思想因素的作用，把目标作为联结"人"与"事"的核心要素。在目标的制定过程中，交往目标机制主张上、下级在沟通与交往的基础上制定目标，反对上级摊派任务；在目标实施过程中，主张变外在的"控制"为内在的"觉解"；对目标实现情况采用上级考评与自评相结合的方式……

交往型学校的交往目标机制在学校目标的设定、分解、实现、调控、反馈、评估等方面都有着明显的特征（见表7-1）。交往目标机制在目标制定上，进行充分的沟通与交往，尽可能多地获得组织目标制定所需的信息，并注重学校的短期目标、中期目标及长期目标的有机结合，体现出学校的发展特色，这些对于学校目标制定都是极为重要的；交往目标机制在目标分解上坚持多元、动态、适切的原则，将上级目标与自我设定目标有机结合起来，确保目标科学分解；在目标实现上，交往目标机制不是单纯地强调组织目标的实现，而是在目标认同的基础上实现组织目标、群体目标及个人目标。交往目标机制强调"目标"的管理方式，目标不能由他人强加于己，自己才是最能做出合适计划的人，为了达成目标，必须进行各方面创新，并且在达成目标的过程中，要经常进行自我评价，以利于提高能力，建立目标层次体系和目标网络，通过目标的层层分解和相互协调将责任、权力和利益也进行层层分解；目标调控也是交往目标机制的重要环节，目标调控主要体现为外在的指标控制与组织成员内在自觉的统一；目标反馈构建双向、立体、网状的信息沟通与反馈渠道，不同于信息自上而下的单向流动与命令；目标评估则坚持双重导向，即教育目标与管理目标并重；评判与总结并举。

表7-1　交往目标机制

目标设定	交往、沟通充分；注重长期发展目标；体现学校发展特色
目标分解	上级指导下自我设定；多元、动态、适切
目标实现	交往顺畅、强调目标认同，不强调统一模式
目标调控	外在调控与内在自觉相统一
目标反馈	信息双向流动，而非自上而下的单向命令
目标评估	教育目标与管理目标并重；评判与总结并举

二、交往目标机制的构建及优化

1．交往目标机制的目标体系

任何一所学校都必须根据学生的需求、学生发展和未来社会对人才素质的需求、国家教育方针与法令法规的要求，确定学校的办学理念，它包括学校的办学宗旨、办学方针、育人目标、办学特色、发展目标、管理机制等。这些办学理念如何转化为可操作的管理行为，远期发展规划如何转化为各阶段的具体目标，关键就在于如何建立起科学合理的目标体系。

在学校的目标体系设计中，应该把长远发展蓝图的实现与中、短期目标的达成统一起来，应该确定哪些是按期努力应达到的目标，哪些是经过不间断的努力可以实现的目标，长远发展目标是一个总体规划，近、中期发展目标是服从于总体规划设计的眼前可操作的具体步骤。交往目标机制的目标体系强调将学校近期、中期、长期发展规划，分解转化为学校各阶段的目标任务，学校据此制定每学年、每学期的工作计划。各部门以学校工作计划为指导，根据本部门实际情况制定部门工作计划，最后落实具体岗位与个人。各层面的目标具体全面，定性与定量相结合，总目标指导分目标，分目标保证总目标，构成一个全面的目标体系，并围绕目标的实现展开一系列的管理活动。交往目标机制目标体系与传统的计划管理相比，其创新表现在以下几个方面：

（1）主体多极性。学校内师生员工通过多种形式都能够参与学校目标的制定和实施，根据学校总目标和上一级的目标作为指导，从本部门、本人实际出发确定本部门、本人的目标。

（2）目标体系性。从总目标到分目标全面而具体，目标涉及学校各方面的主要工作，如学校定位，德育指标，各年级素质教育指标，学校稳定指标，教职工队伍建设指标，后勤服务工作指标、成本控制指标等。

（3）测定多维性。学校各项目标是建立在对上一阶段质量、团队素质、综合效益的比较，部门之间质量、效益的比较，与同业之间的比较，以及对外部环境的变化等数据和情况认真测定、分析的基础上确定的，目标更具客观性、可操作性。

（4）目标可调控性。首先，目标的制定是建立在平等交往、信息充分、科学民主基础之上的，确保总目标的可操作性并能有效分解到部门和个人；其次，对目标的执行与实施进行有效调控，实行外在监督与内在自觉相统一的调控方式，把握各部门及个人目标达成的趋势，及时调整措施，确保目标的实现；最后，对目标的实现进行反馈与考评，实行外在评价与部门、个人自我总结相结合。

2．交往目标机制的构建及优化

（1）科学确定目标，完善实施计划。

学校管理是一个多侧面、多层次、多序列的活动，各类目标是一切管理活动的出发点和依据，是为了实现管理职能所树立的方向标，有什么样的目标，就有什么样的管理行为和方式方法，因此，科学地确立目标是学校目标管理的首要前提，也是交往目标机制得以优化的保障。学校管理者同师生员工通过沟通与交流，形成各方可接受的工作指向，这样不仅可以集思广益，确保目标的正确性、科学性，而且在目标实施过程中也能够得到学校成员的广泛认同，便于组织目标的顺利实现。

目标是组织愿景的核心内容。但要使这种目标具有感召作用，真正落到实处，就必须有分步骤实施的计划措施与之对应配套，以使这种目标成为切实可行、能够达成的具体量化指标。任何一个目标如果不能对应地分解成一步一步靠近目标的计划，这种目标也就只能是一种空洞的幻想，没有人会认为它可能达成，也就不会有人为这种目标的达成付出努力。哈罗德·孔茨认为计划主要是确定我们要实现的目标，为达到这些目标应采取什么行动，应安排何种组织职位做这些工作，以及由谁来负责这些必要的活动。小詹姆斯、唐纳利等人也认为："计划就是作为行动基础的某些事先的考虑。"因此，制定计划就是确立预定时间内为实现目标而采取的具体行动步骤，这对于组织目标的实现是至关重要的一步。

交往目标机制的目标体系确定应该注重以下几点：

第一，注重目标的整体性。学校目标的制定应该树立全局的观点，做到统筹布局，既注重学校的短期目标，更要考虑学校的长远发展目标；既要注重组织的整体目标，同时还必须关注部门、群体、个人的目标。

第二，注重目标的灵活性。计划只是预定的行动方案，不可能完全预见未来的发展、变化，这就要求计划具有灵活性，要求在制定计划时，一方面计划要留有余地，另一方面，要求在计划中有预备方案以及对可能出现问题的处理方案，从而使计划具有适应的能力和应变的能力。

交往目标机制是一种以人为本，集行为科学、管理学等思想于一体的目标管理机制，它的实施必须建立相应的配套制度，如建立目标考核制度、目标奖惩制度、目标管理实施条例等。目标的实施主要受学校的外部环境和内部运作机制的影响，因此，随着学校外部环境的变化和内部机制的发展，学校管理工作也必须有效适应内外环境变化发展的需要，及时地调整、扩充自身目标，协调好学校目标与外部环境及学校自身发展之间的关系。

（2）注重师生参与，科学分解目标。

交往目标机制强调所有的成员都参与管理和自我管理，强调通过组织成员的沟通与交往制定目标、实现目标。交往目标机制适应了学校组织的规律以及师生职业和心理的特征，它既是一种科学的管理方法，也是一种民主的管理方法。将学校整体目标转化成为具有激励性的师生个人目标，赋予其一定的自主权，这正是师生员工所希望的。因此，在制定、执行目标时，应邀请教职工代表、学生代表参加目标的拟定，组织师生员工监督目标的实施过程，以发挥群众效应，让大家献策，从而集思广益，使之更科学，也便于大家知道、了解计划内容和要求，增强目标的认同性与执行计划的自觉性。交往目标机制统筹、协调组织内部各部门工作，根据各阶段的工作目标通过上下沟通共同建立部门各自的分目标，使各部门在工作总目标下，建立起一个自上而下、层层展开，自下而上、层层保证的工作目标连锁体系。

学校总体管理目标确立以后，学校管理者应围绕确定的目标任务，结合本校实际，将学校的目标任务合理分解，明确责任到人，并将分工负责的明细和质量要求，公布于众，从而促使他们认真履行职责，高质量地去完成既定目标任务。目标的分解和任务的承担者（部门机构和成员个体）是相应的，因此承担者在目标分解中的主动性是至关重要的。学校管理者有责任引导承担者明确两点：一是任务和责任的关系；二是承担者的利益和学校组织利益的关系，进而实现目标的"内化"，在此基础上，形成目标的连锁体系。学校整体目标如果能够分解成具体的、切实可行的计划，这样就可以提升师生员工达成目标的信心，调动师生员工为这种目标的达成付出努力的热情。交往目标机制反对传统的行政摊派、外在控制，强调发挥部门及个人的积极性、创造性，从而为学校整体目标的实现奠定基础。

（3）及时、科学调控，过程与结果并重。

交往目标机制不是用目标来控制组织成员，而是通过将组织成员个人的奋斗目标与组织目标结合统一起来，从而达到给被管理者以较好激励效果的目的。交往目标机制既重视目标结果，但更注重过程，强调目标的实现是建立在过程的基础之上的。因此，管理者应及时向职能部门及责任人提供工作进程中目标实现程度的反馈信息，使他们了解阶段工作状况，坚定继续努力的信心。

为了有效调控、及时发现问题和解决问题，交往目标机制要求学校必须建立高度灵敏、明确、及时、得力的信息反馈系统。在交往目标机制中，信息反馈非常重要，它直接关系到能否最终实现预期的结果。在实施过程中，不可避免地要遇到这样或那样的问题，环境的变化也可能会出现某些偏离目标的行动，学校通过建立反馈系统来疏通各项工作的原因与结果之间的障碍，使上情及时下达，下情及时上报，使学校管理者能及时准确地掌握情况，进行调节、控制、经常地纠正那些偏离目标的行动，善于果断地解决问题，保证学校的各项工作沿着正确的轨道向目标运行。

在目标的执行过程中，学校管理者要不断地对学校成员进行目标引导与教育。通过管理措施使学校成员意识到其个体工作是完成学校整体任务所不可缺少的，整体目标的实现必须有每个个体的贡献。交往目标机制对目标的调控既注重外在的监督调控又注重目标执行者的内在自觉，学校管理者要真正做到既分工又分权，使学校成员真正拥有"主人翁"的感受，从而产生满意感。学校管理者要以人为本，注意发挥人的长处。此外，交往目标机制的目标调控是外在调控与内在自觉的统一，调控过程应发挥组织成员内在的积极性、主动性。

（4）完善目标考核与激励机制。

与其他目标机制相同，交往目标机制以制定目标为起点，以考核目标完成情况为终结。交往目标机制从目标制定、实施到考评既是为完成目标而不断努力，在实现目标中修正、完善和提高，又是一个动态的循环上升过程。在目标考核中，对照目标任务对个人及部门目标进行综合考核。通过对任务完成和目标执行情况的考核评估，使学校与各部门能及时得到各种反映目标实现程度的信息，这些信息将被作为学校管理者进行决策及制定目标的依据。建立有效的目标激励机制可以引导部门和个人突出重点，为实现目标而创造性地开展工作。由于目标体系中的目标的难度不同，通过有效的激励，使关系学校整体目标实现的部门子目标顺利得以实现，这也是交往目标机制能够得以顺利实施的关键着力点所在。

目标的制定与执行对于任何一个社会组织而言都具有根本性的意义。传统的学校目标机制轻视学校的长远规划，而偏重于短期效益；职责权限难以划清，容易出现部门化倾向；目标体系难以确定，容易产生目标偏差，难以适应不断变化的内外部形势；过分关注组织目标，忽视人性化管理；目标分解倾向于目标摊派，调控、反馈及考核程序不甚完善……交往型学校的交往目标机制建立在对传统目标机制反思的基础之上，对学校目标做到科学分析、准确定位，通过平等的沟通与交往协调组织内部的目标体系，并注重科学授权、合理分工在学校目标实现过程中的作用，健全信息反馈渠道，形成信息网络，及时对组织目标进行调控，并不断完善考核与激励机制，能够有力地保障学校目标的顺利实现。

第八章 交往规范机制

　　社会世界是制度性的秩序所组成的，这些制度是使相互作用纳入合法地确立起来的社会关系网总体性地稳定秩序，而这样一个规范复合体的一切接受者是归属于同样的社会世界的。

——哈贝马斯

第一节 现行学校规范机制存在问题分析

　　现行学校运行机制中存在的许多规范主要是自然科学的理性精神移植于教育管理领域，在长期的实践过程中致力于外部约束机制——制度的建构与完善，追求责、权、利联系的紧密，靠外在制度的规范和约束，忽视人的内在需求和本质属性……简而言之，这种规范机制将规范看作目的而非手段。自然科学理性主导下的规范机制限制人的主观能动性发挥，规范制定程序不尽合理，教师、学生的管理靠刚性的规范与制度，缺乏平等的交往与沟通，信息呈单向流动，不能得到及时反馈……现行学校规范机制总体上不利于整个学校组织的稳定与发展。

一、规范及学校规范

1. 规范

　　"规范"一词含有约定俗成或者明文规定的某种规格、标准、准则的意思，通常指人们在一定情况下应该遵守的各种规则，大体可分为技术性规范和社会规范两大类。规范指向的是个体行为，借助的是惩罚或者嘉奖的手段，最终目的是使行为者不断修正自己的行为，内化这些规范，做出符合规范的一些行动。有的学者认为规范是一个社会群体或组织所共同遵循的"外在尺度"，是群体或组织内所有成员都必须遵守的"游戏规则"。在交往理论的视阈下，规范的存在是合理性交往行为达成的必要条件。哈贝马斯说："社会世界是制度性的秩序所组成的，这些制度是使相互作用纳入合法地确立起来的社会关系网总体性地稳定秩序，而这样一个规范复合体的一切接受者是归属于同样的社会世界的。"（艾四林著：《哈贝马斯》，湖南教育出版社，1999年版，第83—84页）哈贝马斯的规范是其客观世界"正确性"、社会世界"正当性"和主观世界"真诚性"的集中体现。

与规范具有相近含义的一个词是制度。虽然制度有"在一定历史条件下形成的政治、经济、文化等各方面的体系"之义，但就一定的社会组织而言，规范与制度并无明显区别，因此，本书在同等意义上使用规范与制度。制度在英文中对应的单词是"Institution"。《牛津英语大词典》中的定义为"the established order by which anything is regulated"，翻译成中文为"在调节基础上建立起来的秩序"。老制度主义的代表人物康芒斯认为，制度的实质就是"集体行动控制个体行动"。诺斯认为，制度是一个社会的游戏规则，是为了决定人们的相互关系而人为设定的一些制约。由德国和澳大利亚的两位德裔学者柯武刚和史漫飞合著的《新制度经济学：社会秩序与公共政策》一书中认为：制度是由人制定的规则，它们抑制着人际交往中可能出现的任意行为和机会主义行为。制度为一个共同体所共有，并总是依靠某种惩罚而得以贯彻，没有惩罚的制度是无效的。只有运用惩罚，才能使个人的行为变得较可预见。带有惩罚的规则创立起一定程度的秩序，将人类的行为导入可合理预期的轨道。

国内的一些专家和学者还从不同的角度对制度做了各有侧重的具体解释。有的学者认为，"制度是具有约束力的规范"，"是将各项工作及对各类人员的要求加以系统化、条理化，规定为必须遵守的具体条文"，"是组织正常运转的重要保障"，"是组织秩序的一种表现形式"，有的还认为，"制度是党政机关、人民团体、企事业单位为加强对部门工作的管理和严格组织纪律而制定的要求有关人员共同遵守的规范性公文"等。制度可以从广义和狭义两个角度来理解。广义的制度就是指由人制定的规则，它包括国家的法律法规、党内法规、行政规章、行政机关制定的规范性公文、企事业单位制定的内部规章、人民团体及其他非政府组织的章程及内部规定、约定等。狭义的制度是指由党政机关、人民团体、企事业单位依法制定的要求有关人员共同遵守的成文规定。

对特定社会组织而言，一定的规范与制度是其有序运行与协调发展的必要保障。规范与制度的功能主要包括以下几个方面：

（1）引导功能，即指导、规制功能。规范与制度通过规定责、权、利以及违章责任引导组织成员的行为。组织成员可根据规范与制度规范自己的行为，在规章制度规定的范畴内最大限度地发挥个人的潜能，完成工作任务，免除一些不必要环节从而提高组织内部的工作效率。

（2）评价预测功能。规范与制度一方面为评价组织成员行为提供标准，用于对组织成员的一般行为进行公正评价，另一方面，又为组织成员预先估计相互之间的行为和行为的后果提供依据。

（3）间接教育功能。规范与制度的颁布和实施，直接表现为规范组织成员的工作和日常行为，但其功能却不仅局限于规范工作本身，更重要是规章与制度所体现的价值观念、组织精神等能够影响员工的心理、意识、观念等，促使其自觉遵守特定组织的规章制度。

（4）激励功能。规范与制度一方面通过授权调动组织成员从事本职工作的积极性，另一方面，通过明确奖惩标准，使组织成员明确努力方向和工作目标，激发工作热情和主观能动性。同时，还可消除组织奖惩中的机会主义。

（5）协调功能。解决组织管理中协调工作任务过重的办法之一，就是形成一套组织成员都能理解和遵守的规范与制度，当发生某种情况时，组织成员能够依照规范采取行动，从而保证组织的有序运行与协调发展。

2．学校规范

通俗地讲，学校规范是为了实现学校教育目的，按照一定程序制定的，对学校各项工作和各类人员具有普遍约束力的条例、规定和办法等规范性文件的总称。学校规范是学校行政工作的重要依据，学校规范体系的完善既是各项工作制度化、规范化的反映，也是实现学校乃至整个教育事业协调发展的重要前提。虽然在现行的立法体制下，学校规范与制度并不属于我国法律体系的组成部分，但是学校制定规范与制度，是为了更好地贯彻执行法律、法规和行政规章，以保证它们在全校范围内的统一实现。从内容上看，规范与制度是学校依法在其职权范围内，对法律、法规和行政规章做了具体和执行性的规定，因此，学校的规范与制度是我国教育法律体系的有益补充。

学校规范与制度是学校这一特殊组织能够良性运行与协调发展的重要保障，从学校管理的角度看，规范与制度是指学校组织的结构体系和相应的规章制度。有效的规范与制度对于正确调整人与人、人与学校以及学校内部各部门之间的关系，稳定学校秩序，激发师生员工学习、工作的积极性、创造性，实现学校师生员工的和谐发展起着至关重要的作用。具体地讲，学校规范与制度主要有以下几方面功能：

（1）规范制约功能。在学校规范体系中，可分为正式制度和非正式制度。一般来讲，正式制度是由学校制定的，对师生员工的工作和学习生活等基本方面进行规范和制约的成文制度。非正式制度根据正式制度来制定，经过师生员工共同针对实际思考并创造出来的行为规范，具有协商性、约定性和教育性等特点，往往比学校正规制度更具有约束力和教育功能，内容也比正式制度更广泛、更丰富。这种非正式的制度，更能渗透出文化的育人功能，折射出学校的办学理念。

（2）导向功能。由于规范与制度本身所具有的可操作性，学校的理念和要求可以制度化为具体的条文，使对象的行为纳入特定的轨迹，以保证社会生活的正常进行和校园秩序的良性运行。人性化的规范与制度具有激发人的积极性和能动性的作用，并对人的生存和发展的手段、目标具有导向作用，使师生员工激发出潜能、激情，朝着理想境界不断地努力奋斗。对不符合学校健康发展的价值取向、道德准则和行为方式具有调节和抑制作用。

（3）社会化功能。学校是一个相对封闭的子系统，其规范与制度对传递各种社会信息有相当积极的意义。相对于迅速发展变化的社会而言，规范与制度是静止的、落后的，仅凭制度传递社会信息，一则信息量十分有限，二则从使用的角度来说，也不可能满足学校师生员工对社会信息采集、开发与利用的需求。因此，为发挥师生员工的积极性与创造性，生动形象、准确精到地传递相应的各种社会文化信息，又是制度执行题中的应有之意。

（4）整合功能。稳定性与连续性是制度的题中应有之意，制度的稳定性和连续性对协调学校内部的各种矛盾、促进群体的和谐是至关重要的。但制度整合作用过程又可能是利益与权力再调整与再分配的过程，在重新调整利益分配的过程中，通过新的制度的建立和不断地完善，使各种利益矛盾得以协调和解决，以求得新的平衡。以前瞻性的眼光分析师生员工思想的变化和学校实际态势，将可能出现的不利于学校稳定和发展的因素进行整合，使其向有利于学校稳定与发展的方向发展，是学校规范的重要功能。

必须说明的是，本书所阐述的学校规范与制度是从狭义的概念上来理解的，即指学校按一定程序依法制定的、要求本校全体或有关人员共同遵守的成文规章。与规范机制相同，学校规范机制也是一个有机统一体，它不仅包括学校规范与制度的调研、立项、起草、修改、通过和发布，还包括制度的执行、落实、反馈等环节，是由这些环节相互联系、相互作用而构成的有机统一体系。

二、现行学校规范机制存在的主要问题

现行学校规范机制无论从规范的制定，规范的执行，还是从规范的反馈、评估环节来看都存在着一定的问题。从哲学层面来看，这些问题反映出了工具理性思维范式的弊端，归结到问题的另一方面，即必须在规范机制中融入交往理性，因为规范与制度说到底是用来协调人与人之间关系的，人与人之间关系应该以交往理性为主导思维范式，而不应该以物化的工具理性思维范式来理解。具体而言，现行学校规范机制主要存在着以下三个方面的问题。

1. 学校规范的制定——管理者单向主控

从规范与制度产生的意义上分析，规范与制度应该是一个集体中每一个体共同参与制定的产物，彼此之间可以协商，可以进行一些争辩。在交往与对话中建立的规范是一个多元和开放的系统，是一个建立在主体间性基础上的规范体系，个体在不断的质疑中调整自己并以对他人负责为前提。

反观现行的学校规范，我们发现，学校规范尽管指涉的对象是师生员工的行为，但是规范通常不是在管理者与师生员工对话交往的基础上制定的，总体上呈现出一种管理者单向主控的状态。教师的生存就是学校的生存，教师的发展就是学校的发展。学校各项规范制度的制定必须建立在有利于教师生存和发展基础之上，要被绝大多数教师接纳和认同，否则，如果规范的设计背离了广大师生的意愿，在推行过程中就会遇到阻力，将会无果而终。规范设计应该要把教师作为学校办学的根本，把教师放在学校管理工作的首位，因为教师是学生的直接教育者和影响者，学校要使学生能够健康成长，首先必须要保障教师健康成长；学校要让学生得到全面发展，首先必须保障教师全面发展；学校要开发学生的智慧和创造力，就必须首先开发教师的智慧和创造力。

就学生规范而言，为了使学生能够成为自己所希望的良好的社会公民，规范与制度的制定者往往按照符合自己的核心价值观来制定规范并且赋予它们合法化的地位。管理者从单一的教育理想出发制定的规范，其特征就是与学生生活世界的脱离。没有参与制定权利的学生，由于来自管理者的压力，他们将规章看作是管理者强加的东西。面对学校规范，学生唯一的使命就是服从，他们不允许对规范的合理性产生质疑，违反或者反抗的结果就是自身的利益受到更大损失。管理者单向主控的学校规范制定虽然可以使管理者的愿望得到充分的展现，但是任何义务或者责任总是和权利相互关联的，被剥夺规范制定参与权的学生面对规范往往很难产生认同感，更不用说信任感和尊重感。规范对他们来讲犹如一张网，一种对自己的言行加以约束的"规范网"，在网里学生只有被迫的服从和接受。然而一旦离开了这种规限的环境，就会没有尺度和边界地扩张自己，学生频频犯错误甚至触动法律也就不足为怪了。

现行学校规范与制度的设计与安排，把人当作是脱离其他管理对象的要素而孤立存在的人。由于长期以来学校管理中过多地强调科学管理作用，习惯于事和物的管理，以物为中心，见物不见人。受这种理念的影响，学校的规范与制度设计上缺乏"人本性"，缺乏对人性认识的深化和升华。这种规范与制度是管理的产物，这些规范与制度又进一步巩固了这种刚性管理的地位和作用。刚性的规范与制度强调效率和秩序在管理中的作用，忽视甚至有意回避规范与制度伦理的探讨，在具体规范与制度及实施过程中往往将复杂的教育现象简单化，否定师生作为独立主体人格的正常需要，往往把规章制度当作"管、卡、压"的工具，忽视了规章制度目的性价值——平等、自由的追求。学校，尤其是高校，是一个以"人"为中心的活动场所，其管理活动是一种事实与价值相统一的过程，它应该寻求人的活动的意义，努力实现人的价值。（龙献忠：《人本化：高等教育管理的本质体现》，《理工高教研究》，2004 年第 2

期，第 12 页）

规范与制度是一个组织内成员的集体意志体现，是组织文化的内核。规范与制度的设计和安排是一个组织的重要内容，同时对于组织的运行有着重要的意义和影响。规范与制度设计的优劣，将直接影响到组织成员的工作积极性和创造性，影响到组织的活力和组织的发展目标，尤其是对于学校这样一个倡导公平、自由、民主、科学，注重精神交往与心灵沟通的组织来说更是如此。在一定意义上讲，学校规范与制度设计的主导范式、理念、原则比规范、制度的执行更为重要。

2. 学校规范的实施——手段异化为目的

学校的稳定在很大程度上就是通过规范的制约机制来完成的，它是学校秩序建立的基础，与此同时，个体正是在规范的实践中，养成了一种能支配和规定自我的能力，实现人的真正自由。然而，受经验管理和科学管理的影响（尤其是科学管理），学校管理采取一种纵向高度集权的权力控制型管理，因此，适应这种管理模式的规范与制度也必然是刚性的，见事见物而不见人。"机械中心主义的理论体系，恰好蕴藏着一个最大的危险，那就是人的失落。"（[日]盛田昭夫著，陈建译：《经营之神》，经济管理出版社，1998 年版）应该承认，人的自由是以他律为前提的，因此必须承认学校规范、制度等硬性手段的基础性和必要性。我们通过对人与人之间的相互比较，对每个人进行认真的评估、监督最终做出规范化的判断。在实施中为了唤醒个体内心中的自责或者内疚的情感，激发人类的尊严感，必然要借助一些手段，可以是惩罚也可以是奖励。无论哪种手段其最终目的不在于它们自身，而在于唤醒个体内心的信念和情感。然而，当规范不是作为一种手段而是作为一种目的而存在的时候，规范则被异化，处于规范之下的人显然也不可避免地称为规范的奴隶。

在现行学校中，规范已经成为对学生限定和分类的工具，学校通过班级和学校制定的各种规则，对学生进行量化管理、等级评定。"规范化在形式上平等的制度中游刃有余，大显身手，不仅可以最终实现齐一性而且还可以通过度量间距、提供差异尺度而实现个性化。"（[英]阿兰·谢立登著，尚志英，许林译：《求真意志：密歇尔·福柯的心路历程》，上海人民出版社，1997 年版，第 110 页）规范成为管理者的一种文雅的统治方式，在"静悄悄的革命"中悄然无声地实现自己的控制。

在这种强硬的规范约束、严密的管理程序、量化的评价手段和无情的奖惩中，人的价值内涵和精神品性被抹杀，规范的执行成为一种行为训练或者消极的防范。规范由手段而被异化成为了目的，学生关注的不再是规范本身而是一些既得利益的寻求。学生要么毫无批判地接受和坚定不移地执行规范中的一切要求，要么成为这种学校规范的抗争者，自甘接受违抗规范带来的惩罚。在这种规范与制度的限制中，渴望心灵的开放与自由的呐喊变成程式化的语言；追求不断反省的自由人变为社会角色中的"套中人"，原本人性化的规范呈现出的却是一种专横而可畏的形式，充满了权力强制与严厉惩戒的法律化色彩。

从学校管理的角度看，刚性规范的实施常常会强化科层制管理。科层制管理的运行是以自上而下的权力等级为载体，以刚性的规章制度为依据，通过上级的命令来使下级服从。为了保障学校的稳定与发展，领导者的命令往往被赋予不容置疑的权威，下属人员的任务就是执行上级的命令。人是具有主观能动性的，然而，长期处于刚性制度、行政命令的管理方式之中的学校组织成员容易逐渐丧失个体的主体精神。而另一方面，由于权力过于向行政权力偏移，势必削弱学术权力的发挥，学术权力主要组成人员——教授在决策中的权威作用被忽视，尤其是在涉及专业设置、教学计划、课程建设等学术事务的决策时，忽略教授的作用，这样不仅会严重影响决策的正确性和科学性，甚至会挫伤学校成员参与学校管理的积极性，抑制基层的创造精神。总之，规范与制度固然是管理的前提和基础，但如果在学校管理和运行过程中一味地强调规范与制度的作用，只靠自上而下的命令式管理，不仅会压抑组织成员的积极性和创造性，而且极易影响到学校的持续稳定和长远发展。

我们应该清醒地认识到，以工具理性为主导范式的刚性制度虽然可以约束人的行为，但不能够约束人的思想和精神，再严厉的制度也只能解决去不去干的问题，而不能解决愿不愿干的问题。要实现自由、平等、民主的话语环境，途径只有一条，那就是通过公正合理的话语规则和程序的建立，保证每一个话语主体都享有同等权利，在平等的基础上进行对话与交往。

3．学校规范的反馈——信息不对称

信息不对称理论原指在市场经济活动中，各类人员对有关信息的了解是有差异的；掌握信息比较充分的人员，往往处于比较有利的地位，而信息贫乏的人员，则处于比较不利的地位。信息不对称现象广泛地存在于我们的日常生活中，就学校组织而言，信息不对称现象也是十分普遍的，如存在着学校内部与外部环境之间的信息不对称；管理者、师生员工之间的信息不对称；教师与学生之间的信息不对称等。从经济学角度讲，信息不对称会增加交易成本，影响交易顺利进行；而从组织稳定与发展角度看，信息不对称则会给组织的稳定与发展带来一定的影响。我们借助信息不对称理论对学校规范的实施与反馈进行分析。

现行学校运行机制是一种权力控制型机制，学校科层组织结构造成组织内部普遍存在信息沟通不畅，尤其是当学校组织内部机构设置不合理、各科室的职责或科室之间的关系不清晰时，层级越多，信息沟通速度越慢。不仅如此，信息的上通下达也存在不平衡的问题，教职员工较少有参与组织决策的机会，既影响学校决策质量，又很容易导致教职工产生挫折感。一方面，管理者很难获得制定规范与制度所需要的充足信息，容易导致决策失误，引发师生的抵触情绪；而另一方面，自下而上的信息渠道的阻塞将会导致矛盾激化，产生对于学校稳定与发展不利的因素。规范与制度在学校运行的过程中所产生的问题，由于权力控制型组织的组织特征，学校内很难将信息形成顺畅的信息流。信息不畅是影响学校稳定与发展的重要因素。图8-1为现行学校规范机制信息流动示意图。

图8-1　现行学校规范机制信息流动示意图

规范对于组织的生存与发展是至关重要的，它在调整组织内部成员之间及组织与外部环境之间的关系方面发挥着重要的作用。学校作为一个具有自身特性的社会组织，其规范更应该体现民主、平等、合作、互融的交往理性，进而协调工具理性范式与交往理性范式的有机统一。规范机制是指特定社会组织规范与制度的制定、执行、监督、反馈等形成的有机统一整体。因此，学校规范机制不应仅仅局限于静态的既有规范与制度，更应该侧重于规范的执行、监督、反馈、评估等动态过程。

第二节　交往规范机制研究

交往型学校的交往规范机制是在对现行学校规范机制弊端反思的基础上，以交往理性为核心范式，把"刚"性的规范和制度与"软"性的人本精神相结合的规范机制，它在本质上是一种"超越规范以理念为中心"的规范机制。

学校规范与制度是工具理性在教育管理领域的呈现，它不可避免地带有技术理性在社会生活领域中所存在的种种不如人意的缺陷。我们认为，补救办法并不是不断追求制度的完善和细化，而是根据学校教育管理针对人、培养人、发展人的特点，在学校规范与制度建设和实施的过程中融合交往理性，转变传统的"主—客"二分的工具理性思维范式，取而代之以"主体—主体"有机统一的交往理性思维范式，构建交往规范机制，更好地发挥规范与制度对学校稳定和发展的重要作用。

任何一个社会组织，都离不开一定的规范与制度管理，即通过用制度规范人，制定一系列规范与制度，使学校的各项工作有章可循，有法可依，达到提高教育教学质量和维持学校秩序与稳定的目的。规范的价值就是体现在对人性和人的主体性的尊重。只有个体将一定的规范或者律令内化并在行为中对象化和现实化才是一种有效的实施，而如果仅仅靠建立在外部压力之上和外部监视之下对规范的实施则不会成为一种有效的实施。交往型学校的交往规范机制认为，规范与制度是与一定的学校管理模式相适应的，规范与制度管理的境界可以分为"强化规范以事为中心"的管理、"弱化规范以人为中心"的管理、"超越规范以理念为中心"的管理三种境界。交往型学校的交往规范机制认为学校制度管理应该实现从"强化规范以事为中心"的管理向"超越规范以理念为中心"的管理转变。

一、交往规范机制是"超越规范以理念为中心"的管理

1."强化规范以事为中心"的管理

学校，作为一个相对独立的社会组织，其具体任务可谓纷繁复杂，管理也存在一定的难度，尤其是对一些薄弱学校来说更是如此。要迅速扭转学校的局面，提高教育教学质量，维护学校的持续稳定，实现学校发展目标，就必须从强化制度入手，建立严格可行的规章制度，通过严格规范师生的外在行为的手段，达到使师生明确并具备最基本要求的目的，即人人明白应该做什么事，不应该做什么事，什么事是学校规范与制度所倡导的，什么事是学校规范与制度反对的。在学校发展初期，这种"强化规范以事为中心"的管理方式往往是最有效的管理方式，而且这种管理方式也是学校由低层次向高层次发展的必由之路。在主客观条件不具备时，有些学校可能会长期坚持以"强化规范以事为中心"的管理方式。在这一阶段，学校的中心任务就是围绕"事"设计和实施规范，主要依靠刚性的规范与制度实施管理。管理者的管理目标不具备交往导向作用，更多地是提倡竞争，因此不能建立和谐的人际关系。

在"强化规范以事为中心"的管理阶段，规范与制度的设计与安排，涉及到学校管理的各个层面，其主要目标是确保学校教育教学秩序，维持学校稳定。因此，规范与制度的设计与安排应该内容翔实、具体，能量化的则尽量量化，便于操作、考评、督促，变"人治"的随意性为依"规范"办事。"强化规范以事为中心"的管理是制度管理的初级阶段，属于表层管理，主要是通过一系列制度，采取行政命令的手段产生约束力和强制力，能起到明确规范师生基本行为的下限，是最低要求。在"强化规范以事为中心"的管理模式下，师生的心态和行为表现为压抑、被动，但它能迅速扭转落后局面，这对一些薄弱学校是必须经历的、不可缺少的一个管理环节。

在学校管理实践过程中，"强化规范以事为中心"的管理要求管理者首先要建立必要的规范与制度，严格检查各项任务的落实情况和各项管理措施的执行情况。在具体的管理过程中，首先，学校管理者既是工作的推动者、督促者，又是各项工作的检查者。只有强有力的领导，才能取得良好的工作效果。其次，要建立一套多劳多得、少劳少得、不劳不得的分配、奖励机制，并实施严考核、硬兑现，以保证各项任务和各项指标的顺利完成。第三，建立明确的工作责任制和责任追究制，做到责任明确、任务明确，及时查清工作失误的原因并追究相关的责任。最后，明确各种工作标准和工作程序，使各项工作有章可循、有据可依，并依据标准和程序进行检查落实。

总之，"强化规范以事为中心"的管理其优点是工作见效快，工作业绩有保证，有利于实现管理的规范化、程序化，保障学校各项活动的秩序和学校的稳定；缺点是见事不见人，缺乏人情味，被管理者不容易接受，师生处于比较被动的地位。而且，管理者事无巨细，工作强度大、压力大，很难持久，既不利于创新，也不利于提高工作效率。

2. "弱化规范以'人'为中心"的管理

当学校管理实现了规范化、程序化、制度化以后，师生已经在一定程度上规范了自身行为，由不习惯、不自觉、被迫去做、被动受制度约束，逐步变为习惯，成为较自觉的行为，主动自我监督，变"他控"为"慎独"。而"强化规范以事为中心"的管理，其制度过细、太过具体，过多的量化条文、奖惩规则，已经显得不太适应这些变化，这就需要必须对制度进行修订删减，调整内容。在规范的制定上，可多制定一些激励性制度，总体性目标，逐步弱化规范，规范的实施过程也更应该注意制度与柔性管理的运用。实现学校的稳定与发展，必须发挥广大师生的积极性和创造性，淡化制度的约束力，淡化行政命令的管理办法，创设的是一种较为宽松的工作与学习环境，形成自主管理、自主创新、自主研究的风气，以"事"为中心的管理方式应及时转变为以"人"为中心的管理方式。

在"弱化规范以'人'为中心"的管理过程中，首先要体现尊重人、理解人、信任人的基本原则。在保证工作业绩的同时，要注意营造和谐的氛围，构建良好的人际关系，让师生心情舒畅地投入到工作和学习中去，并能体验到领导的信任和关怀，同事、同学的关心和帮助；体验到工作和学习本身带来的快乐，真正把学校看成自己的家园、乐园。其次，教育要树立以学生发展为本的意识，学校管理要树立以教师发展为本的意识，既要关注教师对学校的贡献，又要关注教师自身的发展，让教师参加各种培训，组织各种交流会、研讨会，引导教师终身学习，让教师体验到自身成长的快乐，体验到自身专业发展所带来的成就感。只有教师发展了，学校才能得到更大的发展，学生才能得到更好的发展。第三，为教师成长、成才搭建广阔的舞台，让教师尽情展现自己的才华。教师岗位成才的过程，也是为学校做贡献的过程，在这个过程中，学校和教师实现了双赢。最后，学校管理者的角色定位和行为方式要发生根本的转变。在"弱化规范以'人'为中心"的管理方式中，学校领导不再以管人管事为主，学校领导的主要任务不是检查和落实，也不是推动和执行，而是督促和检查，当好教练，为教师的成功提供帮助。

实施以"弱化规范以'人'为中心"的管理方式，规范得以弱化，人的个性得以张扬，主人翁意识得以体现，大大激发师生的积极性、创造性。师生自主管理、自主创新、自主研究的风气一旦形成，管理的效果必然会事半功倍，学校就会充满生机和活力，各项任务和目标就能够得以顺利实现。但必须注意的是，"弱化规范以'人'为中心"的管理并非是真正意义上的"以人为本"的管理，它只不过是把重心由"事"转移到"人"上，借助"人"来完成组织任务。

3."超越规范以理念为中心"的管理

交往型学校的交往规范机制实现的是"超越规范以理念为中心"的管理。"超越规范"并不是否认规范、放弃规范，而是指学校的规范与制度由规范型向激励型、目标型过渡，由细变粗，由厚变薄，由外在行为规范内化为内在的思想素质。它不以严格制度调控，更不靠行政命令，而是以人为本，尊重人格，用文化、价值观、共同愿景等凝聚人，激发人的深层内在的精神动力，把人的因素放在首要地位。它实质上是没有管理的管理，一种无边界管理，领导者的根本任务就是用先进的理念引领学校发展。"因为在快速变化的社会经济环境中，先进的理念能引领学校抓住机遇、快速发展，落后的理念会使学校丧失发展的机遇，被时代所抛弃。"（张宏旭：《学校管理的三种境界》，《中国教师》，2006 年 8 月，总第 39 期，第 56 页）

"理念"既包括学校的基本价值观、学校文化、共同愿景，更包括学校组织结构、规范管理、教育教学等核心主导范式。学校的一些理念是需要长期坚持、并不断发扬光大的，如勤奋敬业、遵纪守法、诚实守信等，这些基本的理念不会因时代的发展而褪色，相反它们的价值越来越珍贵。对学校办学理念的选择，必须结合本校的传统优势和发展实际，对学校的发展趋势进行战略分析，在充分分析学校的优势和劣势、机遇和挑战的基础上，选择好的办学理念，才能为学校的发展起到导向作用。

我们所倡导的交往型学校的交往理性范式即是学校发展的一个主导理念范式，交往型学校的交往规范机制是以交往理念为主导的规范机制，它是对既有规范超越基础上形成的。交往理念为主导的规范与制度管理要求学校管理者应坚持以人为本、高瞻远瞩、构建和谐的校园氛围，从具体的事物中解脱出来，结合实际进行理论思考和观念创新，从战略的高度和理念的深度来思考学校的稳定与发展问题，为学校发展指明前进的方向。

二、交往规范机制的价值分析

学校规范与制度是学校良性运行与协调发展的重要依据，而学校的规范与制度构建，首先应该考虑其价值取向。一般而言，学校规范与制度构建的价值取向有两方面：一是工具性价值，主要是指规范与制度所要达到的首要目的是保障学校教育的稳定和有序；二是目的性价值，主要指规范与制度系统赖以构建并在自身运行过程中时时体现出的价值体系，它由真实反映教育本质，教育规律和时代要求的价值观等构成，其既是规范与制度构建的出发点，又是规范与制度构建的归宿。

1．交往规范机制的工具性价值

任何一个集体或组织，要实现其既定目标，离不开规范与制度的有效约束力和强制力。也就是说，一个群体有了完善的规范与制度，才能够凭借其强制性力量促使人们按照一定的标准状态和要求，在一定的限制条件下进行有效的活动，因此，工具性价值也是交往规范机制重要的价值维度。学校教育活动得以存在的前提是要维护学校的稳定和教育教学活动的正常秩序，正是出于保障学校的稳定和教育教学活动的有序进行，消除违规行为对学校稳定和教育教学活动不良影响的考虑，学校规范与制度才成为教育活动中不可或缺的一种工具和手段。学校规范与制度通过具体的条文规定学校提倡什么，反对什么，奖励什么，惩罚什么，把个人的行为限定在一定的范围之内，防止和惩罚"越轨"行为，为学校秩序和持续稳定提供外在的制度保障。

198

对教育教学秩序和学校持续稳定的追求使得人们非常看重规范与制度的作用，管理者在维持学校稳定和教育教学活动秩序的同时也获得了相应的权力，可以制定各种行为准则来规范被管理者在教育教学活动和日常行为中的表现，还可以根据秩序的维持需要，对被管理者的违规行为给予其应得的制裁与处罚，从而维持学校的稳定和学校教育、生活的有序化。但是，规范与制度被学校成员认可接受并遵守的一个前提，就是规范与制度本身所追求的秩序和稳定必须蕴涵着学校全体成员所追求和理解的自由的价值理想，否则，缺乏认同感、信任感的规范与制度体系就会丧失其权威性和有效性。

2．交往规范机制的目的性价值

　　学校的规范与制度仅具有工具性价值是不够的，目的性价值应该成为学校的规范与制度的"终极关怀"所在。学校规范与制度的目的性价值是指，规范与制度是建立在对学校中每一个体的作为"人"的地位的承认及对其人格、权益的充分尊重的基础上的，"以人为本"是学校规范与制度构建的根本要求。"以人为本"是学校规范与制度的基本价值要求，它强调的是在各项制度安排和政治、文化生活中，以人的发展和利益为首要考虑，反对用外在价值尺度来衡量和评估活动的价值意义。"以人为本"的要求是学校规范与制度之合理合法性得以维系和巩固的一个重要前提，也是考察学校规章制度系统是否具备合理合法性的一个基本价值标准。

　　交往型学校的交往规范机制追求和实现着学校组织成员的平等和自由。平等要求学校中每一主体都享有同等的待遇。在马克思、恩格斯看来，"自由确是人所固有的东西，连自由的反对者也在反对实现自由的同时实现着自由。"（《马克思恩格斯全集》第1卷，人民出版社，1979年版，第63页）平等和自由不仅是规范与制度诉求的目的性价值，同时，它也应构成了规范与制度的基本内容。规章制度对自由的规定是从个人出发，肯定个人作为主体的地位，从而享有一系列的自由，如学习者学习的自由，教师的教学自由、科研人员的学术自由等，这些自由应以个人权利和形式表现在规章制度中，即自由转化为权利，成为自由权。

　　规范与制度正是由于人类为了自身的生存和保全自己生命而制定的，其存在本身毋庸置疑。规范的合理性在于对人性和人的主体性的尊重，它的意义在于对人性的尊重、在于对人生存和发展提供的保障以及与人利益的一致性。学校规范与制度只有建立在学校成员对规范的不断反省与批判中，建立在师生员工彼此之间的对话与碰撞中，才会得到广大师生员工的广泛认同。因而，无论是学校规范与制度的制定，还是规范与制度的执行、反馈，其真正意义都是为了师生员工的发展，应该是关于每一师生员工的真正生活的规范，应该是体现他们的需求和意见的规范，应该是给予师生员工参与权的规范。学校规范与制度不应成为一种规训和控制的手段，它需要回归规范自身的本性，回归对人性的尊重，实现合理性价值的回归。

交往型学校的交往规范机制的工具性价值与目的性价值是相互关联、相互区别的。其目的性价值要通过工具性价值体现出来，而工具性价值又必须以目的性价值为其存在的根据和基础。此外，由于目的性价值是规范与制度诉求的最终目标，它相对于工具价值具有优先性。

三、交往规范机制的规范设计原则

一定的规范与制度的设计与安排是与一定的管理方法、管理模式相适应的，而一定的规范与制度的设计与安排又是以一定的思维范式为导向的。在传统的学校管理模式中，管理者更多地注重如何建立起一整套行之有效的规章制度去约束师生，这些规范与制度的主导范式是工具理性范式。工具理性范式最明显的表现就是以主客二分的哲学观为指导，把规范的制定者和规范的适用对象完全对立开来，认为规范就是管理者为管理师生员工而设定的；规范与制度的设计与安排遵循严格的因果逻辑，是硬性的条条框框的集合，如果有违条条框框就会受到惩罚。而交往型学校的规范与制度的主导范式是建立在工具理性与交往理性相融合的基础之上的，是一种工具理性与价值理性相融合的交往理性范式，既体现出规范与制度的工具性价值，更注重规范与制度的目的性价值。交往型学校的交往规范机制的规范设计主要遵循以下原则。

1．工具理性与价值理性相融合原则

工具理性与价值理性相融合的原则是与交往规范机制的价值诉求一脉相承的。交往规范机制一方面具有工具性价值，这种工具性价值客观上要求规范的设计与安排应该遵循工具理性要求，即强调对实现目的的

手段进行评估并预测由此可能产生的后果而追求预定的目的。为了实现学校教育、生活秩序与学校的持续稳定，规范设计有必要将秩序与稳定作为其价值诉求，并通过必要的条文加以体现，对违反规定者予以惩罚，发挥规范与制度的外在约束作用。

交往型学校的交往规范机制的价值诉求最为重要的是其目的性价值——以人为本，实现人的全面和自由发展。这就要求规范与制度设计时要充分尊重每一个师生员工的主体人格、权益，考虑其合理要求，并以其发展为旨归。学校规范与制度的工具性价值是实现学校管理的基础和保障，而规范与制度的目的性价值是实现目标的关键。学校规范与制度设计必须以工具理性与价值理性相互融合交往理性为原则，实现工具价值与目的价值的有机统一。学校规范的制定、执行、反馈等必须做到能够维持学校的有序与稳定，但这并不是规范的最终目标，规范应该为师生的全面发展提供保障，即实现其价值诉求。

2．交往与对话原则

学校的规范与制度构建必须坚持交往与对话的原则。交往与对话作为一种有效的信息沟通途径，体现了以人为本的理念。教师是教育教学的主体，以人为本，在学校就是以教师为本，以学生为本。通过与教师"对话"来设计和安排规范，体现了对教师的尊重，把教师当"人"，可以唤起教师的参与意识和自主意识，有利于激发教师的主动性、积极性。教师的工作——教育教学，严格地讲不具有重复性、检测性，而是精神性、创造性的，他是以个体劳动为主要方式的，细致复杂的创造性劳动，规范与制度很难对教师劳动的性质、效率进行有效监督，因为教师工作是一种"良心活"。"对话"是以真情感化人、教育人，激活人内在的原动力——情感，从而激发教师的积极性、创造性。学生是学校的主体，针对学生的规范与制度成为学校规范的主体。但由于正处于成长发展中的学生有其自身的特性，因此相应规范的制定、执行等也必须遵循交往与对话的原则，给予学生充分成长与发展的空间。

交往和对话可以看作是学校民主管理的一种表现形式，交往和对话也成为学校规范与制度创新的关键，也是学校树立以人为本管理思想的本质体现。民主是法治精神的本质内涵之一，规范与制度并非机械的、纯粹的条条框框，而是规范与价值的统一，传统的以"秩序"和"效率"

为本位的规范与制度是学校（管理层）单方面制定的，以压制和约束为特征，抑制人的主动性、积极性和创造性；体现以人为本价值取向的规章制度是学校各方在平等协商对话中达成的统一，是主体与主体之间的约定，也是学校民主建设的重要体现。

3．以人为本原则

人创设规范与制度就是为了使自己能够更好地生存和发展，人是规范与制度的主体和目的，规范与制度仅仅是手段和工具。因此，好的规范与制度不能是异化的规范与制度，即规范与制度本身成了目的，反过来反对人、奴役人。好的规范与制度，首先表现在它所包含和落实的价值体系上：它必须坚持以人为本的价值原则，以促进人的全面发展为价值宗旨。规范与制度要以人为本意味着规范与制度的设计、安排和运行要以现实的人为中心。规范与制度服务的主体是具有自我意识、独立自主、自由自觉的每个现实的个人。人是目的，规范与制度要肯定人的价值、尊重人的尊严，充分肯定、满足和发展个人正当合理的利益。"学校教育是与人打交道。教育者是人，教育的对象也是人，这决定了学校管理制度的建立必须坚持"以人为本"的发展理念，赋予管理制度以人情味，创造良好的人文氛围。

高清海先生在研究社会发展问题时曾指出："人是社会发展的根本目标、基本动力、终极尺度；研究社会发展问题必须落实到人的发展，把实现人的价值放在核心地位考虑。"（高清海著：《高清海哲学文存》第2卷，吉林人民出版社，1997年版，第176页）规范与制度是硬性的、外在的，只有内化为师生的理念它才能够发挥作用。制度的激活必须融入交往的理念，实行人本化的管理。因此，学校的规范与制度的设计与安排就必须尊重人，既强调刚性约束又重视人文关怀，尽可能地为制度的激活创设良好的人文氛围、民主氛围。

学校规范与制度所指的"人"应该包括全部的有教育需要且与学校利益相关的人，主要是学生、教师和学校管理者。这里面的"人"，不仅是指群体的人，而且还包括个体的人。自20世纪50年代以来，国内外教育管理学取得了一些共识：学校不再是一个封闭的系统，而是一个非常复杂的社会系统，这个系统包括学生、教师、家长、社区成员等诸多人的要素，因此，不能像管理工厂生产线一样管理和经营学校，也不能像对待冷冰冰的机械产品一样对待那些有生命活力、有情感需要、有思想的、有发展潜能的师生。从这个意义上说，交往型学校的交往规范机制的构建与实施从以往只重视物而忽视人的规范机制，转向关注人、思考如何促进人的发展，它适应了教育管理改革与发展的趋势，为学校及其组织成员的发展提供了保障。

4．权力经验与学术权威相结合原则

权力是一种控制力，也是一种强制力。管理者可以运用权力控制全校师生围绕学校目标进行有序活动，必要时可用强制手段要求师生服从学校意志，但如果一味地追求权威化、程式化、统一化，要求师生无条件服从，以命令式、指令式取代师生的自主性，就可能形成师生被动工作、学习的习惯，压抑教师创造性和主动性的发挥，不利于学校学术权威的形成与发展。

学校规范与制度是学校办学经验的体现和结晶，对于稳定教学秩序、提高教育质量起着基础性的保障作用。但是，如果在规章制度上大做文章，把规章制度细则化、标准化而且配合量化评分和经济制裁，把规章制度的本质扭曲，把管理者变为教师和学生的监工，师生变成规范与制度的奴隶，依法治校变成以罚治校，管理变成检查，教师和学生变成严管的对象，进而使学校管理、教育、教学发生质的变化，那么，这只能与学校教育的本质渐行渐远，学校学术权威的发挥、教育功能的实现也只能是一句空话而已。

5．科学性、规范性原则

交往型学校规范与制度的制定必须坚持科学性和规范性的原则。科学性是指学校规范与制度的制定必须遵循学校教育的客观规律，坚持实事求是，一切从实际出发。学校规范与制度的制定与实施必须遵循教育的基本规律，而且应该符合学校的发展实际。另外，学校规范与制度制定还要处理好稳定性与前瞻性之间的关系。稳定性是学校规范与制度的固有特性，相对稳定的规范与制度才便于师生员工遵守、执行、按规范办事，形成良好的行为习惯；但同时，过于稳定则会趋向于保守，不利于学校的改革与发展，因此，学校规范与制度还应具有一定的前瞻性，这也是学校规范与制度科学性的题中应有之意。

学校规范与制度的规范性主要是指学校规范与制度的制定必须按照

规范化的程序进行。合理、严格的程序是保证学校规范与制度规范制定的重要前提。因此，学校规范与制度的制定应该在深入调查的基础上，充分发挥民主、广泛征求全校教职员工的意见，获得尽可能多的信息，以便使制定出的规章制度规范可行、具有广泛的群众基础，增强学校规范与制度的认同感，从而为学校规范与制度的实施奠定良好的基础。

交往规范机制是以人为中心的机制，它确立了人在学校管理活动中的主导地位，认为规范不仅具有约束、控制的工具性价值功能，更为重要的是要具有调动人的主动性、积极性、创造性，促进人发展的目的性价值功能。传统的学校规范管理处处有规矩，虽然在表面上看来井然有序，但在管理上却容易使管理者陷入被动，学校师生缺乏积极性、创造性。交往型学校的交往规范机制"超越规范以理念为中心"并不是取代规范管理，而是对现行规范机制的反思与超越，它既能够使学校师生做到有序可循，又能够最大限度地实现保障师生员工实现自身价值，从而为学校的稳定与发展创造良好的规范环境。

第九章　交往文化机制

观念和文化的东西是不能改变世界的，但它可以改变人，而人是可以改变世界的。

——马尔库塞

教育从诞生之日起，就与文化有着千丝万缕的联系。教育不但作为文化的一部分而存衍，而且其自身就是一种独特的高级文化体。"文化是超越社会机体的，文化要一代代传下去，发展延续，最关键的就是要实现传承。这就表明文化注定要把教育作为生命载体，从教育中获得活生生的生命搏动，吐故纳新，成长发展。"（冯增俊著：《教育人类学》，江苏教育出版社，1998 年版，第 160 页）正因如此，说教育是文化的一种"生命机制"，这应当是对教育与文化关系的一种恰当的理论定位。由于教育的发展几乎总是与文化休戚相关，因此，文化发展在一定程度上促成了教育理念与实践方式的变革。

第一节　交往型学校：从经验管理、科学管理到文化管理

一、管理文化图景分析

管理是人类走向文明的伴生物，是人类发展史上一次质的飞跃。从古典管理理论泰罗的"科学管理原理"、法约尔的"工业管理的一般原理"到马克斯·韦伯的"科层官僚制"；从行为科学理论梅奥的"人际关系理论"、马斯洛的"人类需要层次理论"、弗雷德里克·赫茨伯格的"激励—保健双因素理论"到道格拉斯·麦格雷戈的"X—Y 人性假设理论"；从现代管理理论切斯特·欧文·巴纳德的"社会系统学派"、约翰·莫尔斯、杰伊·洛希、弗莱德·E·菲德勒的"权变理论学派"到

阿尔弗雷德·钱德勒的"战略管理理论",人类管理思想不断地丰富、生成、演进。透视人类管理思想的演进过程和管理模式的迭变历史,我们不难发现,管理的重心从刚性的战略、结构、规范、制度等逐渐转变为关注人,关注人的价值、精神、道德、观念,关注管理中的"文化"要素。

胡军在其《跨文化管理》一书中指出:"管理文化主要是指管理思想、管理哲学和管理风貌,它包括价值标准、经营哲学、管理制度、行为准则、道德规范、风俗习惯等。"(胡军编著:《跨文化管理》,暨南大学出版社,1995 年版,第 36 页)其实,从广义上来说,"管理就是一种文化,管理模式的演进昭示着人类文化的演进。""文化生成着管理,管理模式是循着人类文化演进轨迹而更迭的。"(孙鹤娟著:《学校文化管理》,教育科学出版社,2004 年版,第 38 页)一定历史时期、时代的文化背景、规范、模式制约、影响着其管理模式、理念、思想,因此,不同时代的管理模式、理念、方式等就会有所不同。管理文化存在于一定的管理模式之中,从学校教育的漫长历史来看,学校管理模式主要有经验管理模式与科学管理模式两种,每一种管理模式中都折射出不同的管理文化。

1. 文化管理与经验管理、科学管理模式对比研究

文化管理是相对于经验管理、科学管理而言的,它以交往型组织的构建、自我控制的实现、育人的领导职能、以人为本的管理理念为基本特征。文化管理摒弃经验管理的人治和过于强调规章制度的法治,是一种基于沟通、价值、情感的管理,通过形成组织的共同价值观来实现组织目标。文化管理的核心在于形成组织的共同价值观,形成组织特有的文化,马尔库塞曾经指出:"观念和文化的东西是不能改变世界的,但它可以改变人,而人是可以改变世界的"。文化管理就是通过改变组织成员的价值观,创建组织文化,来实现组织持续、稳定、快速的发展。

徐国华等在其所编的《管理学》中从九个方面对文化管理与以往的科学管理之间的区别进行了论述:(徐国华,张德,赵平编:《管理学》,清华大学出版社,1998 年版,第 320—321 页)

(1)管理中心。由科学管理的以物为中心(以技术为中心,以生产为中心,以财务为中心等)转变为以人为中心。在文化管理中,人既是管理的出发点，又是管理的落脚点。对内管理，以职工为中心；对外管理，以顾客为中心。如果说，科学管理是非人性的管理，那么文化管理是人性化的管理。尊重人，关心人，培养人，激励人，开发人的潜力，成为管理的关键。

（2）管理的人性假设前提。科学管理把人看作"经济人"，以"性恶论"为哲学基础；而文化管理把人看作"自我实现人"和"观念人"，以"性善论"为哲学基础。在科学管理中，把人仅仅看作成本；而在文化管理中，人是有待开发的潜力巨大的资源。

（3）控制方法。在科学管理中，以外部控制为主，重奖重罚是主要手段；而文化管理中心内置，依靠人文关怀等激励手段调动、激活行为主体的内在需求和动力，追求主动发展。

（4）管理重点。在科学管理中，直接管理人的行为，人的一言一行都有制度的约束，是典型的法治；而在文化管理中，着眼于管理人的思想（信念和价值观），间接地影响人的行为，是一种新的管理方式——文治，即以文化来治理。

（5）领导者类型。在科学管理中，领导者恰似乐队的指挥，属于指挥型领导；而在文化管理中，领导者则像导师和朋友，属于育才型领导。

（6）激励方式。在科学管理中，以外塑为主，依赖于工作的外部条件；而在文化管理下，以内部激励为主，着重满足职工的自尊和自我实现需要，依赖于工作本身的魅力。

（7）管理特色。科学管理的特色是纯理性管理，排斥感情因素；而文化管理的特色是将理性与非理性相结合，是有人情味的管理。

（8）组织形式。在科学管理中，权力结构明确，是"金字塔形"组织；而在文化管理中，权力结构模糊，管理者与被管理者更为平等，类似于网络状扁平组织，换句话说，是平等沟通、自我学习的学习型组织。

（9）管理手段。科学管理依靠强制性的制度和物质手段的投入；而文化管理则依靠思想的交流，价值观的认同，感情的互动和风气的熏陶，即依靠非强制性和非物质手段的投入。管理由以硬性管理为主，走向软硬结合，以软管理为主。

科学管理的特征是科学的规范化、制度化、模式化为衡量标准的管理，它在计划、组织、领导、控制等各个方面都有成套的科学规范的制度和程序。在这种管理方式下，部门职能、岗位职责、行为准则、运作程序都实现规范化；信息传递、各项工作实现程序化；人才、资金、物资、时间等资源的利用实现科学化。但科学管理重机构、重权力、重章法而不重视人，是典型的"见物不见人"式的管理模式，强调用科学的管理理论对管理进行指导，制定完善、严密的规章制度对人进行控制、监督，强调"服从性"、"计划性"、"权威性"等，这些都是与以人为本的管理思想背道而驰的。文化管理关于人性的假设，不仅超越了早期管理理论的"经济人"阶段，而且超越了行为学派的"社会人"阶段，从而推进到"文化人"阶段。文化管理理论的提出，弥补了科学管理理论的不足，对发挥组织成员的积极性，开发组织成员的潜能起到了革命性的作用。

2．文化管理的方法论特征

（孙鹤娟著：《学校文化管理》，教育科学出版社，2004 年版，第49—55 页）

（1）理性与非理性相统一。

理性，一般是"指于对神的敬畏、对权威的崇拜相对立，与自发的情感、主观的感觉相对立的人的明智的判断、独立的思考和自我选择能力，而这种能力是与自由、正义和人性的概念紧密相联的。"（郑召利著：《哈贝马斯的交往行为理论——兼论与哈贝马斯学说的相互关联》，复旦大学出版社，2002 年版，第 4 页）简单地说，理性就是人类在对事物进行观察和研究过程中所形成的科学与逻辑。人的理性的建立是在长期的实践中自我超越的结果。理性标志着人类从盲目走向自觉，从野蛮走向文明，但这并不意味着人类的发展趋势是把自身的非理性克服掉而进入一种纯粹理性境遇。非理性是指人的直觉、意志、欲望、本能、灵感等，它不以科学为前提，也不重视逻辑。人类的许多发明、创造、创新都是直接受益于非理性，非理性是人类创造力的重要源泉。

随着工业社会的到来，科技理性日益张扬，逐渐成为人们观念的主导，而非理性则遭到了压抑，人逐渐被技术理性、工具理性所异化，而逐渐失去人之所以为人的内在规定性。文化管理一方面重视人的理性特征，另一方面也尊重人的非理性，承认人是"复杂人"，力图破除科学管理所带来的理性思维的桎梏，发挥人的主体性，张扬人的主观能动性。

表现在学校管理中，文化管理充分认识到学校管理的核心要素是人而不是物，学校管理应该以唤起管理对象的内在自觉为主，而不应靠行政命令、规章制度、重奖重罚等措施。总之，在管理方法论上交往型学校的文化管理强调理性与非理性的有机统一，在尊重人的理性精神的同时张扬人的非理性精神。

（2）规律性与权变性相统一。

文化管理强调管理过程中规律性与权变性的有机统一，既注重管理的普遍规律性，同时又强调根据管理对象的不同、管理环境的差异、组织结构的变化等因素进行权变管理。文化管理是尊重人的管理，但这不等于柔性管理，而应是柔性管理与刚性管理的有机结合。比如，学校管理应该考虑到被管理对象的个性差异，采取因材施教、说服诱导，但也不能排除批评和教育、纪律、制度的约束作用，因为学校文化管理既要培养被管理者的个性，又不失纪律性，纪律性是群体利益的要求，个体要想在群体中生存，必须培养纪律意识、法制观念。

学校不是一个独立的封闭个体，它要受到社会大环境的制约和影响。学校必须根据外界环境的变化来调整自己的管理思想和方式，也就是说，管理要因外界环境的变化而变化。在一个信息并不发达的时代，学生获取知识、信息的渠道主要是学校，教师是知识的化身，"学校是知识的摇篮"。而当人类进入信息社会时代后，学校、教师已不再是学生获得知识信息的唯一渠道，学生可以从网络、报纸、电视等媒体及时获取信息，传统的教师与学生的关系、学生与学校的关系都可能会发生变化，因此，管理者必须采取权变管理的策略，根据学校内外环境的变化来调整自己的管理方式和技术。

（3）前瞻性与实践性相统一。

在经验管理、科学管理视阈中的人是当下的人，是固定不变的人。文化管理作为以人为本的管理，必须以一种发展观来管理人，因为文化管理的目的就是为了实现人的发展，实现人的价值，因此，文化管理所管的人不单是现在的人，同时也是将来的人。文化管理观认为，人是一种动态的存在，是一种发展的存在，因此，它要求管理必须要有前瞻性。

前瞻性的第一层含义是管理主体要以一种动态观和发展观来看待被管理对象，考虑被管理对象的动态特征；第二层含义是要立足现在来规划被管理对象的未来，也就是要规划被管理对象的成长问题；第三层含义是要站在未来需要的高度来规划被管理对象的存在，充分考虑被管理对象的发展问题。

文化管理在强调前瞻性的同时也强调实践性。文化管理的前瞻性是建立在实践层面之上的，它不是好高骛远的理想主义，也不是抽象的观念。文化管理强调远景规划和现实操作的统一，强调远期目标和近期目标的结合。

二、交往型学校：从经验管理、科学管理到文化管理

交往型学校的一个首要出发点和立足点就是对教育中"人"的本质与属性的认识。人是社会性的动物，社会性是人的本质属性，同时，"人"还是"复杂人"，学校教育必须建立在对人的本质属性正确认识的基础之上，而文化管理正是从人的本质属性出发，秉承以人为本的管理思想。文化管理与交往型学校管理模式内在相联，从"文化管理"的视角透视交往型学校具有深刻的理论价值和重要的实践意义。

1．学校的经验管理与科学管理模式

（1）学校的经验管理模式。

学校的经验管理模式，是指凭借管理者的经验和权力而进行管理的一种管理模式。它是一种以"人"为中心的管理模式，这里所说的"人"指管理者。在经验管理模式下，管理者几乎不依靠任何程式化的管理流程，而是凭主观臆断来做出决策，其实质是一种领导模式，是以领导代替管理的所有职能，领导者的素质决定整个组织的命运。这种管理模式所蕴含的管理文化是一种靠经验、重传统、少变革、缺创新、行政化、强制化、命令化、非科学的文化，它基本上是适用于 20 世纪初以前的学校管理和运行，只局限于人的静态层面，注重组织和约束师生员工的行为，而不注重研究行为的内在动因。学校的经验管理模式主要存在以下几方面的弊端：

①系统性差，缺乏理论支持。由于经验管理模式主要是在学校个体管理经验的不断丰富和发展中形成的一种表象稳定的管理模式，它的核心基本上是管理者的个人经验，因此，由于学校不同、管理者不同而形成的经验管理模式也会存在较大差异，很难形成完整的系统，而且经验

管理模式缺乏系统的理论支持，只是就"经验"谈"经验"而已。

②成本高、效率低。学校经验管理中的很多经验都是经过无数次失败，也即"试误"的过程，而总结出来的经验，因此，其成本高，这其中包括学生、家长、学校乃至社会等各方面付出的综合成本。经验管理需要一个长期摸索、实践的过程，效率低下。

③缺乏普适性、开放性、承继性。任何一条经验都深刻地烙着时代、地域、校情特别是管理者个人风格的印记，因此，它往往是封闭的，不可"复制"、难以承继，因而，其价值和影响力也就十分有限。

④具有一定的滞后性。学校经验的特性决定了它的前瞻性、预测性差，往往在解决当前的一些具体问题时能够立竿见影，但是面对变化了的环境和时代提出的新要求，就显得迟钝、滞后，甚至束手无策，呈现出一定的滞后性。

学校的经验管理模式没有成形的管理规律、成文的管理制度可以遵循，即使有一系列的管理规章制度，也只不过是形同虚设。学校的管理是建立在个别管理者自己的主观想法之上，学校管理的好坏以管理者个人的好恶为标准，这是一种典型的权力控制型管理模式，学校管理过程中缺乏民主、自由、平等的氛围，师生的人格不能够得到尊重，学校发展缺乏必要的生机与活力。

（2）学校科学管理模式。

科学管理模式在学校的运用大约是在 20 世纪初期，这一时期西方国家具备了学校科学管理方式形成的一些必要条件，如现代意义上的学校、心理学理论、教育理论的发展等都为科学管理在学校的运用奠定了基础。科学管理理论应用于学校管理的另一个比较重要的因素就是泰罗所开创的科学管理理论对现代学校管理的影响。

在泰罗看来，提高劳动生产率是管理的目的所在。"培训和发掘企业中每一个工人的才干，使每个人尽他的天赋之所能，干出最高档的工作——以最快的速度达到最高的效率。"（[美] 泰罗著，胡隆祖等译：《科学管理原理》，中国社会科学出版社，1981 年版，第 159 页）泰罗认为必须用科学的方法对工人的作业方法、使用工具、劳动和休息时间的搭配、设备的摆放和作业环境的布置进行科学分析，消除不合理因素，形成一种最佳的、最有效率的标准化操作方法，从而达到提高劳动效率的目的。美国芝加哥大学的富兰克林·鲍比特积极主张在学校中推行科学管理，他认为，要提高学校行政工作的效率，就必须确定学校"产品"的理想标准，规定学校的生产方式和程序，生产者（教师）必须具备相应资格。另一位美国学者马克斯·阿博特认为，学校组织具有分工专业化的特点；学校内部的纪律和规章制度严格；学校管理理性化程度高；教职员工按照自己的职务、责任、工作量领取工资；要提高学校管理效率，必须从学校组织建设的程序化和规范化着手。

行为科学理论对科学管理理论在学校管理中的应用及发展起到了重要的作用，它改变了管理者的观念和工作方式，把以"事"为中心的管理，转变为以"人"为中心的管理，由关注规章制度到关注人的行为，促使管理由专制型走向民主型。受行为科学理论的影响，学校管理者开始采用科学的方法，关注社会与学校中诸多因素对个人行为或群体行为的影响，强调人的主观能动作用，改善学校各类型组织内部的和谐关系，增强自我激励、自我调控、自我完善的能力，更加关注教职员工的工作热情、事业心、责任感和成就欲，并不断扩大领导集体的影响力等，这些对于学校管理逐步走向科学化、规范化、人性化发挥了积极的作用。

科学管理模式在学校管理中的运用促进了学校管理的科学化，并使学校管理无论是在广度和深度上都有了进一步的拓展，为学校管理提供了新的视角、新的方法，为学校的发展思路、管理对策、人才培养等起着积极的促进作用。然而，由于科学管理模式过分强调周密的计划、严格的规章、明确的分工、金钱刺激、纪律强制等，在注重效率、效益的同时却忽视了组织中最重要的要素——人，因此，科学管理模式在学校的运用中也产生了一些不利后果：信息不畅、官僚作风盛行，过于标准化而忽略了人的灵活性、复杂性，束缚学生的创造力、想象力，扼杀学生的个性，学生变成"工具"，教育"异化"，管理的目的不是为了人的发展，而是反过来约束人的发展，教师、学生处于被设计、被控制、被约束的客体地位，机械化、刻版化、非人性化现象日益突出……

经验管理与科学管理作为管理文化的两种主要模式，对学校管理的发展曾经起到了积极的作用。人的问题应该是学校教育的根本性问题，也是学校教育管理的根本问题，经验管理与科学管理模式的局限性就在于它们没有全面地、正确地认识到教育中"人"的问题，没有认识到人不仅仅有自然属性，更具有社会属性；没有认识到人不仅仅有物质性需求，更具有精神性需求；没有认识到教育不仅仅应培养"共性"，更应该关注"个性"……而文化管理依靠管理主体与对象主体（中介主体）之间形成的文化力的互动来实现管理，作为一种人本化、人性化的管理方式，它以人为出发点，并以人的价值实现为最终管理目的，真正体现了教育对人的自由、全面发展的终极关怀，也体现出了交往型学校的"人本化"意蕴。

2．学校文化管理

所谓学校文化管理，是指在学校管理过程中，整合利用学校的人力和物力资源，以师生共同价值观念和信念确立为核心，通过形成具有自身特色的学校组织文化，创建符合学校特点的理念、制度、环境和行为文化，激励和规范组织成员的行为，增强群体凝聚力、团队精神、亲和力和战斗力，始终做到尊重人，依靠人，关心人，激励人，培养人，发展人，为了人的要求，创造条件最大限度地发挥人的主观能动性，通过沟通交往、价值认同、民主管理等方式激发师生工作、学习热情的学校管理模式。

学校管理经历了经验管理、科学管理和文化管理三个发展阶段。随着社会的不断发展，人们需要从更深的层次上来理解人性的特点，把握管理的本质，尤其是对于学校管理而言，学校管理更应该通过学校发展过程中积淀下来的文化、理念、精神、价值观等文化因素来推进。学校文化管理模式比起传统的经验管理、科学管理来更显得具有人文内涵，它倡导的是内心的熏陶与感悟，形成的是超越时空的自律习惯，这样形成的团体凝聚力更具有稳定性，能使师生员工自觉调整个体观念和价值追求，逐渐融入健康向上的学校集体，进而发展成为具有鲜明学校文化特征和气质的人。传统的经验管理实际上是一种"人治"，而科学管理则过于依赖刚性的规章制度，忽视了组织中最重要的因素——人，这两种管理模式本身就与学校教育培养人、发展人的历史使命相悖。

一般而言，学校内部的关系主要是管理者与教师、学生之间的管理关系和管理者、教师与学生之间的教育关系，因此，学校管理主要涉及管理者、教师、学生三个方面。传统的权力控制型学校的经验管理和科学管理认为，学校管理者、教师、学生三者之间是主体与客体的关系，管理者是主体，教师、学生是被管理的客体；管理者、教师是主体，学生是被教育的客体。在经验管理与科学管理模式下，教师、学生容易产生抵触心理，不利于学校目标的实现，甚至还会产生不稳定因素，危及到学校的稳定与发展。而在学校文化管理视阈下，管理者与被管理对象不是主动与被动、支配与被支配的关系，而是主体间关系，他们都是平等主体。管理对象不是管理客体，而是对象主体。管理主体要管理对象主体，但对象主体也具有主体意识和主观能动性，对象主体在被管理的过程中思想意识是不被役使和钳制的。作为被管理的对象主体，他一方面是被管理的对象，具有被动性，同时他又是支配自我行为的主体，具有主动性。学校文化管理强调管理者、教师、学生之间的关系是主体间关系，它是对传统二元对立思维模式的超越，有利于学校教育、管理目标的顺利实现。

学校文化管理突破了已有的纯理性管理理论的框架，从文化的角度审视、完善管理理论，使学校管理更富有人性、人情味和文化色彩；它不仅研究人，而且研究学校精神、价值观念与学校管理对象之间互动机制的形成与建立，并以发展人为管理的价值指向和终极目的。人是管理的起点，也是管理的终点。传统的管理思想把管理的目的界定为效益、效率，然而，这并非是管理的最终目的，管理的最终目的应该是为了实现人的发展。苏联学者阿法纳西耶夫说："对人进行管理时，管理的主体应当始终从这一点出发：人本身。"（[苏]B·F·阿法纳西耶夫著，贾泽林等译：《社会管理中的人》，知识出版社，1983年版，第198页）

学校管理是一个运动的链条，每个节点只有是能动的，才能顺畅自如地运行。当然，即使学校管理链条中的每个环节都是被动的，也能运行，但引导者就要花费极大的气力去拉动，有时链条还可能被拉断，而且从学校管理经验来看，把教师与学生放在被动地位，会引起他们的逆反心理，不利于调动其积极性，不利于学校各项任务的实现和目标的达成。交往型学校的文化管理强调每个人都是主体，无论是管理者还是被管理者，都必须放在主体地位，发挥学校文化因素的管理效应，这样关系链才能发挥它的积极功能，整个学校系统才能够有机地、协调地运转。

当然，学校文化管理并不否定制度、抛弃制度，相反，学校文化管理的落实必须以制度作为保障，学校文化管理以制度建设为载体、为手段来实现管理目标。管理制度也是一种文化样式，是学校管理思想、经营哲学、价值准则的外化，它蕴含着学校全体师生员工的价值与信念，反映了学校全体师生员工的意志与愿望。

"硬"管理主要凭借的是刚性的制度、严格的奖惩，而"软"管理则主要依靠理念、价值观等精神要素。学校文化管理是以"软"管理为精髓，以铸造学校自身"内功"为核心，实现从办学理念、治校精神到学校社会形象的内外部互动。在这种"软"管理的思想模式下生成的学校管理制度的主要功能是关注人、培养人、发展人，学校文化管理视阈下的制度建构不是出于约束人的目的，而是出于发展人的目的。"所以在制度的建构上，应从充分尊重、信赖、激励组织成员的角度和原则出发，把通常的刚性制度加以柔性化，使刚性制度变得富有弹性，让强制和外在的约束变成自觉地和自主的自律管理，变防范、制裁为充分信任和不断激励。由于他们在最高境界、最高层次上展开制度文化，因而他们的制度文化的根本法宝就是无形的精神力量，就是具有充分弹性的自我升华、自主管理。"（谭伟东著：《西方企业文化纵横》，北京大学出版社，2001 年版，第 145 页）

学校文化管理的制度建设必须坚持刚性制度文化与柔性的人文精神、人本精神相结合。制度应该保持必要的、充分的刚性，保证质量，体现制度的持久性、简洁性、规范性、信赖感，在制度制定与执行的过程中要坚定不移地坚持基本准则，在基本宗旨的形成和贯彻上应该表现出十足的权威性、不可更改性；另一方面，制度建设必须坚持以人为本的原则，尽量把刚性的制度柔性化、人性化，使学校管理具有足够的应变力，可以灵活地、迅速地通过制度的更新，通过制度文化本身所具有的弹性，及时有效地做出调整，为学校的稳定与发展提供必要而可行的制度保障。

学校制度文化建设的目标就在于使每一项工作都有明确的工作程序和明确的制度约束，都有明确的考核和激励；个人与个人、岗位与岗位、部门与部门之间通过建立科学合理的机制和明确的制度、协同有序的运作，实现学校各项工作的协调运行，从而实现学校发展的快速高效。构建具有激励和服务功能的文化管理模式，生成一种高度柔性化的、符合生命要求和可持续发展的、激励学校生命群体创造性思维与行动的现代学校制度文化，推动学校向更高层次的自我管理目标迈进。

文化是管理的信仰，是管理的精神之魂，管理是文化的延伸和具体的发展形态。如果不重视学校管理文化的建设，学校只能在一种较低的层次上徘徊，很难提升其发展层次。学校的发展并不仅仅取决于物质条件和师资素质，更在于隐藏在其背后的学校的核心精神和核心能力，而学校核心精神和核心能力的形成，则在于学校的管理理念，在于新型学校组织与管理模式——交往型学校组织模式的构建。

第二节　交往型学校：从现代主义到后现代主义

交往型学校的组织理念、思维范式是一种后现代主义模式，或者说是深深打上了后现代主义文化思潮的烙印。尽管后现代主义是一种极具复杂性的思潮，甚至不能称得上是一个具有严密组织的学派，学术界对其评价也是毁誉参半，但客观地讲，后现代主义思潮对现代的冲击，包括对现代教育思想的批判与反思，已引起人们的广泛关注。从后现代主义视角来分析交往型学校，对于全面、深刻理解交往型学校的内涵、特征及其对现行教育的反思性、解构性、重构性，对于我们进行教育观念变革，实现教育的本真目的具有重要的意义。

一、后现代主义内涵及其思维特征

1．后现代主义内涵

1870 年，英国画家查普曼在其举行的个人画展中，首先提出了"后现代"油画的口号。他用"后现代"一词来表示对当时法国的印象派——"前卫"画派进行超越的批判与创新精神。20 世纪 60 年代后期，"后现代主义"一词首先在建筑学领域被用来描述一种新的建筑风格。后现代主义的建筑师们拒绝"国际主义风格"的信条，寻求从以前各种建筑风格的综合中获得灵感。在哲学领域，虽然罗蒂将海德格尔、杜威、后期的维特根斯坦看作是后现代主义哲学的来源，但这一思潮进入哲学的主流，主要是在 1979 年利奥塔的《后现代状况：关于知识的报告》出版之后。

后现代主义是对后现代社会的一种回应。20 世纪下半叶，随着新技术革命的兴起，随着电视、电脑的普及，知识以令人难以置信的速度增长着。新知识、信息的快速增长导致既有知识体系的"整体的支离破碎"，对西方人原有的世界观产生了革命性的冲击。人们开始对旧有的观念、未来的信念、现实中的各种问题进行普遍的关注与反思，这些都为后现代主义奠定了社会现实基础。科学技术给人类带来了物质利益方面的巨大进步和发展，以至于人们对科学技术的作用产生了片面的、夸张的看法，认为科学技术可以解决社会的所有问题。随着人们对科学技术副作用认识的加深，对技术理性的怀疑渐成思想界的思考主题，以怀疑和否定为思维特征的后现代主义思潮应运而生。

在后现代主义的派别划分上，后现代主义又可以分为"解构性后现代主义"与"重构性后现代主义"两派。"解构性后现代主义"的代表人物有福柯、德里达和伽达默尔等，他们主张对传统进行彻底批判和颠覆，他们"消除了中心与主体，摧毁了本质与基础，否定了规律……割裂了历史"。"重构性后现代主义"流派的代表人物为罗蒂、格里芬，他们主张保留现代概念的精华，用理性来反思现代主义世界观中的种种不是，力图以此建构一种整体的、有机的后现代世界观。

一般而言，"后现代"主要不是指时代论意义上的一个历史时期，更重要的是指一种思维方式，是对整个现代主义的反思、批判、抗议。尼采的"上帝死了"概括了现代主义的本质，而后现代主义的主要旗手——福柯的"作为主体的人死了"则是对后现代主义的精辟概括。具体地讲，后现代主义可以从以下几个维度进行理解：

（1）作为一种社会历史的分期：后现代是指西方现代社会之后的所谓"后工业社会"。20 世纪中期以后，大部分发达资本主义国家已经完成工业化的任务，进入了所谓"后工业社会"或信息时代，也就是后现代的时期。

（2）作为一种社会思潮：后现代反映了人类在现代社会中的感受及其反思。现代社会是一个技术指导的时代，人的自由和自主受到了压抑；现代社会尽管取得了前所未有的物质成就，但这一切是以破坏人类的生存环境与和平理想为代价的。因此，后现代思潮是对现代社会的反思。

（3）作为一种哲学流派：后现代哲学是对 17 世纪以来西方"启蒙哲学"的批判。现代主义哲学发端于 17 世纪的启蒙时期，西方的现代性是由启蒙精神培植起来的,以"理性"为旗帜。在后现代哲学看来,现代性片面地理解了人的理性,相信人具有获取永恒真理的能力;同时滥用了人的这种理性,使知识等级化,也使人等级化,后现代哲学也不再承认权威的存在,它放弃了指向中心性的交流和共识,而走向差异和多样化。

王治河在其所著的《扑朔迷离的游戏——后现代哲学思潮研究》中曾指出:"作为一种发生在 20 世纪后期的文化思潮,后现代主义是对现时代的实践和人类进行反思的思想运动,是对现代资本主义的文化批判;作为一种思维方式,后现代主义哲学是对传统思维方式的挑战和扬弃。"(王治河著:《扑朔迷离的游戏——后现代哲学思潮研究》,社会科学文献出版社,1998 年版,第 24 页)后现代主义思潮作为一种社会意识,正如马克思、恩格斯在《德意志意识形态》中指出:"意识一开始就是社会的产物,而且只要人们还存在着,它就仍然是这种产物。"(《马克斯恩格斯选集》第 1 卷,人民出版社,1972 年版,第 35 页)

2.后现代主义思维特征

正如前面所阐释的,后现代哲学所讲的"后现代"主要不是指"时代论"意义上的一个历史时期,而主要表征的是一种思维方式上的变革。这一思维方式是以强调否定性、非中心化、破碎性、反正统性、不确定性、非连续性以及多元化等为特征。正如美国学者伊·哈桑指出的那样,后现代主义者"性质迥异,不能形成一个运动、一种模式或一个学派。然而,他们却可能引出一系列相互关联的价值倾向,一套价值,一组新的程序和看法。而这一切我们称之为后现代主义。"([法]让一弗·利奥塔等著,赵一凡等译:《后现代主义》,社会科学文献出版社,1999 年版,第 113 页)

后现代主义思维特征主要表现在四个方面:在思维内容上,后现代主义只指现代西方文明和作为其内核的现代主义,对其进行反思;在思维的方法上,后现代主义肯定在认识丰富多彩的世界时体现出的差异性和多元化;在思维的性质上,后现代主义着重于现代主义的否定与批判,体现出思维的否定性、怀疑性倾向;在思维的目标上,后现代主义旨在颠覆整个西方形而上学大厦。(王坤庆著:《教育哲学》,华中师范大学出版社,2006 年版,第 353—359 页)

（1）思维内容：反思现代主义。

从哲学的角度看，现代主义主要是指西方18世纪晚期启蒙运动以来确立的理性原则和科学精神。现代主义以文艺复兴时期为反对神性而建立的人类理性和17世纪、18世纪发展起来的科学与实证精神为基础，强调权威性、理性、统一性、整体性、确定性与终极价值观。后现代主义思想家对启蒙时代以来的这段历史进行反省，对支撑着启蒙运动的思维方式提出疑问，对现代主义的总体观念提出批判，并提出"后现代"与"现代"相对抗。其所谓的"后现代"主要有以下特点：首先，后现代主义主张非中心化。获得永恒真理是启蒙的基本思想之一，真理作为一切知识之知识的基础，在各种话语中占有一种优先和特权的地位，其话语变成了"元话语"，后现代主义反对这种所谓的永恒真理，主张"去中心化"；其次，后现代主义批判理性权威，强调非理性的作用与功能。

（2）思维方式：差异性与多元化。

在思维方式方面，后现代思想家依据"本体论上的平等"观念，崇尚差异性，倡导多元化，推崇对话。在后现代主义者看来，"本体论上的平等"原则要求人们摒弃一切歧视，接受或接收一切有区别的东西。后现代主义思想家认为，西方哲学思维的传统是建立在形而上学的二元对立基础上的，强调的是统一性、同一性和直接性，而排斥差异性、不确定性和矛盾性。

（3）思维性质：否定与批判。

在思维性质方面，后现代主义专注于对现代主义的批判、怀疑与否定，体现出否定性、批判性的思维特征。现代主义是一种有限的思维方式，它总是从某种给定（或假定）的东西出发，而后现代主义则是一种无限的思维方式，它反对任何假定的"前提"、"基础"、"中心"等，这一点集中体现了后现代主义思维的否定性、批判性倾向。

（4）思维目标：颠覆形而上学。

在后现代主义者看来，整个西方的哲学传统可以用逻各斯中心论来说明，"在西方的和著名的法国思想中，占统治地位的话语———一直被形而上学——逻各斯中心论抓在手中。"（王治河著：《扑朔迷离的游戏——后现代哲学思潮研究》，社会科学文献出版社，1998年版，第150页）

后现代主义者将批判的矛头指向西方传统的形而上学，志在颠覆整个形而上学大厦。

除以上四个思维特征外，后现代主义还强调对话。后现代主义强调一种"语境体验"，认为人更多的是作为交往、作为一种文化和生物交融形式的语言主体。换句话说，我们必须把自我当作是在叙述中或通过叙述制造出来的，而不是被发现的或是去发现的，即在词汇之前是不存在一种起作用的自我的。后现代主义主张一种平等性、开放性、公平性的对话，而否定对对话中的对立面的轻视和压制（这也正是交往理性的重要内涵）。在后现代主义者看来，对话中的对立面并不是次要的，他们的个性和境况对于任何一个肯定的结论来说都是不可少的。

后现代主义哲学是对现代主义质疑、反思和批判的一种新的认知范式。它的矛头指向传统哲学中的教条主义、形式主义、经验主义，是彻底反传统、反权威的。它由逻各斯中心主义转向非中心的多元主义，由深度模式转向平面模式，由以人为中心转向反传统人本主义。它可以促进我们拓展视野、观念更新，转变以往僵化、封闭的思维方式，实现学科交融，不断向大众化和现实生活贴近。

二、后现代主义对交往型学校的启示

后现代主义思想家对教育的认识也是与后现代主义的两大派别相对应的，总体上可以分为两种：一是解构性的后现代主义教育学者对"现代性"下的教育理论研究进行全面颠覆；二是重构性的后现代主义教育学者则认为以往的教育思想尚有合理性，尚未达到"终结"的地步，主张对过去的教育思想观点进行综合，提出一些创造性观点。交往型学校的思维方式是后现代主义的，后现代主义的思想，尤其是其独特的思维方式对教育研究、教育管理、教育目的观、课程观、教师作用及师生关系等方面具有重要的理论价值与实践意义。

1．教育目的观

后现代主义认为，现代主义对理性与任务、制度和秩序的强调，其目的是将个人塑造成现代性工程的零部件，这种理性的教育目的的结果是忽视了人的个性，导致人的异化，人与人之间关系的疏远，个人生活意义的丧失。而且，在后现代主义者看来，现代教育的目的是培养"完人"。这种教育目的往往是为了培养优势文化的支持者，强调教育具有一种"文化中立性"，以此来推演一套民主和平等的理念。他们从不同的角度对这种"完人"教育提出质疑，并重新考虑了人的主体性。

尽管后现代主义教育学者在论述教育目的时用词各异，但其教育目的大都围绕在如何克服现在西方资本主义危机，培养具有批判能力、认可多元文化的社会公民等方面进行。具体来说，主要有以下几种：

（1）教育应造就一批具有批判能力的公民，这种公民能够认清优势文化的独霸性以及文本的集权性，向它们挑战，进而通过对多元文化的认识跨越文化边际，肯定个人经验及其代表的特殊文化。

（2）教育的目标就是促进学生对社会的认识和了解，建立各种社会责任感。

（3）教育目的在于强调建立一种文化与社会环境和睦相处的社会文化背景，建立一种与自然相和谐的环境教育，培养学生的生态意识，培养个人的道德意识以及对自然的伦理概念。

（4）教育目标应求得一种内部平和，并且能够把家庭中的平和、安定及各社会成员之间的和平相处扩充到整个社会乃至国家，从而避免一种相互利益的冲突状态，使整个社会充满和谐。

后现代主义教育目的观是对现代主义"完人"教育目的观的反思与超越。现代主义教育的"完人"主张试图建立一种标准化的"完人"模式来规定人的发展，将人的发展理解为对"完人"这一标准无限的接近，这样培养的人事实上是没有差异的标准化的人，在现实中是不可能的，它忽视了人的发展的差异性，忽视了个体与个体的不同的多样特性。后现代主义培养具有批判力、具有个人道德意识的人，这在一定程度上反映出了教育的本真目的。

2．教育管理观

后现代主义推崇"本体论的平等"。这种本体论上的平等要求摒弃一切歧视，接受和接收一切有区别的东西，"接收和接受一切差异"，对平等的认同决定了后现代主义对交往中"对话"的推崇。交往中对话的本质不是用一种观点来反对另一种观点，更不是将一种观点强加于另一种观点之上，而是改变双方的观点，最终达到一种新的视界；可见，真正的对话总是蕴涵着一种伙伴关系或合作关系。为使真正的对话得以进行，后现代化主义主张倾听一切人的声音，哪怕是最卑微的小人物的声音。

后现代主义的上述观点启示我们，在教育管理中要强调一种朝向人的、水平的管理风格，而不是朝向任务和功能的管理，即管理组织应该"去中心化"，尊重个体存在的价值和创造性，也就是说，在教育管理中要尊重彼此的思想与存在，要认可与尊重他人，注重人与人的平等、相互理解，真正做到以人为本。

学校管理中的"以人为本"就要做到"以教师为本"、"以学生为本"。在学校管理过程中，要把师生员工的利益放在第一位，关心他们的工作、生活、学习等各个方面，尽可能地满足他们的需要；重视与师生员工的平等对话、交流和沟通，与师生员工建立亲密、友好、融洽的关系，强调学校集体目标的实现与师生员工个人目标的实现是同一过程，使师生员工在工作中得到满足；民主管理，注重参与，充分重视并发挥管理集体和师生员工的主人翁作用，让他们参与到管理中去，发表意见，提出决策，突出其存在的价值和重要性，使每个师生员工的奋斗目标最大限度地得以实现。

3. 教育课程观

在现代主义理论框架下，课程观主要是拉尔夫·泰勒提出的被称为"泰勒原理"的课程理论，它强调目标的预设性和外在性，目标的设定、经验的选择、指导和组织以及评价是线性的，目标的贯彻和落实高于一切，学校教育培养的是统一规格而没有差异性的学生。交往型学校的课程观是与现代主义课程观相对应的后现代课程观，它不仅关注课程的目标及其实现，而且更关注学习过程中个人的发展。

早在 1989 年，著名的后现代主义课程专家多尔就曾指出："适应复杂多变的 21 世纪的需要，应构建一种具有开放性、整合性、变革性的新课程体系。课程不再只是特定知识体系的载体，而成为一种师生共同探索新知识的发展过程；课程发展的过程具有开放性和灵活性，不再是完全预定的，不可更改的。"（应俊峰著：《研究型课程》，天津教育出版社，2001 年版，第 3 页）多尔对现代主义课程观进行了详细的分析和批评，认为封闭性、简单化、累积性是现代主义课程观的病理，后现代主义课程观强调开放性、复杂性和变革性。开放性就是将课程视为一个开放的系统，流动、变化、干扰，错误很难回避，它们是系统进行自组织的契机和源泉。课程建设要随时考虑到这些因素的存在和影响：复杂性意味着非线性和简单对立，教育过程是由多种因素的交互作用组成的，其因素是网状的，影响是综合的；变革性则指系统从远离平衡的状态到形成新平衡的过程是突发性的，教师要适时诱发学生内部的不平衡以求新的平衡，课程应给学生自组织的机会，在最有利的时机引发学生的内部重组。

多尔在 1993 年出版的《后现代主义课程观》一书中，运用后现代主义课程观点针对泰勒原理的弊端，进一步提出了他所设想的新课程标准。多尔认为，泰勒原理是现代主义封闭课程体系的典型，它所包含的四个主要步骤（确立目标、选择经验、组织经验、评价结果）局限于线性的和因果关系的框架之中，置于核心地位的"确立目标"便因此而与其他三个步骤脱离开来，不仅如此，由于目标是经过精心选择的，它往往还会超越于教育过程本身。为了克服泰勒原理的缺陷，多尔提出了 4R 课程标准。[W. Doll，A post–modem perspective on curriculum，new york teachers college university press，1993，preface]

多尔认为后现代主义课程应该是一种探索并不断扩展的网络所构成的课程，即 4R 课程——丰富性（Richness），回归性（Recursion），关联性（Relations），严密性（Rigor）。其中，丰富性是指"课程的深度、意义的层次、多种可能性或多重解释"。要达到丰富性需要"适量的不确定性、异质性、无效性、模糊性、失衡性、耗散性与生动的经验"；回归性是指"一个人通过与环境、与他人、与文化的反思性相互作用形成的自我感的方式"；关联性主要体现在教育方面，它强调建构课程时要考虑到"课程中的联系，赋予课程以丰富的模体或网络"、"联系的偶然性"、"文本被当作是需要修改的而不是必须遵从的材料"等方面；"严密性意味着有目的地寻找不同的选择方案、关系和联系"。

总之，后现代主义教育认为课程的目标不是预先设定的、不可更改的，而是可以根据实际情况加以调整的；课程的内容也并不是固定不变的，而是一个动态发展的过程，是一个师生共同探讨新知识的发展过程，这个过程具有开放性和灵活性；课程将从知识的积累走向发现和创造知识，不应以权威的观念对课程进行控制，课程的组织形式也不再囿于学科界限，而是向跨学科和综合化方向发展。

4. 教育师生观

在后现代主义者看来，教师是"平等中的首席"，教师的权威和作用并没有被削弱或抛弃，而是重新得以建构——教师作为学生学习活动的共同参与者，促使学习主体去主动探究。真正的权威和控制是内在养成的，而不是外加的，它生成于"师生平等对话"的教学情境中。这种师生之间的对话是民主的、平等的，教师成为了学生学习的伙伴；这种对话还是互动的，是双向的交流，通过互动实现多种视界的沟通、汇聚、融合；这种对话还具有建构意义的功能，各种不同视界的碰撞，可以给学生以新的启迪，从而完成知识意义的建构。只有教师和学生都成为活动的主角，共同建构的课程才成为可能。

由于后现代主义在认识论上由科学认识论转向生活认识论，必然要求师生之间建立起一种交往式的、对话式的生活关系。在对话中，师生作为活生生的人投入教育中，相互敞开，互相倾听，相互包容，共同在场，共同卷入真实的生活世界中。在对话中，师生建立真正平等的人与人的关系。师生相互理解，进行真正的人格与精神的相遇相融。由此，双方获得了精神的沟通与知识、经验、智慧、意义的"共享"，它带来的不仅仅是知识的增长，而是完整人的生成。

后现代知识观强调知识的境域性，认为知识并不像本体论规定的那样，具有先验性，也不像认识论假设的那样具有确定性，而是具有不确定性、自组织性、非线性等特征。"教师仅仅是作为学习者团体中一个平等的成员"（[美]小威廉姆·E·多尔，王红宇译：《后现代课程观》，教育科学出版社，2000年版，第8页），教学的过程不仅仅是单纯地传授知识，而是让师生在平等对话中达成对知识的建构，教学变成了知识建构的过程，它呈现出动态、自组织的特征。弗莱雷曾经指出，通过对话，学生的教师（Teacher of the Student）和教师的学生（Student of the Teacher）之类的概念将不复存在，一个新的名词，即教师学生（Teacher-Student）或学生教师（Student-Teacher）产生了，在对话过程中，教师的身份持续变化，时而作为一个教师，时而成为一个求知的学生。学生也是如此。他们合作起来共同成长。（保罗·弗莱雷著，顾建新，赵友华，何曙荣译：《被压迫者教育学》，华东师范大学出版社，2001年版，第64页）

后现代主义的出现有其特定的社会文化背景，必须联系当代西方社会纷繁复杂而尖锐的社会问题才能把握其理论基础。后现代主义教育在颠覆现代教育的热闹声中问世，尽管其表现形态各异，甚至没有明确的统一说法，但在突破和超越现代教育这一特征上却是一致的。后现代主义教育作为理论、思潮，有争议、不成熟，但作为一种思维方式却是有价值的。后现代主义为教育，包括教育目的、教育管理、教育组织结构、教育中的师生关系、课程设置等都提供了新的视角、新的眼光，也促发了我们对教育问题更多、更深入地思考，而这些都是蕴涵于交往型学校之内的，在教育思想上，后现代主义的许多思想与交往型学校是内在相同的。当然，作为一种理论思潮，后现代主义的观点并不完全正确，其本身也受到了许多理论学派的批判，但后现代主义的思维方式对于我们更加深入地理解学校教育无疑是必要的、有益的。

第十章　交往型学校评价指标体系研究

学校的目标始终应当是：青年人在离开学校时，是作为一个和谐的人，而不是作为一个专家。

——爱因斯坦

如何对交往型学校进行指标体系评价，或者说，什么样的学校是交往型学校，对这一问题的回答是非常困难的，因为交往型学校不是表面意义上所理解的存在"你来我往"的学校，它关涉到交往理念与交往精神，关涉到教育的内在本质与学校的内在机制，关涉到学校的组织结构、管理制度、文化建设等方方面面，而理念、精神、价值观等很难测评，在很大程度上是"隐而不显"的。然而，对这一问题的回答却又是不容回避的。本章对交往型学校进行评价指标体系构建，并借助模糊数学综合评价方法对 D 高校构建交往型学校进行指标体系评价，以期能够从定性与定量两个方面反映出交往型学校的内在本质特征。

第一节　交往型学校评价指标体系构建的基本原则

一般说来，评价指标体系由评价指标、指标权重和评价标准三个部分组成。指标是反映评价对象某一方面特征状态的要素，各个要素的集合就构成指标体系。构成指标体系的各个要素在系统中发挥的作用不同，重要程度也不同，因而要给它们加以不同的权重。权重，又称权数、权系数。在评价指标体系中，一个指标要素的权重表示这一要素在诸要素集合中的重要程度，表示在其他要素不变的情况下，这种要素的变化对评价结果的影响。权重分配是否恰当，直接关系到评价指标体系的科学性，关系到评价结果的合理与公正。因此，在制定交往型学校的评价指标体系过程中，遵循了整体性、客观性、科学性、可测性等基本原则。

一、整体性原则

整体性原则是指设置指标内容的全面性和体系的完善性，它要求在建立指标体系时，不能遗漏任何一个重要的指标，力图抓住主要的、带有典型意义的指标，并按照一定的构成法则将其关联为一个统一的整体，确切地反映指标系统的本质。当然，整体性原则并不排除为防止指标系统过于庞杂而舍弃一些次要的指标。

交往型学校是一个有机统一的系统，因此，交往型学校的评价指标体系构建也必须坚持整体性原则。从构成机制来看，交往型学校主要包括交往教育机制、交往管理机制、交往德育机制、交往目标机制、交往规范机制及交往文化机制，这六个机制是"六位一体"的完整机制，缺少任何一个机制交往型学校就是不完善的。交往型学校的评价指标体系构建必须坚持"六位一体"的整体性模式，对六个机制分别进行指标体系构建，只有这样，才能够对交往型学校进行全面的、整体的、客观的评价，才能够揭示出交往型学校内在的本质特征，从而更好地为交往型学校构建提供依据。

二、客观性原则

所谓客观性原则主要是指评价指标体系的客观公正，要保证数据来源的可靠性、准确性和评价方法的科学性。交往型学校的评价指标体系中的各项指标要素，应反映交往型学校各项要素的客观地位与实际作用，指标内容及其权重设计应符合交往型学校的内在特征，确保整个评价指标体系的科学性、合理性。

三、科学性原则

科学性原则是指指标体系的设计、指标的选择与指标权重的确定、数据的选取、计算与合成必须以公认的科学理论为依据，建立在科学的基础上，评价指标的选择要围绕交往型学校的内在特征，指标的定义、内涵要明确，计算方法要简便，同时采取定性、定量相结合，力求全面、客观地反映和描述交往型学校的本质特征。

四、可测性原则

可测性原则是指把指标内涵应尽量转化为行为要素，使之易于量化，可以直接观察和测量。交往型学校从性质上来说不同于传统的权力控制型学校，这既有定性的体现，同时也可以进行定量的研究。在构建交往型学校的评价指标体系时，对于定性指标也可以结合以一定的权重，使其定量化，以避免评价时的随意性或以偏概全。

为落实可测性原则，在交往型学校的评价指标体系构建过程中应尽量精简、减少指标的数量。虽然在一定程度上讲指标越多越细，对评价的对象的认识就越具体，但也并非是越多越好，指标太多，繁琐复杂而难以操作，也就失去了可测性与可行性。因此，交往型学校的评价指标体系的构建在保证科学地反映交往型学校本质特征的前提下，应尽量减少指标数量，确保指标体系的可测性与可行性。

第二节　交往型学校评估指标体系构建

交往型学校的指标体系构建是围绕着交往型学校内在本质特征进行的，而"六位一体"的交往教育机制、交往管理机制、交往德育机制、交往目标机制和交往规范机制、交往文化机制则是交往型学校内在本质特征的体现。因此，交往型学校的评价指标体系内容也主要是围绕着这六大机制进行构建的。在指标体系构建及评价过程中，坚持了交往型学校评价指标体系应具备的三要素：一是要有明确的评价目标；二是要有一套有导向性的科学且可行的评价指标体系；三是要有科学的评价程序和评价方法。

在交往型学校的评价指标体系构建中，把交往教育机制、交往管理机制、交往德育机制、交往目标机制、交往规范机制和交往文化机制定为一级指标；再将一级指标分解为30个二级指标，并对二级指标的指标内涵、评价标准等进行界定；最后通过专家排序法确定一级、二级指标的权重系数，从而构建起完整的交往型学校的评价指标体系。最后，以此指标体系对 D 高校构建交往型学校情况进行测评。

一、建立综合评价指标体系

将交往型学校评价的指标体系分为 6 个一级指标、30 个二级指标，按指标间的关联性及隶属性形成不同的层次，建立交往型学校的指标评价体系，如图 10-1 所示。

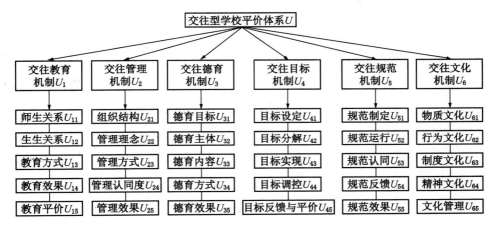

图 10-1　交往型学校综合评价体系表

二、确定指标体系的权值

指标体系权值的确定有多种方法，如专家排序法、专家咨询法、层次分析法等，本书采用专家排序法。交往型学校的交往教育机制、交往管理机制、交往德育机制、交往目标机制、交往规范机制和交往文化机制的权值确定如下：我们邀请了 5 位专家对以上 6 个机制进行排序，并用式（10-1）进行权值计算。

$$w_j = \frac{2[m(n+1) - R_j]}{m \cdot n(1+n)} \qquad j = 1,2,3,4,5 \qquad (10-1)$$

其中，m 为专家人数（$m=5$），n 为指标数（$n=6$），R_j 是对同一指标的秩的和。专家排序统计结果见表 10-1。

由式（10-1）得：

$w_1 = Z_{U_1} = 0.2$，$w_2 = Z_{U_2} = 0.2$，$w_3 = Z_{U_3} = 0.2$，$w_4 = Z_{U_4} = 0.1$，$w_5 = Z_{U_5} = 0.1$，$w_6 = Z_{U_6} = 0.2$

即：

$$Z_U = (0.2, \ 0.2, \ 0.2, \ 0.1, \ 0.1, \ 0.2)$$

表 10-1　交往型学校一级指标专家排序统计表

专家	指标因素					
	交往教育机制	交往管理机制	交往德育机制	交往目标机制	交往规范机制	交往文化机制
1	3	5	4	1	6	2
2	1	2	5	6	4	3
3	5	1	3	4	2	6
4	2	5	1	6	4	3
5	1	3	4	5	6	2
R_j	12	16	17	22	22	16

对每个二级指标权值的确定遵照上述程序进行。下面以交往教育机制二级指标权值的确定为例，说明二级指标权值的确定。我们邀请 5 位专家对交往教育机制的 5 个指标内涵进行排序，统计结果见表 10-2。

表 10-2　交往型学校交往教育机制专家排序统计表

专　家	指标因素				
	师生关系	生生关系	教育方式	教育效果	教育评价
1	3	2	1	4	5
2	1	4	2	5	3
3	4	3	2	1	5
4	3	2	1	5	4
5	4	2	3	1	5
R_j	15	13	9	16	22

由式（10-1）可得：

$w_1 = Z_{U_{11}} = 0.2$，$w_2 = Z_{U_{12}} = 0.2$，$w_3 = Z_{U_{13}} = 0.3$，$w_4 = Z_{U_{14}} = 0.2$，$w_5 = Z_{U_{15}} = 0.1$

即：

$$Z_{U_1} = (0.2, 0.2, 0.3, 0.2, 0.1)$$

依此类推，得到：

$$Z_{U_2} = (0.2, 0.2, 0.3, 0.2, 0.1)$$
$$Z_{U_3} = (0.2, 0.3, 0.1, 0.3, 0.1)$$
$$Z_{U_4} = (0.2, 0.1, 0.2, 0.2, 0.3)$$
$$Z_{U_5} = (0.2, 0.2, 0.3, 0.1, 0.2)$$

$$Z_{U_6}= (0.2,0.1,0.2,0.2,0.3)$$

交往型学校的综合评价指标体系见表10-3至表10-9。

表10-3 交往型学校综合评价指标体系

	交往教育机制	交往管理机制	交往德育机制	交往目标机制	交往规范机制	交往文化机制
权重系数	0.2	0.2	0.2	0.1	0.1	0.2

表10-4 一级指标：交往教育机制，权重系数0.2

二级指标	指标内涵	评价标准	权重系数
师生关系	师生是否是平等、民主、互融、合作基础上的平等交往关系	平等、民主、互融、合作的交往型师生关系	0.2
生生关系	生生之间是否平等、互融、合作、和谐团结、共同发展	生生之间是平等、互融、合作、和谐团结、共同发展的群体	0.2
教育方式	教师教育方式是否是"对话"型交往教育方式；是否尊重学生的主体地位；是否外在引导与学生自主建构相结合	教师采取平等交往的"对话"式交往教育方式；尊重学生的主体地位；实施外在引导与学生自主建构相结合	0.3
教育效果	是否在提升学生素质的基础上激发学生的自我发展性、创新性；是否注重学生的综合能力	教育应激发学生的自我发展性、创新性；提升学生的综合能力	0.2
教育评价	是否建立教学质量评价系统；是否采取专家评价与教师自我评价相结合	建立教学质量评价系统；实行专家评价与教师自我评价相结合的评价模式	0.1

表10-5 一级指标：交往管理机制，权重系数0.2

二级指标	指标内涵	评价标准	权重系数
组织结构	是否是扁平化的、易于信息沟通与反馈的交往型组织结构	扁平化、易于信息沟通与反馈的交往型组织结构	0.2
管理理念	在组织观、人才观、质量观、学生观等方面是否有先进的管理理念	学校管理以科学、先进的管理理念为指导，实行"超越规范以理念为中心"的管理	0.2
管理方式	管理是否通过平等对话、民主协商、广泛参与等民主方式进行	学校管理者通过平等对话、民主协商、广泛参与等民主方式实施管理；注重发挥师生主人翁作用	0.3

续表

二级指标	指标内涵	评价标准	权重系数
管理认同度	师生员工是否认同学校管理机制；是否自愿服从学校管理机制	学校管理机制得到高度认同；师生员工服从学校管理机制安排	0.2
管理效果	能否调动师生员工积极性；能否顺利实现学校管理目标	广泛调动师生员工积极性，确保学校管理目标顺利实现	0.1

表 10-6　一级指标：交往德育机制，权重系数 0.2

二级指标	指标内涵	评价标准	权重系数
德育目标	能否关注学生的德育生活世界；能否培养具有"主体性道德人格"的学生	德育关注学生生活世界，以培养具有"主体性道德人格"的人为目标	0.2
德育主体	能否正确认识德育过程中的师生关系；能否正确认识德育过程中的主体	师生双方都是德育的主体，而不是主客体之间的关系	0.3
德育内容	能否关注学生的生活世界和学生的实际需要，不断更新、拓宽德育内容	关注学生生活世界，德育走进学生的生活情境	0.1
德育方式	能否摒弃传统的说教式、灌输式德育而采用平等主体之间的交往德育模式	摒弃说教式、灌输式德育，采取交往德育模式	0.3
德育效果	师生能否双向理解和构建，形成"我—你"德育关系	师生摆脱"主—客"关系，形成"我—你"双向理解与构建的德育关系	0.1

表 10-7　一级指标：交往目标机制，权重系数 0.2

二级指标	指标内涵	评价标准	权重系数
目标设定	交往、沟通是否充分；是否注重长期发展目标；是否体现学校发展特色	沟通充分、信息全面；长期、中期、短期目标设定合理；体现学校发展特色	0.2
目标分解	是否摒弃目标摊派；是否坚持上级指导下自我设定；目标分解是否多元、动态、适切	各部门坚持上级指导下的自我设定；注重目标的多元、动态、适切	0.1
目标实现	目标是否得到广大师生员工认同；目标实现是否强调统一模式	目标得到师生员工认同；部门目标实现强调多样化、差异性	0.2
目标调控	目标调控是否外在监督与内在自觉相统一；是否坚持正确方向	目标调控坚持外在调控与内在自觉相统一，而非单纯外在调控	0.2
目标反馈与评价	反馈网络是否健全、顺畅；是否教育目标与管理目标评价并重；是否评判与总结并举	健全、顺畅的信息反馈网络；教育目标与管理目标并重；评判与总结并举	0.3

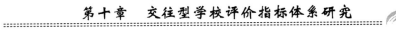

表 10-8 一级指标：交往规范机制，权重系数 0.1

二级指标	指标内涵	评价标准	权重系数
规范制定	是否管理者单向主控；是否遵循规范程序，沟通、交往是否充分；信息是否对称	规范制定遵循平等交往、民主协商原则；遵循规范制定程序；获得尽可能多的规范相关信息	0.2
规范运行	是否刚性制度与人本精神相结合；是否注重人的价值	规范运行将"刚性"的制度"柔性"化；注重人的价值，坚持以人为本	0.2
规范认同	规范是否得到师生员工的广泛认同，并自觉转化为师生员工的实际行动	规范能够得到师生员工的广泛认同，并能够转化为师生员工的自觉行为	0.3
规范反馈	规范实施过程中的相关信息能否得到及时、准确地反馈	健全的信息网络，及时、准确的信息反馈，及时对规范进行调整	0.1
规范效果	规范实施能否有效促进学校教育、管理目标实现	规范实施与学校教育、管理目标相一致；为目标实现提供保障	0.2

表 10-9 一级指标：交往文化机制，权重系数 0.2

二级指标	指标内涵	评价标准	权重系数
物质文化	是否具备良好的教学、科研、办公、实习等设施；建筑设施是否具有文化氛围，体现学校发展特色	具备教学、科研、办公、实习等必备的建筑设施；建筑物体现学校特色，凸显文化氛围	0.2
行为文化	师生员工行为是否得体；交往、沟通渠道的建立是否顺畅；教育、教学、管理方式是否科学	师生员工行为得体；交往、沟通渠道顺畅、操作性强；教育、教学、管理方式科学	0.1
制度文化	学校规范和制度是否健全；制定是否符合规范程序；是否体现以教师为本、以学生为本的理念	具备健全的规范与制度；规范与制度制定符合程序；体现以人为本的理念	0.2
精神文化	学校是否有共同的价值观、信念、理念等；精神文化是否科学精神与人文精神相结合	有共同的价值观、信念、理念等；注重科学精神与人文精神的结合	0.2
文化管理	学校是否注重文化塑造；是否实行以文化管理为主体的管理模式	学校实施文化管理为主，辅以必要的经验管理与科学管理	0.3

233

第三节　交往型学校综合评价指标体系测评
——以 D 高校为例

从内容上看，交往型学校的综合评价指标体系基本涵括了学校教育、教学、管理、文化建设等主要方面，是一个比较完善的评价指标体系。在对交往型学校的指标体系进行构建的基础上，采用此指标体系，借助于模糊数学综合评价法对 D 高校进行了指标体系测评。本次测评主要采取了问卷调查法。调查问卷是建立在评价指标体系之上的，主要是围绕交往型学校评价指标体系进行的，涉及到评价指标体系的 6 个一级指标、30 个二级指标。本次问卷调查共发放问卷 100份，回收有效问卷 93 份，有效率为 93%。下面将本次测评程序介绍如下。

问卷调查时所需确定的等级为优、良、中、差四等，它们组成评价集，根据指标集、评价集设计了如下综合评价表（见表 10 -10)。

表 10-10　交往型学校评价测评样表

评价指标	评价意见			
	优	良	中	差

用表 10 -10 对调查对象进行问卷调查，请每位被调查对象对每一指标进行评价，即认为该学校实际情况符合哪一等级，则在该栏打"✓"。最后根据统计结果，计算各等级百分数，记入一张评价量表，即得评价模糊矩阵。

根据上述方法，对调查问卷数据进行统计分析，U_{11}，U_{12}，U_{13}，U_{14}，U_{15} 对 U_1 的模糊矩阵 $\boldsymbol{R}_1$ 为：

$$\boldsymbol{R}_1 = \begin{bmatrix} 0.50 & 0.28 & 0.12 & 0.10 \\ 0.60 & 0.20 & 0.10 & 0.10 \\ 0.40 & 0.40 & 0.10 & 0.10 \\ 0.30 & 0.20 & 0.20 & 0.30 \\ 0.20 & 0.40 & 0.30 & 0.10 \end{bmatrix}$$

U_{21}，U_{22}，U_{23}，U_{24}，U_{25} 对 U_2 的模糊矩阵 $\boldsymbol{R}_2$ 为：

$$\boldsymbol{R}_2 = \begin{bmatrix} 0.35 & 0.15 & 0.25 & 0.25 \\ 0.40 & 0.15 & 0.25 & 0.20 \\ 0.36 & 0.22 & 0.12 & 0.30 \\ 0.26 & 0.25 & 0.24 & 0.25 \\ 0.36 & 0.24 & 0.30 & 0.10 \end{bmatrix}$$

依此类推得：

$$\boldsymbol{R}_3 = \begin{bmatrix} 0.45 & 0.34 & 0.12 & 0.09 \\ 0.21 & 0.22 & 0.27 & 0.30 \\ 0.10 & 0.40 & 0.30 & 0.20 \\ 0.60 & 0.25 & 0.05 & 0.10 \\ 0.48 & 0.22 & 0.10 & 0.20 \end{bmatrix} \quad \boldsymbol{R}_5 = \begin{bmatrix} 0.45 & 0.15 & 0.20 & 0.20 \\ 0.15 & 0.25 & 0.30 & 0.30 \\ 0.18 & 0.32 & 0.25 & 0.25 \\ 0.27 & 0.33 & 0.10 & 0.30 \\ 0.33 & 0.17 & 0.40 & 0.10 \end{bmatrix}$$

$$\boldsymbol{R}_5 = \begin{bmatrix} 0.45 & 0.15 & 0.20 & 0.20 \\ 0.15 & 0.25 & 0.30 & 0.30 \\ 0.18 & 0.32 & 0.25 & 0.25 \\ 0.27 & 0.33 & 0.10 & 0.30 \\ 0.33 & 0.17 & 0.40 & 0.10 \end{bmatrix} \quad \boldsymbol{R}_6 = \begin{bmatrix} 0.10 & 0.15 & 0.65 & 0.10 \\ 0.35 & 0.25 & 0.30 & 0.10 \\ 0.58 & 0.14 & 0.18 & 0.10 \\ 0.60 & 0.10 & 0.15 & 0.15 \\ 0.30 & 0.20 & 0.27 & 0.23 \end{bmatrix}$$

将评价模糊矩阵 $\boldsymbol{R}_i$，(i=1，2，…，6) 与各自权数集 U_i，(i=1，2，…，6)，进行模糊合成运算，采用普通矩阵算法：

$$\boldsymbol{L}_1 = \boldsymbol{Z}_{U_1} \cdot \boldsymbol{R}_1 = \begin{pmatrix} 0.2 & 0.2 & 0.3 & 0.2 & 0.1 \end{pmatrix} \begin{bmatrix} 0.50 & 0.28 & 0.12 & 0.10 \\ 0.60 & 0.20 & 0.10 & 0.10 \\ 0.40 & 0.40 & 0.10 & 0.10 \\ 0.30 & 0.20 & 0.20 & 0.30 \\ 0.20 & 0.40 & 0.30 & 0.10 \end{bmatrix}$$

$$= \begin{pmatrix} 0.42 & 0.30 & 0.14 & 0.14 \end{pmatrix}$$

$$L_2 = Z_{U_2} \cdot R_2 = (0.2, \quad 0.2, \quad 0.3, \quad 0.2, \quad 0.1) \begin{bmatrix} 0.35 & 0.15 & 0.25 & 0.25 \\ 0.40 & 0.15 & 0.25 & 0.20 \\ 0.36 & 0.22 & 0.12 & 0.30 \\ 0.26 & 0.25 & 0.24 & 0.25 \\ 0.36 & 0.24 & 0.30 & 0.10 \end{bmatrix}$$

$$= (0.35, \quad 0.20, \quad 0.21, \quad 0.24)$$

$$L_3 = Z_{U_3} \cdot R_3 = (0.2, \quad 0.3, \quad 0.1, \quad 0.3, \quad 0.1) \begin{bmatrix} 0.45 & 0.34 & 0.12 & 0.09 \\ 0.21 & 0.22 & 0.27 & 0.30 \\ 0.10 & 0.40 & 0.30 & 0.20 \\ 0.60 & 0.25 & 0.05 & 0.10 \\ 0.48 & 0.22 & 0.10 & 0.20 \end{bmatrix}$$

$$= (0.39, \quad 0.27, \quad 0.16, \quad 0.18)$$

$$L_4 = Z_{U_4} \cdot R_4 = (0.2, \quad 0.1, \quad 0.2, \quad 0.2, \quad 0.3) \begin{bmatrix} 0.10 & 0.20 & 0.30 & 0.40 \\ 0.25 & 0.25 & 0.40 & 0.10 \\ 0.35 & 0.35 & 0.10 & 0.20 \\ 0.45 & 0.10 & 0.05 & 0.40 \\ 0.35 & 0.20 & 0.15 & 0.30 \end{bmatrix}$$

$$= (0.30, \quad 0.22, \quad 0.18, \quad 0.30)$$

$$L_5 = Z_{U_5} \cdot R_5 = (0.2, \quad 0.2, \quad 0.3, \quad 0.1, \quad 0.2) \begin{bmatrix} 0.45 & 0.15 & 0.20 & 0.20 \\ 0.15 & 0.25 & 0.30 & 0.30 \\ 0.18 & 0.32 & 0.25 & 0.25 \\ 0.27 & 0.33 & 0.10 & 0.30 \\ 0.33 & 0.17 & 0.40 & 0.10 \end{bmatrix}$$

$$= (0.26, \quad 0.24, \quad 0.27, \quad 0.23)$$

236

$$L_6 = Z_{U_6} \cdot R_6 = (0.2, \quad 0.1, \quad 0.2, \quad 0.2, \quad 0.3) \begin{bmatrix} 0.10 & 0.15 & 0.65 & 0.10 \\ 0.35 & 0.25 & 0.30 & 0.10 \\ 0.58 & 0.14 & 0.18 & 0.10 \\ 0.60 & 0.10 & 0.15 & 0.15 \\ 0.30 & 0.20 & 0.27 & 0.23 \end{bmatrix}$$

$$= (0.38, \quad 0.16, \quad 0.31, \quad 0.15)$$

由 L_1，L_2，L_3，L_4，L_5，L_6 构成数学交往型学校整体综合评价模糊矩阵 $L = (L_1\ L_2\ L_3\ L_4\ L_5\ L_6)$，即可得整体综合评价结果矩阵 B，即：

$$B = Z_U \cdot L^T = (0.2, \quad 0.2, \quad 0.2, \quad 0.1, \quad 0.1, \quad 0.2) \begin{bmatrix} 0.42 & 0.30 & 0.14 & 0.14 \\ 0.35 & 0.20 & 0.21 & 0.24 \\ 0.39 & 0.27 & 0.16 & 0.18 \\ 0.30 & 0.22 & 0.18 & 0.30 \\ 0.26 & 0.24 & 0.27 & 0.23 \\ 0.38 & 0.16 & 0.31 & 0.15 \end{bmatrix}$$

$$= (0.36, \quad 0.23, \quad 0.21, \quad 0.20)$$

则 B 为综合评价结果，其中各数分别表示同意各等级的人所占的百分数，为便于更好地比较，我们通过等级赋值法，给出具体的评价结果等级值 θ。按照相隔 20 分为一等级，最高分为 100 分，得到如下等级赋值矩阵：

$$\lambda = (100, \quad 80, \quad 60, \quad 40)$$

则　　$$\theta = B \cdot \lambda^T = (0.36, \quad 0.23, \quad 0.21, \quad 0.20) \begin{pmatrix} 100 \\ 80 \\ 60 \\ 40 \end{pmatrix} = 75$$

上述 θ 值即为模糊数学综合评价法运算下对 D 高校构建交往型学校的具体评分值，可知该高校构建交往型学校综合评价为良。在上述矩阵中我们也可以直观地看出，D 高校的教育水平得到了较多调查者的认可，其中有 42% 的被调查者认为该学校的教育综合评价为优；只有 14% 的被调查者认为教育综合评价为差；我们还可以看出，D 高校的德育及文化建设也得到了较多被调查者的认同，而该高校的规范机制则只有 26% 的被调查者认为是优。通过我们的个案访谈，针对规范机制，被调查对象主要反映的是规范的制定应加强民主参与，在规范运行过程中也应更加柔性化、增强信息反馈等。模糊数学综合评价法为交往型学校提供了定量研究的工具，能够更加科学地反映出交往型学校的内在特征，同时也能够为学校的政策制定及决策运行提供一定的参考。

交往型学校指标体系汇总表见表 10 – 11。

表 10-11　交往型学校指标体系汇总

评价指标	评价意见			
	优	良	中	差
交往教育机制				
交往管理机制				
交往德育机制				
交往目标机制				
交往规范机制				
交往文化机制				

交往型学校调查量表见表 10 –12 ～ 表 10 –17。

表 10-12　交往教育机制调查量表

评价指标	指标内涵	评价意见			
		优	良	中	差
师生关系	师生是否是平等、民主、互融、合作基础上的平等交往关系				
生生关系	生生之间是否平等、互融、合作、和谐团结、共同发展				
教育方式	教师教育方式是否是"对话"型交往教育方式；是否尊重学生的主体地位；是否外在引导与学生自主建构相结合				
教育效果	是否在提升学生素质的基础上激发学生的自我发展性、创新性；是否注重学生的综合能力				
教育评价	是否建立教学质量评价系统；是否采取专家评价与教师自我评价相结合				

表 10-13　交往管理机制调查量表

评价指标	指标内涵	评价意见			
		优	良	中	差
组织结构	是否是扁平化的、易于交往与信息反馈的交往型组织结构				
管理理念	在人才观、质量观、教学观、学生观等方面是否有先进的管理理念				
管理方式	管理是否通过平等对话、民主协商、广泛参与等民主方式进行				
管理认同度	师生员工是否认同学校管理机制；是否自愿服从学校管理机制				
管理效果	能否调动师生员工积极性；能否顺利实现学校管理目标				

表 10-14　交往德育机制调查量表

评价指标	指标内涵	评价意见			
		优	良	中	差
德育目标	能否关注学生的德育生活世界；能否培养具有"主体性道德人格"的学生				
德育主体	能否正确认识德育过程中的师生关系；能否正确认识德育过程中的主体				
德育内容	能否关注学生的生活世界和学生的实际需要，不断更新、拓宽德育内容				
德育方式	能否摒弃传统的说教式、灌输式德育，而采用平等主体之间的交往德育模式				
德育效果	师生能否双向理解和构建，形成"我——你"德育关系				

表 10-15　交往目标机制调查量表

评价指标	指标内涵	评价意见			
		优	良	中	差
目标设定	交往、沟通是否充分；是否注重长期发展目标；是否体现学校发展特色				
目标分解	是否坚持上级指导下自我设定；是否多元、动态、适切				

续表

评价指标	指标内涵	评价意见			
		优	良	中	差
目标实现	目标是否得到广大师生员工认同；目标实现是否强调统一模式				
目标调控	目标调控是否外在调控与内在自觉相统一				
目标反馈与评价	反馈网络是否健全、顺畅；是否教育目标与管理目标评价并重；是否评判与总结并举				

表 10-16 交往规范机制调查量表

评价指标	指标内涵	优	良	中	差
规范制定	是否管理者单向主控；是否遵循规范程序；沟通、交往是否充分，信息是否对称				
规范运行	是否依靠刚性制度，是否注重人的价值				
规范认同	规范是否得到师生员工的广泛认同，并自觉转化为实际行动				
规范反馈	规范实施过程中的相关信息能否得到及时、准确地反馈				
规范效果	规范实施能否有效促进学校教育、管理目标实现				

表 10-17 交往文化机制调查量表

评价指标	指标内涵	优	良	中	差
物质文化	是否具备良好的教学、科研、办公、实习等设施；建筑设施是否具有文化氛围，体现学校特色				
行为文化	师生员工行为是否得体；交往、沟通渠道的建立是否顺畅；教育、教学、管理方式是否科学				
制度文化	学校规范和制度是否健全；制定是否符合规范程序；是否体现以教师为本、以学生为本的理念				
精神文化	学校是否有共同的价值观、信念、理念等；精神文化是否科学精神与人文精神相结合				
文化管理	学校是否注重文化塑造；是否实行以文化管理为主体的管理模式				

第十一章 构建交往型学校
维护新时期高校稳定

人只有靠教育才能成才，人完全是教育的结果。

——康德

第一节 新时期高校稳定研究

一、新时期的内涵与外延

一般而言，"新时期"的概念有两种理解———一是指时代，二是指时间。"新时期"的"时代"理解主要体现在文学上，一些学者已经把"新时期"作为一个时代的名称固定化了。20 世纪八、九十年代之交，许多文学工作者提出应该给"新时期文学"划上"句号"，代之以"90 年代文学"的新概念。到了 20 世纪 90 年代中期，在实际研究中已经不再把"新时期"作为正在展开着的现实，而是把它作为一个"历史分期的概念"来对待了，在客观上也就等于把"新时期文学"的"句号"或"底线"划在八、九十年代之交了。从这个意义出发，"新时期文学"便特指粉碎"四人帮"以后到 20 世纪 80 年代末这段时间的文学。

在政治上，我们通常是在"时间"这个含义上使用"新时期"这个概念的。也就是说，新时期一般是指正在展开着的现实，是从某个时刻开始一直延续至今的时间段。具体指的是一个什么时间段，则要因时而异，因事而异。解放初期，从 1949 年 10 月 1 日开始的时期，就都称为"新时期"，如"新时期的总路线"等。改革开放以后，一般把中共十一届三中全会召开作为新时期开始的标志，如"邓小平新时期统一战线理论"。进入 20 世纪 90 年代以后，我们有时也把 1989 年 6 月中共十三届四中全会上江泽民当选为中共中央总书记作为新时期的开端，如"江泽民新时期国防建设思想"等等。必须明确的是，"新时期"之"新"是一个相对概念。随着时间的推移和变化，"新时期"具体指代的时间段也会发生变化。

对于"新时期"的理解，我们认为可以从马克思以交往为视角对社会历史的划分切入，从交往视角对"新时期"加以理解。马克思从人类交往发展角度对社会形态进行了划分，认为人类的交往历程要经历三种不同的形态，即"人的依赖性社会形态"、"物的依赖性社会形态"、"自由而全面发展社会形态"。马克思指出："人的依赖关系（起初完全是自然发生的）是最初的社会形态"。（《马克思恩格斯全集》第46卷（上），人民出版社，1979年版，第104页）这种社会形态是以人的依赖关系或个人之间的统治与服从关系为基础的。在这一交往形态中，交往"表现为人的限制即个人受他人限制的规定性"。（《马克思恩格斯全集》第46卷（上），人民出版社，1979年版，第110页）马克思把第二种交往形态概括为"以物的依赖性为基础的人的独立性"。在这一社会形态中，以往由自然环境所形成的地区、民族、国家之间联系的自然障碍被打破，人们超越了前资本主义社会形成的封闭型的交往意识，最终使交往世界化。第三种交往形态是自觉联合起来的个人之间的自由交换，这也是马克思所设想的人类的理想的交往模式。马克思将其概括为"建立在个人全面发展和他们共同的社会生产能力成为他们的社会财富这一基础上的自由个性。"（《马克思恩格斯全集》第46卷（上），人民出版社，1979年版，第104页）在这种交往形态中，个人"作为自觉的共同体成员使共同体从属于自己"。（《马克思恩格斯全集》第46卷（下），人民出版社，1979年版，第47页）马克思这里所说的自由主要是指人对自然的掌握和驾驭，而所谓人的全面发展指的是社会关系的全面发展，是人的社会关系的普遍性和人对社会关系控制的高度发展。

就我国当下社会阶段而言，我国正处于由物的依赖性向个人自由全面发展过渡和转型的阶段。在这一过渡和转型阶段中，社会结构、社会经济利益、社会生活方式及主体间交往互动的方式发生了深刻的变化，伴随着全球经济交往、文化交往的日益密切，国内外各种思想文化相互激荡，尤其是对我国而言，由物的依赖性向个人全面自由发展的社会阶段过渡是以历史浓缩的形式进行的，因此，社会转型过程中的各种问题几乎是同时呈现出来，带来了前所未有的文明冲突和文化碰撞，历史与现实，传统与现代，本土文化与西方文明多重因素交织起来，同时也产生了许多现实性问题，使得整个社会面临着空前的困惑与迷惘……这些都对新时期高校稳定带来了一定程度的影响。

如果从时间上对新时期进行界定的话，新时期可以认为是从1978年改革开放，尤其是20世纪末高校收费制度改革以来开始的。虽然我国从1956年社会主义改造已基本完成，社会主义制度已基本确立，但要说市场经济逐渐繁荣，社会步入崭新的发展阶段，尤其是教育获得较大幅度发展，还是应该从1978年改革开放后算起。改革开放以后，尤其是伴随着1999年高校扩招、高校后勤社会化改革、高校人事制度、薪酬制度等改革、就业形势严峻等，高校稳定也面临着一系列新的问题。

二、新时期高校稳定：由"外延式"走向"内涵型"

新时期是一个伟大的变革时期，这种变革时期的教育更需要突出人的主体地位。"处于一个伟大的变革时代，同历史上任何一次伟大的变革必然要突出人的问题一样，人的问题一直伴随着我们改革的进程……人和人的主体性问题再次成为当今时代精神的精华——真正的哲学主题。"（《十年来哲学发展的简单回顾》，《光明日报》，1988年12月12日）

钟劲松在其《对我国高校稳定、发展与改革的思考》一文中指出，当前对高校"稳定"问题的认识上，主要存在两大误区：（钟劲松：《对我国高校稳定、发展与改革的思考》，《黄冈师范学院学报》，2004年4月第24卷第2期，第83页）

其一，对"稳定"的片面的政治性的理解。长期以来，人们习惯于从意识形态的角度理解高校稳定，校内外稍有风吹草动，就从政治意义上强调"稳定压倒一切"。诚然，稳定是高校改革与发展的必要前提条件，但上述关于高校"稳定"的理解显然有着浓厚的政治意味，这就很容易使人敏感地把高等教育系统发展变化过程中的一些动态或变量因素与"稳定"问题挂上钩，导致对人们思想和行为的无形束缚，造成人们思想僵化，因循守旧，裹足不前。

其二，在一般情况下，人们比较强调高校思想状况亦即人心的稳定，较少研究和关注高校办学要素的稳定。高校内部教育教学质量的稳定、师资队伍的稳定、教育教学基本条件的稳定乃至办学规模的基本稳定等都是高校重要的办学要素；这些具体要素之间互为因果，相辅相成；同时，在每一项大要素下面，又包含若干二级要素；所有的一二级要素相互关联，织成完整的网状系统，共同维护着高校办学形态的基本稳定。因此，对高校"稳定"的理解，应该既包括深层办学要素状况以及最终反映在人们思想认识上的一些倾向，更包含对这种状况本身的认识。

我们认为，新时期高校稳定不应仅仅局限于不发生死伤性事件、突发性事件、群体性事件、治安案件等"外延式"稳定，而应是高校在坚持以人为本、规范被广泛认同基础上的高校内部各要素之间有机整合，是高校良性运行与协调发展的"内涵型"稳定，是高校内部各种矛盾能够得到有效缓和、解决而呈现出的高校良性运行与协调发展的状态。

1．以人为本、规范被广泛认同是新时期高校稳定的基础

人的因素是最重要的，也是最活跃的，以人为本是新时期高校稳定的题中应有之意，也是新时期高校稳定的前提和基础。新时期高校树立以人为本的教育理念，就是要确立教师和学生在高校办学中的主体地位，正视教师和学生的合理需求，促进师生的全面发展和个性充分发展。对于学校各级领导干部和思想政治工作者来说，坚持以人为本就是要尊重人、依靠人、鼓励人、培养人、发展人，把广大师生的前途和命运与学校的稳定和发展凝结起来，在稳定中求发展，在发展中促稳定。

规范是学校良性运行与协调发展的必要保障，新时期高校稳定必须有科学合理的规范作为保障。科学合理的学校规范对师生的行为起着导向作用，具有强制性和约束力，对于教学和学校其他工作起着规范作用，对学校内部的人际关系起着协调作用。以人为本与遵循规范并不矛盾，但也要切忌用太多太细的规范来束缚人的思想和行为，如果学校规范过多过细，就会束缚师生的思想和行为，难以张扬人的个性，难以实现人的全面发展，没有个性和人的全面发展的高校稳定只能是一种"病态"的稳定，而不会是"常态"的稳定。

2．教学、科研、生活等秩序化是新时期高校稳定的基本标志

稳定本身蕴涵着秩序，秩序是稳定的应有之意。新时期高校稳定必然要通过外在形式表现出来，而高校教学、科研、生活等秩序化则是新时期高校稳定的基本标志，是新时期高校稳定的重要体现。教学是高校的基本任务和常规工作，科研是高校创新能力的体现，无论是教学还是科研，都必须在一个相对稳定的环境中进行。高校必须把自身改革、发展的速度与社会改革、发展的速度结合起来，把改革的力度与广大师生的心理承受能力结合起来，在保证高校稳定的前提条件下，有计划、有步骤地启动改革的进程；统筹兼顾，全面安排，加强领导，稳步推进，在加快改革的过程中，始终保持良好的教学、科研和生活秩序。

3．良性运行、协调发展是新时期高校稳定的目标

教学、科研、生活等的秩序化只是高校稳定的基本标志，新时期高校稳定的目标是要确保高校内部各要素的良性运行与协调发展，为高校的改革和发展提供保障。"稳定"是与"改革、发展"一体相连的，不是孤立的，应该用"改革"的观点理解和把握"稳定"问题。"稳定"不是一成不变、不要发展，而是扎实、稳步地发展；"稳定"不是抱残守缺，不讲改革，而是追求改革的有序化和科学性；"稳定"不是单纯的"保"，而应该在"创新"中得到加强。高校改革是向传统的挑战，必然打破原来的平衡，通过清除教育体制与运行机制中的积弊，在新的高度上实现平衡，由此推动高校教育的不断发展。

4．整体性、相对性、动态性是新时期高校稳定的重要内在特征

学校是一个相对复杂、独立的社会系统，也是一个有机的整体，因此，新时期高校稳定不是指单个个体或某个局部的稳定，而是指学校整体的协调发展与动态平衡；任何一个学校都是处于不断变化发展之中的，因而新时期高校稳定也就不可能是静止不变的稳定，它必定是相对的、动态的稳定。明确高校稳定的内在特征对于我们研究新时期高校稳定是十分必要的。

在国内外大环境相对稳定的情况下，突发性事件、群体性事件对高校稳定虽然有一定的影响，但学校内部各要素之间的整合、协调则成为影响新时期高校稳定的持久性、内在性和深层次的因素。唯物辩证法告诉我们，外因是事物变化发展的条件，内因是事物变化发展的根据，外因最终还要通过内因起作用。在维护新时期高校稳定的过程中，我们不仅要重视社会环境对高校稳定的外在影响，更要把学校内部各要素的沟通、协调作为新时期高校稳定的重要因素来进行研究。

新时期高校稳定不能仅仅是一个思想政治方面的问题，也不应仅仅是一个操作层面的问题，它应该是一个完整的体系，应该有着深刻的理论内涵和理论支撑，只有在理论支撑下构建高校稳定的有机体系和机制才能确保新时期高校的稳定。而且，从一定程度上可以说，高校稳定不是简单地靠一些外在性措施就能够实现稳定的，高校稳定的关键在于高校作为一个有机体怎样通过内在的要素整合实现自身的稳定。因此，对于新时期高校稳定的影响因素分析，我们将着眼点主要放在学校内部因素、机制的协调与整合上，并结合新时期高校稳定的外在影响因素进行简要分析。

三、新时期高校稳定影响因素分析

新时期高校稳定的影响因素既有外部环境因素又有内部机制因素，既有人为因素又有物的因素，既有常规性因素又有突发性事件……从外部环境因素来看，国际、国内政治、经济、文化环境、各种思潮、主义、主张、自然灾害、重大事故、校园周边环境等都是影响新时期高校稳定的重要外在因素，针对这些外在因素，高校必须建立健全预警机制、缓冲机制和处置机制，使外部环境对新时期高校稳定的影响尽量降到最小。

从学校内部机制视角来看，新时期高校稳定的影响因素主要有以下几个方面。

1．教育机制功能弱化，重知识传授轻素质培养

长期以来，教育一直被看作是教师掌握控制知识的传授，学生被动接受，成为单纯知识的接受容器，教学过程与教育过程合二为一，学生独立人格的形成、完整精神世界的建构都被消融，教育在丧失"教育意义"的同时丧失了其发展性。学生接受教育不仅仅是知识的增长，而应该是自身素质的全面发展，这其中包括人格的健全、心智的完善、思想的成熟等。而目前的状况，不仅仅是在初中和高中，即便是在高校，教育机制的功能也呈现弱化的趋势。教育把人培养成具备某种专业知识和技能的"工具"，全然不顾学生的人格是否健全、心智是否完善、思想是否成熟，这种重知识轻素质的教育势必会付出沉重的代价——学生自杀事件增长、犯罪案件上升等，在一定程度上是由于学校教育功能弱化造成的。学生是学校的主体，学生的稳定与否直接关系到学校的稳定与发展。

2．科层管理，缺少平等交往与沟通

由于我国高校受传统计划经济体制下行政权力高度强化的影响，出现比较严重的科层化倾向。学校被看作是事业单位，并且按照党政机关被给予一定的行政级别；学校内部的管理机构也是比照党政机关的行政级别来设置的；学校以科层管理为主的行政模式来组织和运转，过分依靠行政权力进行决策管理，这就形成了我国学校以行政为主导的科层管理体制。

科层管理模式虽然在一定程度上能够提高工作效率，体现管理者的意志和权威，确保学校目标顺利实现，但由于缺乏平等的交往和沟通，导致师生创造和创新的热情、动力和思路的缺乏。在这种科层管理体制中，一方面，管理者及学校行政人员的作用凸显了出来，他们在学校管理和发展中发挥着重要的作用；而另一方面，教师、学生的主体作用却被扼杀，没有得到有效地发挥，学校管理基本上处于一种"单极主体"管理之中。在学校重大事件的决策上，管理者不把广大师生作为学校管理的主人，而是把他们作为管理的对象和客体，不是唤醒师生的主体意识，而是尽力抹煞和压抑他们的积极性、主动性和创造性，将其置于客体的地位，结果造成学校管理的单极管理。这种单极主体管理不仅不利于学校的长远发展，而且会影响师生发挥自身的智慧和力量，妨碍师生为学校的稳定和发展献计献策。

此外，在学校稳定管理方面，由于信息不畅等原因，高校尚未完全树立"大校园稳定管理"意识，尚未认识到高校稳定管理是一个学校内外多元主体共同治理的互动网络，需要借助和发挥包括全体师生在内的各方面的力量。同时，亦未很好地树立全程管理的理念，许多高校仍把稳定管理，特别是应急管理当作高校管理的偶然内容，将危机发生后的干预处理当作应急管理的全部内容。

3. 德育灌输，思想政治教育功能缺失

灌输德育是教育者有目的、有计划、有组织地向受教育者灌注一定的思想观念、政治准则和道德规范，并使之转化为受教育者个体思想品德的德育理念，其存在和发展有其历史必然性，并对德育的发展起到了一定的积极作用。然而，灌输德育以一种纯客观或纯政治的立场来看待和推行德育，其所植根的政治文化土壤使德育理论高度政治化和统一化，对德育本质、德育目的、德育功能和德育对象特征的把握产生了认识上的偏狭，忽视了德育教育塑造人品、解放人性的本质性存在。

传统的学校思想政治教育模式具有浓厚政治色彩和技术特征，这种

被政治化、技术化的思想政治教育不仅起不到引导学生树立正确的世界观、人生观和价值观的作用，而且使思想政治教育育人的功能越来越受到校园人乃至社会的质疑。在学生看来，思想政治教育就是喊口号、贴标签，思想政治教育越来越引起学生的反感，思想政治教育的存在与功能甚至遭到怀疑。思想政治教育工作为学校稳定和发展把握正确的政治方向，肩负着引导大学生树立正确的世界观、人生观、价值观的艰巨任务，如果思想政治教育失去了应有的功能，则新时期高校稳定就会失去基本的思想保障。

4. 目标模糊，定位不切合学校实际

现代社会的竞争涉及到社会的方方面面，而如何在激烈的竞争中确保高校稳定和发展是每个高校管理者和教育工作者都必须面对和思考的问题。高校稳定与发展的前提是必须有清晰的目标和明确的定位，必须有自己的生存和发展空间，否则，高校的稳定与发展则会失去目标和方向。目前，我国很多高校在设定目标时过于高远，缺少对自身定位和资源的实际分析，提出的目标往往是"创世界一流大学"、"建全国一流学科"、"办全省一流专业"等过于高远的、不切合学校发展实际的目标，这些目标最终可能会变成空洞的口号，这不仅浪费了人、财、物，更会挫伤师生员工的积极性，有损于学校的稳定和长远发展。

高校往往提出很多的发展目标，如学科建设、专业建设、师资队伍建设、课程建设、后勤社会化等，这些目标都很重要，但目标的主次不甚明确，很多目标往往是一种口号，如加大教学改革力度，提高学科建设水平等。有的目标但没有或提不出具体的量化指标，因此一些不宜量化或难以量化的工作任务往往不能很好地落实。指标面面俱到，过细过多，权重区分不当，难以突出重点，难以确保重点目标的实现，使目标失去应有的导向作用……这些看似细小的环节和因素都可能在深层次上影响到高校稳定。

5. 规范与法制建设薄弱，以人为本理念缺乏

维护高校稳定必须建立起健全的应急管理机制，但目前高校应急管理机制凸显的是行政性强而规范性、法治性弱的特点，这在一定程度上与传统习惯的影响和目前国家尚无专门法律来规范危机状态下的具体行为有关系。规范和法律制度的缺失使学校规章及其实施的合法性容易受到质疑，而且由于规章和制度制定不规范，甚至高校中有的规章制度中还存在着与法律相抵触的现象。由于目前国家尚没有专门针对校园突发公共事件管理的立法，如果学校发生管教冲突、学生伤害和教师侵害学生人身权利等危机事件，学校、个人及责任人应该各自承担什么责任，学校和教师应分别承担哪些行政责任、刑事责任等，这在法律上都还没有形成统一的规定。

许多高校在制定与师生员工切身利益有关的规章制度时，不能够广泛地吸收师生员工参与，往往是制度公布之后要求师生员工遵守。各高校处理违纪学生，大多由学校领导、院系领导研究决定，受处分学生往往都只能被动地接受而没有申辩的机会更无处申诉。这种"家长式"管理一方面有违现代民主与法治精神；另一方面，缺少申诉和复议环节的处理决定，也很难保证其公正性和合理性。

6．文化缺失，校园文化育人功能弱化

文化是一个组织最为深刻的内在规定，它对于一个组织的稳定和发展具有极其重要的意义和作用。校园文化是以校园为载体、以校园中的师生（包括管理者）为主体所形成的社群文化。校园文化可以从广义和狭义两个层面来理解。广义的校园文化是指由师生创造和传承的校园生活方式、环境以及由此而产生的物质文化、制度文化、精神文化等的总和；狭义的校园文化则主要是指校园中的精神文化，主要包括师生所共同信守的团体意识、价值观念、精神氛围等，它们是校园文化的核心和灵魂，对校园文化功能的发挥有着重要影响。

每所学校都十分重视校园文化建设，也充分发挥校园文化在育人、学校稳定和发展中的重要作用。但是反思现在的校园文化建设不难发现，一个重要的问题就是校园文化建设的形式多而内涵少，处于一种"文化"缺失状态，认为校园环境建设、绿化美化、文体活动等就是校园文化的全部，而没有认识到精神文化才是校园文化建设的核心。没有精神文化的校园文化就很难发挥其文化整合功能，使整个学校处于一种"散沙"状态，学校不能形成一个有机统一体，各部门、各单位、各要素之间缺少了默契的协调与配合，整个学校呈现出一种无组织的状态，高校稳定也就无从谈起。

高校作为一个社会子系统，它不可能是封闭的、不受外界影响的，相反，在现代这样一个交往日益拓展、频繁的社会，国内外经济、政治、文化发展也会对高校稳定产生一定影响。随着经济全球化、一体化，中外思想碰撞也越来越频繁，由此带来的对高校稳定的影响也不容小视。

而且，随着高等教育改革向纵深方向发展，高等教育管理体制改革、人事分配制度改革、招生收费制度改革、后勤社会化改革、教学科研改革等方面改革的并行推进，师生的思想心态也越来越复杂多变。思想认识问题和理论政策问题往往与入党、评优、评定奖学金、发放特困补贴、助学贷款、升学就业、工资待遇等个人利益问题，心理障碍、人际矛盾等诸多因素交织在一起；改革的速度和力度与师生员工的承受能力存在落差，新旧矛盾不断凸现和激发。

正如上面所指出的，我国的社会转型是以浓缩的形式进行的，是在我们没有充分思想准备、理论准备和政策准备的情况下进行的，而且目前我国改革也已经进入了关键时期，社会利益关系也越来越复杂。我国社会的经济成分、组织形式、就业方式、利益分配等形式日益多样化，各种矛盾也呈现出尖锐化的趋势。这一方面增强了人们的民主、自由、文明意识，而另一方面新旧体制转轨过程也带来了一些新的社会问题，不可避免地产生了"社会问题学校化，学校问题社会化"的新趋势，许多社会问题却演变为学校问题，需要学校来承担，这些问题也就成为影响高校稳定的潜在因素，表现如下：

（1）贫困生数量逐年增加，分布范围有所扩大。现在的贫困生既有来自农村的也有来自小城镇的，还有来自大城市的。贫困生是一个特殊的群体，他们不仅需要生活上的帮助，更需要思想上、精神上的帮助。少数特困生心理失衡、心态扭曲，以致发展成为反同学、反学校、反社会的心理倾向，这种心理倾向如果不能得到及时扭转，很可能会成为影响学校稳定全局的因素。近年来高校学生刑事犯罪呈逐年上升的趋势，而且手段越来越残忍，影响范围也越来越大，马加爵就是一个典型例证。

（2）伴随着高校的持续扩招，师资力量相对不足，使一些高校办学质量呈现下降的趋势，而学生缴费上学之后，学生及其家长与学校形成的是一种交换关系。学生及其家长认为他们有权利对学校的教学质量、后勤服务、生活待遇等各个方面提出与自己付出的成本相适应的要求，很多高校都发生过由于教师教学质量差，或者随意减少课时，学生要求退学费的纠纷，工作稍有失误或者不到位，就可能导致群体性突发事件。而另一方面，高校教师往往忙于讲课、科研，管理人员陷入繁杂的事务中，缺乏与学生的沟通与交流，不能及时把握学生的思想动态，因此，高校原来的教育管理方式在新的形势下必须更新。

（3）目前在校的大学生大多数是独生子女，生活自理能力、心理承受能力、人际协调能力等普遍较差，而且比较固执、任性，但他们的价值取向多元化、思维方式多样化、自我意识和竞争意识都很强。传统思想教育方式，在面对这种复杂状况时已经力不从心，而且对于学生心理问题的关注和重视，由于条件、人员等因素限制，目前还不到位，能够接受心理辅导的学生寥寥无几，这是高校稳定中一个潜在的、巨大的隐患。

（4）就业压力对新时期高校稳定产生了一定的冲击。与计划经济时代就业由国家统筹形成鲜明对比的是，新时期市场经济体制下，大学毕业生工作不再由国家统筹安排，而是实行"优胜劣汰"的双向选择。与此同时，国企改革、重组、政府精简、分流等政策使整个社会的"铁饭碗"思想被打破，学生不仅仅要面临着学业的压力，更要面对着就业的压力。在这种双重压力下，部分心理素质差的学生往往就会感到绝望，而如果学校相关部门不能够加以正确引导的话，很可能会引起突发性事件，影响到学校的稳定与发展。

新时期维护高校稳定，首先必须要对新时期的内涵与外延及其特征有深刻的认识，维护高校稳定离不开新时期这个大环境。如何对新时期高校稳定进行理解是新时期维护高校稳定工作的又一个关键点，新时期高校稳定有其自身的内涵与特征，对此也必须有深刻的认识。分析新时期高校稳定的影响因素必须坚持全面性、整体性的原则，不能忽视和遗漏相关影响因素，否则，就不可能构建一个完善的、有效的体系与机制。

第二节 构建交往型学校，维护新时期高校稳定

一、交往型学校"六位一体"机制是维护新时期高校稳定的长效机制

新时期高校稳定应该是"内涵型"稳定，它客观上要求我们必须构建起维护新时期高校稳定的长效机制。既然是长效机制，就不可能是影响高校稳定因素的简单加总；而应该是一个有机统一的机制；既然是长效机制，就不应该是事后的、暂时性的措施；而应该是一种事前的、持久的机制；既然是新时期高校稳定机制，就应该突破原有的研究高校稳定的思维框架，在新的思维范式和理论范式关照下构建新时期高校稳定

机制。我们认为，新时期维护高校稳定应该在"交往"理念的关照下，构建起新时期高校稳定的交往教育机制、交往管理机制、交往德育机制、交往目标机制、交往规范机制、交往文化机制"六位一体"的高校稳定机制，与此同时，辅以必要的预警机制、处置机制、应急机制、权利救济机制等辅助机制，构建一个完整的高校稳定体系，通过有机统一的体系维护新时期高校稳定。"六位一体"的高校稳定机制如图 11-1 所示。

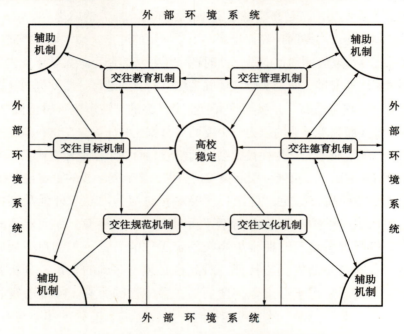

图 11-1　"六位一体"的高校稳定机制

"六位一体"的高校稳定机制不同于传统的高校稳定模式，它实现了新时期高校稳定由"事后"向"前馈"、"过程"的转变。"六位一体"的新时期高校稳定机制重点不在于不稳定因素出现后的"应急机制"、"处置机制"，而是把高校稳定机制贯穿于整个高校的教育、管理等运行过程之中，贯穿于学校运行的每一时、每一刻，通过六个机制的协调运行与相关要素的有机整合消解不稳定因素。如果说传统的高校稳定机制是"外控型"的，那么"六位一体"的高校稳定机制则是"内生型"、"嵌入式"的，它不是就稳定谈稳定，而是将新时期高校稳定分解到学校教育、管理、德育、目标、规范、文化等机制之中，通过这些机制协调运行来维护新时期高校稳定。

交往教育机制通过交往教育的方式挖掘学生的主体能动性，使学生真正成为具有主体精神的、创造性的人；交往教育机制不仅仅使学生掌握具体的科学知识，更注重在交往教育的过程中培养他们正确的世界观、人生观、价值观以及面对挫折和困难的信心与勇气，使他们成长为健康的人、健全的人。反观现行高校不稳定现实因素，我们不难看出，单纯重知识传授而忽视学生人格、心理、世界观、人生观、价值观教育的方式在一定程度上为高校的不稳定埋下了隐患。近年来，大学生自杀事件、犯罪案件等影响高校稳定的因素呈现逐年上升趋势，因此，高校必须考虑应该秉承什么样的理念、通过什么样的机制对学生进行教育。

交往管理机制在组织结构上压缩组织结构层级，由自上而下的垂直结构向扁平型、网络化的交往型组织结构转变（如图11-2所示），赋予基层单位适当权力，因此，从组织结构上看，"六位一体"的高校稳定机制能够形成网络化的信息传递平台，一旦影响高校稳定的危机出现，立体化的信息传递网络能够实现应急管理信息的即时、快速流动，并通过统一的危机信息发布机构来发布信息，保证每位学校成员能够清晰、及时地了解不稳定因素的相关内容，引导师生员工采取正确的措施。

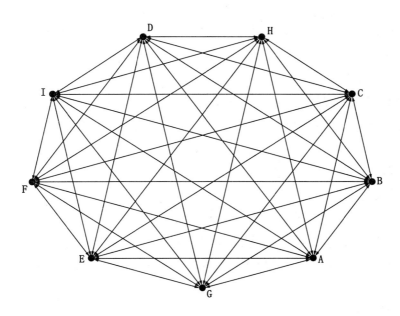

图11-2　交往型组织结构示意图

实现高校有效管理的前提是高校内部主体与主体之间在平等意义上的完全对话与沟通，构成有效管理的前提就在于每个个体首先拥有主体性，并充分发挥主体性进行沟通与对话。在交往理性视域中，学校管理的价值观在于"以人为本"的价值取向，即以谋求人的全面自由发展作为学校管理的终极目标。"交往"的管理观批判了以往管理中将人视为完成工作任务的工具的观念，要求视师生员工为学校的主人。"六位一体"的高校稳定机制要求高校在管理的过程中重视师生的知情权，特别是对师生十分关心的一些理论问题和实际问题或突发事件应该做出及时负责的回答，及时有效地发布主流信息来引导师生，这既是缓解双方冲突的前提，也是增强学校公信力的重要手段。建立健全高校稳定工作体制和责任制，形成多层次、多形式，分工明确、职责清晰的学校治安稳定工作网络是十分必要的，学校权威信息传播的越早、越多、越准确，就越有利于维护高校的稳定与发展。

在交往德育机制的视阈下，有效的德育不可能仅通过灌输来达成，唯一有效的途径只能是交往中师生的道德觉解与生成。德育教育的对象应该变成自己教育自己的主体，受教育的人应该成为教育他们自己的人，别人的教育必须成为这个人自己的教育。德育是一种必须注重发挥师生主体性的教育形态，否则，即使有效，也是表面的、外在的，而非深层的、内在的。在灌输德育中，教师是权威，是学生"灵魂的塑造者"，是指导者、控制者，是主体；学生是被动地承接，是承受者，是客体。而交往德育机制则充分注重实现德育主体——学生的道德觉解与另一主体——教师之价值激励的统一。因此，在交往德育机制视阈下的高校稳定不再是教师主导、控制下的学生被动的高校稳定（实际上这种稳定本身就蕴藏着危机），而是学生主体性得到充分发展与张扬的稳定，这种稳定才能是真正意义上的稳定。

目标是一种期望效果，属于主观范畴。目标的制定需要学校管理者从战略的高度把握学校发展方向，在充分考虑现有资源的基础上调动广大师生员工的积极性，科学制定学校在一定时间内的发展目标，只有这样，目标才能得到最大限度的认同，减少目标执行过程中的阻力。而如果对学校目标缺乏科学的论证与广泛的认同，必然与理想的目标制定应定位准确、方向正确、指标明确等要求相距很大。模糊的目标和学校定位对学校稳定的影响虽然不像突发性事件、群体事件等对高校稳定带来巨大的冲击性影响，但它对高校稳定的影响却是深层次的、长期的、不容忽视的。因此，交往目标机制对于维护新时期高校稳定也是必不可少的一项重要机制。

规范和制度建设薄弱是许多高校都存在的突出问题，其表现形式主要有：不重视制度建设、制度措施不完善与不配套、制度制定程序不合理、为制定制度而制定制度、既有制度不落实等。高校的良性运行与协调发展以规范和制度建设做保障，离开制度保障的高校稳定是不可想象的。目前，一些高校规范和制度，特别是应急管理制度缺乏，忽略了规范和制度建设的重要性；由于缺乏整体的制度设计，当危机发生时，一些学校往往采取临时性的缺乏依据的"非常"手段，处理效果不理想而且易于造成遗留问题，这就在客观上需要高校制定科学的、合理的规范并保障规范的有效实施，为高校的稳定与发展提供制度保障。

文化从广义上可以分为物质文化、行为文化、制度文化与精神文化。高校的稳定与发展必须有一定的物质文化做支撑，这包括教学、科研、办公、实习等建筑设施、仪器设备等，充足的物质文化条件是高校稳定的基础性因素，离开了物质支持就不能够谈高校稳定；行为文化主要体现为学校管理者、师生员工的言谈举止、行为动作等，行为文化的文明与否将直接影响到高校的稳定与发展，因此，行为文化也是高校稳定的重要因素；制度文化是高校稳定与发展的必要保障；精神文化，主要体现为学校的价值观、办学理念、教育理念等，精神文化对高校的稳定与发展是深层次的，高校应该具有鲜明特征的精神文化，通过实施文化管理提升学校管理水平，这不仅仅是学校稳定与发展的需要，更是学校培养高素质人才的需要。

"六位一体"的高校稳定机制是新时期维护高校稳定工作的内在要求，这"六位一体"的高校稳定机制是与新时期高校稳定综合指数体系是一脉相承的。新时期高校稳定综合指标体系如图11-3所示。

新时期高校稳定指标体系框架共分为4个层次即4级指标：第一级指标是"新时期高校稳定综合指数"，反映本指标体系监测评价的目标——新时期高校稳定程度。第二级指标由"外部环境指数"与"内部机制指数"构成新时期高校稳定的一级子系统，从内、外两个侧面反映

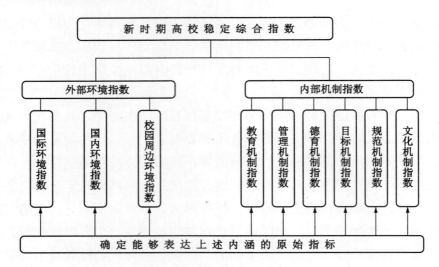

图 11-3　新时期高校稳定指标体系框架

新时期高校稳定指数。第三级指标是建立在第二级指标的基础之上的，是对第二级指标的分解，在对新时期高校稳定"外部环境指数"分解的过程中，由于是否高校稳定与其周边环境有直接关联，因此，我们把"校园周边环境指数"单列出来，目的在于引起人们的高度关注；在对"内部机制因素"进行分解的过程中，我们主要从教育、管理、德育、目标、规范、文化等六个层面进行分解。第四级是具体指标，对影响新时期高校稳定的因素进行遴选与确定，并请专家依据影响程度大小依次排队。第四级是最基础的，也是最为重要的，维护新时期高校稳定的关键之一就在于遴选与确定影响因素，而这些指标是与交往型学校综合评价指标体系中的指标内涵相对应的，在此不再赘述。

二、新时期高校稳定必须完善必要的辅助机制

1. 建立健全预警机制

新时期维护高校稳定必须建立健全预警和处理机制。新时期高校稳定影响因素的出现在一定程度上反映了高校教育管理环节中的薄弱，一些本来可以避免的不稳定因素由于没有引起及时的注意和防范而发生，为此建立起立体化、网络化的冲突预警和处理机制十分必要。高校应该加强对此的重视，成立党委负责、学工部、教务处、保卫处、后勤集团

等各部门配合的稳定工作体制，落实工作责任制，形成多层次、多形式、分工明确、职责清晰的学校稳定工作网络，建立各项工作预案。不稳定因素出现后，要及时、果断、妥善、高效地调动各方力量进行妥善处理，尽快消除不稳定因素，缩小影响，平息事态，避免不稳定因素影响扩大。

高校必须整合现有的相关信息资源，实现信息资源共享，充分利用现代化的技术检测手段，加强预警监测的基础设施建设，强化专业预警预报信息系统建设，并在此基础上形成机制优化、反应灵敏的预警信息平台；学校内部各相关机构与部门应该根据各自职责分工，及时收集、分析、汇总本部门影响高校稳定的信息，按照早发现、早报告、早处置的原则，预警可能发生的情况，及时上报。对于预警信息的发布，学校可以组织专门部门统一进行，及时、准确报道预警信息，正确引导舆论，并提出相应的建议，增强广大师生的自觉防范、主动参与维护新时期高校稳定的意识与积极性。

预警机制的构建可以通过一些具体的途径来实现。例如，可以通过电话、手机、互联网等组成一个舆情调查系统，一旦有国内国际重大事件发生，学校辅导员或者相关舆情收集人员可以通过电话、手机、互联网等来调查学生的反应和下一步将要采取的行动。这种信息收集机制具有简单、方便、快捷、准确等特点。又如，可以通过设立向全校师生公开的领导信箱，增加信息节点，并建立起由学生个体、社团组织、教师等组成的信息分析、整理、辨别、反馈及传递机制，以便使学校各方面情况及信息比较完整及快速地传递到学校决策层。

2. 完善稳定管理运作机制

高校应该在日常的安全教育、安全意识培训、应急预测、预防及演练等方面下功夫，将校园突发性事件、群体性事件处理的理念、案例及行动方案等融入学校教育内容之中。具体说来，应当包括对各种危机事件的了解（如刑事犯罪、自然灾害、意外事件等），安全防范知识的学习，安全防护技能的掌握，以及通过社会援助和社会支持系统获得相应知识等等。针对我国高校学生安全、稳定知识缺乏和危机意识薄弱的问题，可以将安全管理相关内容纳入教学环节，做到大学生安全教育要"进课堂、进教材、落实学分"。另外，要不断完善应急管理运作机制，认真开展应急演练，这不仅能够使学校师生更真切地了解不稳定因素发生时的具体情况，以便抑制恐慌；同时还可以使各职能部门更加清楚自己的分工及相互间的配合关系，并有助于发现突发性事件、群体性事件管理计划及预案中存在的问题，以便及时完善和修正。

3．加强校园周边治安环境建设

现代社会是一个开放性的社会，高校也不可能是一个封闭的子系统，相反，伴随着市场经济的发展，高校与社会的联系越来越密切。教育改革的深入、高校后勤社会化的普遍实施、高校自身职能的转变、高校办学形式日益多元化等等都促使高校与社会相互交叉、相互渗透，建立起越来越密切的联系。高校是一个人员密集的地方，是一个比较大的消费群体，在高校的校园及周边，酒店、饭店、舞厅、网吧、招待所等随处可见，高校周边环境相对复杂；另一方面，由于大学生普遍年龄较小、社会阅历较浅、法制观念淡薄、缺乏自我保护意识，一些不法分子也瞄准高校这个场所，刑事犯罪活动猖獗，强奸、抢劫、盗窃等重大刑事案件时有发生，并且呈现上升、恶化的趋势。高校的稳定与发展必须要有一个相对稳定的周边治安环境。因此，必须严厉打击刑事犯罪分子，同一切破坏校园安全、危害高校稳定的行为做斗争，依法打击各种违法犯罪行为，切实维护好高校周边治安环境，努力为师生创造一个良好的学习、生活、科研环境，真正为高校发展保驾护航。

新时期高校稳定体系与机制构建是一个复杂的系统工程，它不可能一蹴而就，它必须注重体系和机制的持久性、长效性，单纯靠一些临时性的、外在性的简单措施是不可能从根本上维护好新时期高校稳定的。新时期高校稳定应该以"交往"为理论范式，构建起交往教育、交往管理、交往德育、交往目标、交往规范、交往文化"六位一体"的高校稳定机制，为新时期高校稳定提供持久、长效的保障，从而为高校教育、管理、文化建设等方面的改革与发展提供稳定的环境保障。同时，维护新时期高校稳定还必须建立健全预警机制、处置机制，完善稳定管理运作机制，加强校园周边治安环境建设，只有这样，才能够构建起完善的新时期高校稳定机制，为新时期高校的改革与发展奠定坚实基础。

主要参考文献

[1] [德] 哈贝马斯著. 交往与社会进化. 张博树, 译. 重庆: 重庆出版社, 1989 年版.

[2] [德] 哈贝马斯著. 曹卫东译. 交往行为理论. 1 卷. 1 版. 上海: 上海人民出版社, 2004.

[3] [德] 雅斯贝尔斯著. 什么是教育. 邹进, 译. 北京: 北京三联书店, 1991.

[4] 涂成林. 现象学的使命——从胡塞尔、海德格尔到萨特. 广州: 广东出版社, 1998.

[5] 郭湛. 主体性哲学——人的存在及其意义. 昆明: 云南人民出版社, 2002.

[6] 任平. 交往实践与主体际. 苏州: 苏州大学出版社, 1999.

[7] 鲁路. 自由与超越. 北京: 中央编译出版社, 1997.

[8] 林剑. 人的自由的哲学反思. 北京: 中国人民大学出版社, 1996.

[9] [美] 杜威著. 民主主义与教育. 2 版. 王承绪, 译. 北京: 人民教育出版社, 2001.

[10] 莫伟民. 主体的命运. 北京: 生活·读书·新知三联书店, 1996.

[11] 王岳川. 后现代主义文化研究. 北京: 北京大学出版社, 1992.

[12] 冯增俊. 教育人类学. 南京: 江苏教育出版社, 1998.

[13] 徐国华, 张德, 赵平. 管理学. 北京: 清华大学出版社, 1998.

[14] 谭伟东. 西方企业文化纵横. 北京: 北京大学出版社, 2001.

[15] 王治河. 扑朔迷离的游戏——后现代哲学思潮研究. 北京: 社会科学文献出版社, 1998.

[16] [美] 马克·汉森著. 教育管理与组织行为. 冯大鸣, 译. 上海: 上海教育出版社, 1993.

[17] 江怡. 走向新世纪的西方哲学. 北京: 中国社会科学出版社, 1998.

[18] 崔相录. 二十世纪西方教育哲学. 哈尔滨: 黑龙江教育出版社, 1989.

[19] [美] 彼得·圣吉著. 第五项修炼——学习型组织的艺术与实务. 郭

进隆，译．上海：上海三联书店，1994．

[20] 邹进．现代德国文化教育学．太原：山西教育出版社，1992．

[21] 张尚仁．社会历史哲学导论．北京：人民出版社，1992．

[22] [法] 法约尔著．工业管理与一般管理．周安华等，译．北京：中国社会科学出版社，1982．

[23] [美] 弗里蒙特·E·卡斯特．詹姆斯·E·罗森茨韦克著．组织与管理——系统方法与权变方法．李柱流等，译．北京：中国社会科学出版社，1985．

[24] [法] 布迪厄．[美] 华康德著．实践与反思——反思社会学导引．李猛，李康，译．北京：中央编译出版社，1998．

[25] 小詹姆斯·H·唐纳利等著．管理学基础——职能·行为·模型．李柱流等，译．北京：中国人民大学出版社，1982．

[26] 哈罗德·孔茨．西里尔·奥唐奈．管理学——管理职能的系统分析方法和随机制宜的分析方法．贵阳：贵州人民出版社，1982．

[27] 陈孝彬．教育管理学．北京：北京师范大学出版社，1999．

[28] 苏东水．管理心理学．4 版．上海：复旦大学出版社，2003．

[29] [美] 斯蒂芬·P·罗宾斯著．管理学．4 版．黄卫伟等，译．北京：中国人民大学出版社，1996．

[30] 王道俊，王汉澜．教育学．北京：人民教育出版社，1989．

[31] 龙柏林．个人交往主体性研究．广州：广东人民出版社，2005．

[32] [巴西] 保罗·弗莱雷著．被压迫者教育学．顾建新等，译．上海：华东师范大学出版社，2001．

[33] 金生鈜．理解与教育——走向哲学解释学的教育哲学导论．北京：教育科学出版社，1997．

[34] 王晓东．日常交往与非日常交往．北京：人民出版社，2005．

后　记

在母校大庆石油学院 50 年校庆前夕，我们完成了《交往型学校概论》这部著作，几十年学校管理工作、教学科研工作和学习中的困惑和思考都凝聚在这里。虽然很多研究还不很透彻，一些观点仍需进行深入的探讨，但是，多年的潜心研究终于有所收获，仍然让我们倍感欣慰。

大学是研究和传授科学的殿堂，是教育新人成长的世界，是个体间富有生命的交往，是学术勃发的领地。高校稳定是社会和谐稳定的重要组成部分，新时期高校稳定问题的研究是高等教育领域备受关注的重要研究课题。我校以孙彦彬教授为首席专家，主持承担了教育部哲学社会科学重点研究项目"新时期高校稳定的工作体系与机制研究"科研课题，本书为该课题研究的重要成果之一。

新时期高校稳定不应该仅仅是"外在控制"、"不出事故"式的传统"外延型"稳定，更应该是注重平等主体与主体之间内在交往的"内涵型"稳定。对高校稳定问题的研究应当突破原有的思维框架，在新的思维范式和理论范式关照下进行思考，构建一个完整、有效的工作体系，从根本上塑造一种新观念，一种新机制，一种新文化。

课题的研究成果前期已经应用到我校思想政治教育硕士专业的教学中，本书的出版，在内容上对初期的研究成果进行了深化和完善，相信将会更有助于今后的研究生教学。但是，由于我们研究水平的有限，本书的体系是否适当，内容是否有疏漏，观点是否有商榷之处，敬请读者赐教和指正。

本书在研究和写作的过程中，大庆石油学院陶志刚教授等曾给我们提出了许多宝贵的意见，在此表示衷心的感谢！

谨以此书献给母校大庆石油学院的 50 华诞！愿母校事业辉煌，桃李芬芳！

作　者
2008 年 11 月 15 日于大庆石油学院